Haf/Hetmeier/Lutz/Mattes/Mensch/Thouet

NotarFormulare Familien-GmbH

N O T A R F O R M U L A R E

H E R A U S G E G E B E N V O M D E U T S C H E N N O T A R V E R E I N

NotarFormulare Familien-GmbH

Muster – Verträge – Erläuterungen

---

von

Amtsverwalterin Hiltrud Haf, ab 1.1.2018 Notarin in Mannheim

Dr. Fabian Hetmeier, LL.M., ab 1.1.2018 Notarassessor bei der Notarkammer Baden-Württemberg

Amtsverwalter Timo Lutz, ab 1.1.2018 Notar in Vaihingen an der Enz

Amtsverwalter Stefan Mattes, ab 1.1.2018 Notar in Ditzingen

Amtsverwalter Sebastian Mensch, LL.M., Diplom Finanzwirt, (FH), ab 1.1.2018 Notar in Ludwigsburg

Rechtsanwalt, Steuerberater und Fachanwalt für Steuerrecht Philipp Thouet, Aachen

DeutscherNotarVerlag

Zitiervorschlag:
Lutz/Mattes u.a., NotF Familien-GmbH § 1 Rn 1

Hinweis
Die Ausführungen in diesem Werk wurden mit Sorgfalt und nach bestem Wissen erstellt. Sie stellen jedoch lediglich Arbeitshilfen und Anregungen für die Lösung typischer Fallgestaltungen dar. Die Eigenverantwortung für die Formulierung von Verträgen, Verfügungen und Schriftsätzen trägt der Benutzer. Herausgeber, Autoren und Verlag übernehmen keinerlei Haftung für die Richtigkeit und Vollständigkeit der in diesem Buch und auf der CD-ROM enthaltenen Ausführungen.

Anregungen und Kritik zu diesem Werk senden Sie bitte an
info@notarverlag.de
Autoren und Verlag freuen sich auf Ihre Rückmeldung.

Umschlaggestaltung: gentura, Holger Neumann, Bochum
Satz: Reemers publishing publishing GmbH, Krefeld
Druck: Druckhaus Nomos, Sinzheim
ISBN 978-3-95646-020-3

Bibliografische Information der Deutschen Nationalbibliothek
Die Deutsche Nationalbibliothek verzeichnet diese Publikation in der Deutschen Nationalbibliografie; detaillierte bibliografische Daten sind im Internet über http://dnb.d-nb.de abrufbar.

Vorwort

Die Familien-GmbH ist ein in der Praxis vielfach gewünschtes Gestaltungsmittel, um das Familienvermögen bzw. einen Familienbetrieb zukunftssicher für nachfolgende Generationen zu erhalten. Der Gestalter hat hierbei sowohl die individuellen Vorgaben der Beteiligten als auch die rechtliche Umsetzbarkeit und Praktikabilität zu beachten. Vielfach besteht auch das Bedürfnis zivilrechtliche Gestaltung mit steuerlichen Gesichtspunkten in Einklang zu bringen.

Den Gestalter trifft dabei die Aufgabe, die Funktionsfähigkeit der GmbH vor und nach dem Übergang auf die nachfolgende Generation durch ausgewogene Gestaltung zu gewährleisten, und auch die lebzeitige Vermögensnachfolge oder die im Todesfall rechtssicher zu gestalten.

Darüber hinaus bestehen vielfältige Rechtsfragen aus angrenzenden Rechtsgebieten, wie z.B. die Wahl und Praktikabilität erbrechtlicher Gestaltungsmittel, wie Vor- und Nacherbfolge und Testamentsvollstreckung oder auch familienrechtliche Fragen des Minderjährigenrechts.

Dieses Buch ist von Praktikern als Arbeitshilfe für Notare und Rechtsanwälte verfasst worden, die sich einen schnellen Überblick über die aufgeworfenen Rechts- und Gestaltungsfragen verschaffen wollen. Behandelt werden unter anderem Gestaltungsfragen im Rahmen des Gesellschaftsvertrags, lebzeitige Übertragungsvorgänge, erbrechtliche Gestaltungsmittel, Fragen des Steuer- und Kostenrechts und Besonderheiten bei Beteiligung von Minderjährigen. Es werden Gestaltungsmuster und Hinweise vorgeschlagen, welche eine effektive Bearbeitung des Falles ermöglichen sollen. Diese wurden mit größter Sorgfalt erstellt, stellen jedoch nur eine Anregung zur Übernahme in die jeweilige Mustersammlung dar.

Die Fertigstellung des Buches erfolgte im Sommer 2017. Rechtsprechung und Literatur konnten bis Juli 2017 berücksichtigt werden. Wir bedanken uns im Namen aller Autoren beim Deutschen Notarverlag, insbesondere bei Frau Greferath-Russ und Herrn Flohr, für die tatkräftige Unterstützung bei der Erstellung dieses Werks. Besonderer Dank gebührt auch unseren Familien, welche uns zahlreiche Wochenenden entbehren mussten.

Für Kritik, Verbesserungsvorschläge und Anregungen jeder Art sind wir dankbar und greifen diese gerne auf.

Stuttgart im August 2017

Timo Lutz   Stefan Mattes

Inhaltsverzeichnis

Autorenverzeichnis

Hiltrud Haf
Amtsverwalterin, ab 1.1.2018 Notarin in Mannheim

Dr. Fabian Hetmeier, LL.M.
Amtsverwalter, ab 1.1.2018 Notarassessor bei der Notarkammer Baden-Württemberg

Timo Lutz
Amtsverwalter, ab 1.1.2018 Notar in Vaihingen an der Enz

Stefan Mattes
Amtsverwalter, ab 1.1.2018 Notar in Ditzingen

Sebastian Mensch
LL.M., Diplom Finanzwirt, (FH), Amtswalter, ab 1.1.2018 Notar in Ludwigsburg

Philipp Thouet
Rechtsanwalt und Steuerberater, Aachen

Musterverzeichnis

Allgemeine Abkürzungen

a.A.	anderer Auffassung
a.a.O.	am angegebenen Ort
abgedr.	abgedruckt
abl.	ablehnend
ABl	Amtsblatt
Abs.	Absatz
Abschn.	Abschnitt
Abt.	Abteilung
abw.	abweichend
a.E.	am Ende
ÄndG	Änderungsgesetz
a.F.	alte Fassung
AfA	Absetzung bzw. Abschreibung für Abnutzung
AG	Aktiengesellschaft; Amtsgericht; Arbeitgeber; Auftraggeber; Ausführungsgesetz
AGB	Allgemeine Geschäftsbedingungen
Alg	Arbeitslosengeld
allg.	allgemein
allg.M.	allgemeine Meinung
Alt.	Alternative
a.M.	anderer Meinung
AN	Arbeitnehmer
Anh.	Anhang
Anm.	Anmerkung
ArbG	Arbeitsgericht
arg.	argumentum
Art.	Artikel
Aufl.	Auflage
ausdr.	ausdrücklich
Az.	Aktenzeichen

Beschl.	Beschluss
bestr.	bestritten
BGH	Bundesgerichtshof
BKartA	Bundeskartellamt
Bl	Blatt
BKA	Bundeskriminalamt
bspw.	beispielsweise
BT	Besonderer Teil, Bundestag
BV	Betriebsvereinbarung, Bestandsverzeichnis
BVerfG	Bundesverfassungsgericht
BVerwG	Bundesverwaltungsgericht
BW	Baden-Württemberg
bzgl.	bezüglich
bzw.	beziehungsweise
ca.	circa
c.i.c.	culpa in contrahendo
ders.	derselbe
DFG	Deutsche Freiwillige Gerichtsbarkeit
DGB	Deutscher Gewerkschaftsbund
d.h.	das heißt
DIN	Deutsches Institut für Normung
DIS	Deutsche Institution für Schiedsgerichtsbarkeit e.V.
Diss.	Dissertation
DNotI	Deutsches Notarinstitut
DNotZ	Deutsche Notarzeitung
Drucks	Drucksache
Einl.	Einleitung
Entsch.	Entscheidung
Entschl.	Entschluss
entspr.	entsprechend
Entw.	Entwurf
EUR	Euro

e.V.	eingetragener Verein
EV	Eidesstattliche Versicherung
f., ff.	folgende, fortfolgende
Fa.	Firma
FA	Finanzamt
Fn	Fußnote
FS	Festschrift
geänd.	geändert
gem.	gemäß
GenStaAnw	Generalstaatsanwalt
GmbH	Gesellschaft mit beschränkter Haftung
GmbH i. Gr.	GmbH in Gründung
grds.	grundsätzlich
Hinw.	Hinweis(e)
h.L.	herrschende Lehre
h.M.	herrschende Meinung
HReg	Handelsregister
Hrsg.	Herausgeber
hrsg.	herausgegeben
Hs.	Halbsatz
i.A.	im Auftrag
i.d.F.	in der Fassung
i.d.R.	in der Regel
i.d.S.	in diesem Sinne
i.E.	im Ergebnis
i.e.S.	im engeren Sinne
i.G.	in Gründung
IGH	Internationaler Gerichtshof
IHK	Industrie- und Handelskammer
i.H.v.	in Höhe von
i.L.	in Liquidation
i. Vorb.	in Vorbereitung

inkl.	inklusive
insb.	insbesondere
insg.	insgesamt
i.S.d.	im Sinne des
i.S.v.	im Sinne von
i.Ü.	im Übrigen
i.V.	in Vertretung
i.V.m.	in Verbindung mit
i.W.	in Worten
i.w.S.	im weiteren Sinne
Kap.	Kapitel
krit.	kritisch
li.Sp.	linke Spalte
KV	Kostenverzeichnis
LAG	Landesarbeitsgericht; Lastenausgleichsgesetz
lfd.	laufend
LG	Landgericht
lit.	litera (Buchstabe)
Lit.	Literatur
m.E.	meines Erachtens
mind.	mindestens
Mio.	Million
Mitt.	Mitteilungen
MittBayNot	Mitteilungen des bayrischen Notarvereins
MüKo	Münchner Kommentar
m.w.H.	mit weiteren Hinweisen
m.w.N.	mit weiteren Nachweisen
MwSt	Mehrwertsteuer
m.W.v.	mit Wirkung vom
n.F.	neue Fassung
Nr.	Nummer
n.r.	nicht rechtskräftig

n.v.	nicht veröffentlicht
NW	Nordrhein-Westfalen
o.a.	oben angegeben/angeführt
o.Ä.	oder Ähnliches
o.g.	oben genannt
OHG	Offene Handelsgesellschaft
RA	Rechtsanwalt
Rdn	Randnummer, intern
rechtskr.	rechtskräftig
re.Sp.	rechte Spalte
Red.	Redaktion
Reg.	Regierung, Register
RegEntw	Regierungsentwurf
Rn	Randnummer, extern
RNotZ	Rheinische Notarzeitung
Rspr.	Rechtsprechung
rückw.	rückwirkend
S.	Satz; Seite
s.	siehe
s.a.	siehe auch
s.o.	siehe oben
sog.	sogenannte/r/s
str.	streitig
s.u.	siehe unten
SÜ	Sicherheitsübereignung
SVS	Speditionssversicherungsschein
TARIC	Gebrauchszolltarif (Integrated tariff of the European Communities)
TRIPS-Abkommen	Übereinkommen über handelsbezogene Aspekte der Rechte des geistigen Eigentums
u.a.	unter anderem
u.Ä.	und Ähnliches

u.E.	unseres Erachtens
umstr.	umstritten
unstr.	unstreitig
unveröff.	unveröffentlicht
urspr.	ursprünglich
Urt.	Urteil
usw.	und so weiter
u.U.	unter Umständen
u.V.m.	und Vieles mehr
Verz.	Verzeichnis
Vfg.	Verfügung
VG	Verwaltungsgericht; Verwertungsgesellschaft
VGH	Verwaltungsgerichtshof; Verfassungsgerichtshof
vgl.	vergleiche
v.H.	vom Hundert
VO	Verordnung
VOBl	Verordnungsblatt
Vor	Vorbemerkung
vorl.	vorläufig
VZ	Veranlagungszeitraum
WA	Warschauer Abkommen
z.B.	zum Beispiel
Ziff.	Ziffer
zit.	zitiert
z.T.	zum Teil
zust.	zustimmend
zzgl.	zuzüglich
zzt.	zurzeit

Literaturverzeichnis

Bücher

Altmeppen/Roth, Gesetz betreffend die Gesellschaften mit beschränkter Haftung: GmbHG, 8. Auflage 2015

Baumbach/Hueck, Gesetz betreffend die Gesellschaften mit beschränkter Haftung: GmbHG, 21. Auflage 2017

BeckOK BGB, 42. Ed. 1.2.2017

BeckOK GBO, 28. Ed. 1.11.2016

Bormann/Ockelmann/Kauka (Hrsg.), Handbuch GmbH-Recht, 3. Auflage 2015

Dehmer, Betriebsaufspaltung; Recht, Steuern, Bilanzierung, 3. Auflage 2015

Eckhardt/Hermanns (Hrsg.), Kölner Handbuch Gesellschaftsrecht, 3. Auflage 2017

Fackelmann/Heinemann, GNotKG, 1. Auflage 2013

Fischer/Pahlke/Wachter, ErbStG, Kommentar, 6. Auflage 2017

Gosch, Körperschaftsteuergesetz, Kommentar, 3. Auflage 2015

Hausschild/Kallrath/Wachter (Hrsg.), Notarhandbuch Gesellschafts- und Unternehmensrecht, 2. Auflage 2017

Heckschen/Heidinger, Die GmbH in der Gestaltungs- und Beratungspraxis, 3. Auflage 2013

Herrmann/Heuer/Raupach, Loseblatt 279, Aktualisierung 2017

Horndasch, Notarformulare Kindschaftsrecht, 2016

Iden, Der Vorerbe im Unternehmen, 2016

Kanzler/Kraft/Bäumel (Hrsg.), Einkommensteuergesetz, Kommentar, 2017

Kirchhof, Einkommensteuergesetz, Kommentar, 2017

Korintenberg, GNotKG, 20. Aufl. 2017

Langenfeld/Fröhler, Testamentsgestaltung, 5. Auflage 2015

Langenfeld/Miras, GmbH-Vertragspraxis, 7. Auflage 2015

Lutter/Hommelhoff, GmbH-Gesetz, 19. Auflage 2016

Mayer/Bonefeld/Weidlich, Testamentsvollstreckung, 4. Auflage 2015

Münchner Kommentar zum BGB in 12 Bänden, 7. Auflage 2017

Müller-Lukoschek, Die neue EU-Erbrechtsverordnung, 2. Auflage 2015

Müller/Stöcker/Lieber, Die Organschaft Körperschaftsteuerrecht, Gewerbesteuerrecht, Umsatzsteuerecht, Grunderwerbsteuerrecht, 10. Auflage 2017

Münch, Ehebezogene Rechtsgeschäfte, 4. Auflage 2015

Neu/Neumann/Neumayer (Hrsg.), Handbuch der GmbH-Besteuerung, 1999

Nieder/Kössinger, Handbuch der Testamentsgestaltung, 5. Auflage 2015

Renner/Otto/Heinze/Heinze, Leipziger Gerichts- & Notarkostenkommentar, 2013

Rau/Dürrwächter (Hrsg.), Kommentar zum Umsatzsteuergesetz mit Aktualisierungsservice, 171. Aktualisierung, 2017

Roth/Altmeppen, GmbHG, 8. Aufl. 2015

Rödder/Herlinghaus/Neumann (Hrsg.), Körperschaftsteuergesetz, Kommentar, 2015

Römermann (Hrsg.), Münchener Anwalts Handbuch GmbH-Recht, 3. Auflage 2014

Schmidt, Einkommensteuergesetz, 36. Aufl. München 2017 EStG

Staudinger/Bienwald, BGB, Neubearbeitung 2013

Tanck/Krug, Notarformulare Testamente, 5. Auflage 2015

Thouet, Reform der Erbschaftsteuer, 2017

von Rechenberg/Thies/Wiechers, Handbuch Familienunternehmen und Unternehmerfamilien, 2016

Wachter, GmbH-Geschäftsanteile im Erbfall, 2012

Wicke, Gesetz betreffend die Gesellschaften mit beschränkter Haftung (GmbHG), 3. Auflage 2016

Aufsätze

Blasche, Sebastian, Die Ausgestaltung schuldrechtlicher Vorerwerbsrechte bei GmbH-Geschäftsanteilen, NZG 2016, 173–177

Blasche, Sebastian, Vinkulierungsklauseln in GmbH-Gesellschaftsverträgen, RNotZ 2013, 515–534

Binz/Mayer, Anteilsvinkulierung bei Familienunternehmen, NZG 2012, 201–212

Bürger, Die Beteiligung Minderjähriger an Gesellschaften mit beschränkter Haftung, RNotZ 2006, 156

Casper/Altgen, Gesellschaftsvertragliche Abfindungsklauseln – Auswirkungen der Erbschaftsteuerreform, DStR 2008, 2319–2326.

Eckardt, Rechtssichere Abfindungsvereinbarungen in Gesellschaftsverträgen: ein unlösbares Problem für die Gestaltungspraxis?, notar 2015, 347

Elfring, Claus, „Deadlock“ beim paritätischen Equity Joint Venture, NZG 2012, 895–900

Engel, Abfindungsklauseln – eine systematische Übersicht, NJW 1986, 345

Everts, Neue Perspektiven zur Pflichtteilsdämpfung aufgrund der EuErbVO?, ZEV 2013, 124

Flick, Typische Fehler – Auseinanderfallen von Gesellschaftsvertrag und letztwilliger Verfügung, DStR 1987, 41

Fonk, Hans-Joachim, Auslagenersatz für Aufsichtsratsmitglieder, NZG 2009, 761–771

Frank, Der Nießbrauch an Gesellschaftsanteilen, MittBayNot 2010, 96

Gaul/Otto, Auswirkungen des TransPuG auf das Verhältnis zwischen GmbH-Geschäftsführung und Aufsichtsrat, GmbHR 2003, 6–14

Gassen, Zulässigkeit und Grenzen gesellschaftsrechtlich vereinbarter Pflichten zur Vornahme familien- und erbrechtlicher Vereinbarungen mit Dritten, RNotZ 2004, 423

Gehrlein, Markus, Neue Tendenzen zum Verbot der freien Hinauskündigung eines Gesellschafters, NJW 2005, 1969–1973

Gessler, Zur Buchwertabfindung bei Ausscheiden aus einer GmbH, GmbHR 1984, 29

Göthel, Stephan, Vertragsgestaltung bei internationalen Joint Ventures, BB 2014, 1475–1479

Götte, Die Gewinn- und Auseinandersetzungsansprüche bei einer Gesellschafternachfolge aufgrund rechtsgeschäftlichen Eintrittsrechtes, DNotZ 1988, 603

Goette, Ausschließung und Austritt aus der GmbH in der Rechtsprechung des Bundesgerichtshofs, S. 533–542

Habbe/Gieseler, Freunde kann man sich aussuchen, Familie hat man – Strategien zur Vermeidung und Lösung von Konflikten in Familienunternehmen, NZG 2016, 1010–1015

Haibt, Abfindungsklauseln in GmbH-Verträgen, MittRhNotK 1998, 261

Harst, Zur Zwangseinziehung von Geschäftsanteilen, GmbHR 1987, 183

Hasselmann, Die Gesellschafterliste nach § 40 GmbHG: Erstellung und Einreichung durch Geschäftsführer und Notare, NZG 2009, 486–493

Heller, Das Stuttgarter Verfahren in Abfindungsklauseln, GmbHR 1999, 594–597

Hergeth/Mingau, Beteiligungsverträge bei der GmbH, DStR 2011, 1217–1220

Hülsmann, Abfindungsklauseln: Kontrollkriterien der Rechtsprechung, NJW 2002, 1673–1680

Ivo, Die Vererbung von GmbH-Geschäftsanteilen, ZEV 2006, 252

Jocher, Die Vorsorgevollmacht des Unternehmers, notar 2014, 3

Keiluweit, Unterschiede zwischen obligatorischen und fakultativen Aufsichtsgremien – ein Vergleich zwischen Aktiengesellschaft und GmbH, BB 2011, 1795–1800

Keim, Grenzen der Anrechenbarkeit lebzeitiger Zuwendungen auf den Pflichtteil, MittBayNot 2008, 8

DNotI-Gutachten vom 28.10.2011, Abruf-Nr. 110750 S. 4 m.w.N.

Kölmel, Die Vertretung des minderjährigen Kindes bei der Bekanntgabe des Genehmigungsbeschlusses, MittBayNot 2011, 190

Kölmel, Neues zur Bekanntgabe des familiengerichtlichen Genehmigungsbeschlusses, MittBayNot 2012, 108

Lange, Neues zu Abfindungsklauseln–Anmerkungen zu den Urteilen des OLG Dresden, NZG 2000, NZG Jahr 2000, 1042 und des BGH, NZG 2000, NZG Jahr 2000, 1027, NZG 2001, 635–643.

Lange/Sabel, Steuerung der Gesellschafterstellung in Familienunternehmen, NZG 2015, 1249–1254

Leitzen, Abfindungsklauseln bei Personengesellschaften und GmbHs – Aktuelle Entwicklungen und Auswirkungen der Erbschaftsteuerreform, RNotZ 2009, 315

Loritz, Die Reichweite von Vinkulierungsklauseln in GmbH-Gesellschaftsverträgen, NZG 2007, 361–368

Lutz, Die Trans- oder Postmortale Vollmacht im Fall der Alleinerbenbestellung des Bevollmächtigten, BWNotZ 6/2013, 171

Mayer, Aufwertung der Gesellschafterliste durch das MoMiG – Fluch oder Segen?, ZIP 2009, 1037–1051

Mayer, Die Zulässigkeit von Stimmrechtsvereinbarungen im GmbH-Recht, GmbHR 1990, 61–65.

Meckbach, Wahl des Satzungssitzes der Kapitalgesellschaft: Forum Shopping bei inländischen Gesellschaften?, NZG 2014, 526–531

Mensch, Generalvollmacht für den Alleinerben – zwischen Konfusion und Schutz des Rechtsverkehrs, ZNotP 2013, 171

Mensch, Aktuelle Entwicklungen bei Vollmacht und Betreuung, ZEV 2016, 423

Mensch, Tod eines Mitunternehmers einer Personengesellschaft im Fokus des Ertragssteuerrechts, BWNotZ 2007, 140

Mensch, Vollmacht und Testamentsvollstreckung, NotBZ 2013, 420

Ott, Vormundbenennung durch letztwillige Verfügung, BWNotZ, 2014, 138

Odersky, Europäische Erbrechtsverordnung in der Gestaltungspraxis, notar 2013, 3

Paefgen/Wallisch, Die Schutzfunktion der Gesellschafterliste beim GmbH-Anteilserwerb, NZG 2016, 801–808

Peemöller, Grundsätze der Unternehmensbewertung – Anmerkungen zum Standard IDW S 1, DStR 2001, S. 1401–1408

Piehler, Klaus, Die Stimmbindungsabrede bei der GmbH, DStR 1992, S. 1654–1661

Priester, in: FS Stimpel 1985, 463

Weigl, Pflichtteilsanrechnung gegenüber Minderjährigen – Abschied von der bisher „herrschenden" Meinung!, MittBayNot 2008, 275

Rastätter, Grundstücksschenkungen an Minderjährige, BWNotZ 2006, 1

Reimann, Unternehmertestament und Gesellschaftsvertrag: Neue Risiken, neuer Gestaltungsbedarf, ZEV 2014, 521

Rehmann, Testamentsvollstreckung an Gesellschaftsanteilen, BB 1985, 297

Scherer, Familienunternehmen: Zivil- und steuerrechtliche Besonderheiten bei der Gestaltung des Gesellschaftsvertrags, BB 2010, 323–329

Schmidt, Karsten, Anteilssteuerung durch Vinkulierungsklauseln, GmbH Rundschau, 1289–1297

Schröder/Cannivé, Der Unternehmensgegenstand der GmbH vor und nach dem MoMiG, NZG 2008, 1–4

Schwab, Kündigung, Ausschluss und Einziehung in der GmbH, DStR 2012, 707–713

Schürnbrand, Die Ausübung von Gesellschafterrechten in der GmbH durch Erbengemeinschaften, NZG 2016, 241

Sikora, Der Ausschluss eines Gesellschafters aus Personengesellschaft und GmbH, JA 2005, S. 816–820

Soergel/Engelmann, Möglichkeiten der Anpassung von Buchwertabfindungen an den niedrigeren Verkehrswert bei der GmbH, DStR 2003, 1260–1265

NJW-RR 2017,162 mit Anmerkung *Tiedke*

Tonikidis, Die Gründung einer Einpersonen-GmbH durch einen vollmachtlosen Stellvertreter, MittBayNot 2014, 514

Winkler, Unternehmensnachfolge und Pflichtteilsrecht – Wege zur Minimierung des Störfaktors Pflichtteilsansprüche, ZEV 2005, 89 ff.

Wicke, Schuldrechtliche Nebenvereinbarungen bei der GmbH – Motive, rechtliche Behandlung, Verhältnis zum Gesellschaftsvertrag, DStR 2006, 1137–1144

Zipfel/Pfeffer, Verträge unter nahen Angehörigen, BB 2010, 343–347

§ 1 Gründungsvorgang der GmbH

A. Motive zur Beteiligung Minderjähriger an der GmbH

1 Die Gründer einer GmbH möchten über § 13 Abs. 2 GmbHG erreichen, dass sie für die Geschäfte der Gesellschaft nicht persönlich mit ihrem Privatvermögen haften, sondern die Gläubiger nur Zugriff auf das Vermögen der Gesellschaft haben. Die Beteiligung Minderjähriger an der GmbH kann darüber hinaus verschiedene Motive haben:

I. Übertragung auf die nächste Generation

2 Wunsch der Eltern ist es oftmals, die nächste Generation bereits frühzeitig am (Familien-)Unternehmen zu beteiligen, damit sich die Kinder bereits frühzeitig mit dem Familienunternehmen identifizieren.[1] Häufiges Motiv ist außerdem die Nutzung der alle zehn Jahre zur Verfügung stehenden steuerlichen Freibeträge bei der Erbschafts- und Schenkungssteuer; je früher damit begonnen wird, desto öfter können die Freibeträge genutzt werden. Hinzu kommt, dass die frühzeitige Übertragung auf minderjährige Kinder auch dazu führt, die Steuerlast bei den Eltern zu verringern, da die Minderjährigen i.d.R. neben den Gewinnauszahlungen aus der GmbH noch über kein weiteres Einkommen verfügen, sodass die Steuerlast für die gesamte Familie geringer ausfällt, als wenn die entsprechenden Gewinne noch den Eltern zugerechnet werden würden.

II. Gründung durch Minderjährige

3 Daneben können jugendliche Start-Ups Interesse daran haben, eine eigene Idee über eine GmbH zu vermarkten, um gem. § 13 Abs. 2 GmbHG nicht mit dem gesamten Vermögen gegenüber den Gläubigern zu haften, falls ihr Geschäftsmodell nicht so gut läuft, wie sie es sich erhofft haben. In diesem Fall geht es somit nicht um die Übertragung von Vermögenswerten durch die Eltern an die nächste Generation, sondern um die anfängliche Gründung (nur) durch Minderjährige, etwa Schüler, die neben der Schule bereits ins Geschäftsleben einsteigen möchten.

1 Hierzu *Bürger*, RNotZ 4/2006, 156 (157 reSp).

B. Gründung der GmbH (Checkliste)

4
- Gründung durch eine oder mehrere Personen;
- Klärung der Vertretung des Minderjährigen bei der Gründung; ggf. Bestellung eines oder mehrerer Ergänzungspfleger durch das Familiengericht;
- Abstimmung der Gründungssatzung mit dem Ergänzungspfleger und dem zuständigen Familiengericht; ggf. vorherige Einholung der Genehmigung bei Gründung durch (nur) einen Minderjährigen allein;
- Beurkundungsverhandlung zur Gründung (Errichtung) der GmbH;
- Einholung der familiengerichtlichen Genehmigung (sofern diese noch nicht eingeholt wurde, s.o.);
- Eröffnung eines Kontos für die neue GmbH und Einzahlung des Stammkapitals durch die Gesellschafter;
- Anmeldung der neuen GmbH und Eintragung ins Handelsregister;
- Anschließend Beginn des operativen Geschäfts durch die Gesellschaft.

C. Besonderheiten bei Gründung unter Beteiligung Minderjähriger

I. Vertretung des Minderjährigen

1. Vertretung beim Gründungsvorgang als solchem

Die Gründung bzw. Beteiligung an der Gründung durch den Minderjährigen stellt für diesen ein nicht lediglich rechtlich vorteilhaftes Geschäft i.S.d. § 107 BGB dar, da die Gründung in jedem Fall mit einem „Bündel von Rechten und Pflichten" versehen ist.[2] Der Minderjährige wird zur Zahlung des Stammkapitals gegenüber der Gesellschaft verpflichtet, bei Gründung durch mehrere Personen droht die Ausfallhaftung nach § 24 GmbHG. Auch wenn der Minderjährige die Mittel für die Gründung der GmbH von Dritten, z.B. den Eltern oder den Großeltern, geschenkt bekommt, ändert dies nichts an der eigenen Leistungspflicht gegenüber der Gesellschaft, weshalb auch in diesem Fall kein lediglich rechtlich vorteilhaftes oder neutrales Rechtsgeschäft vorliegt. Der Minderjährige muss bei der Gründung daher in jedem Fall durch seinen gesetzlichen Vertreter vertreten werden bzw. kann nur mit dessen Zustimmung (§ 108 BGB) handeln. 5

Der Minderjährige wird gem. §§ 1626, 1629 BGB grundsätzlich durch seine beiden Eltern gemeinschaftlich vertreten. Diese sind jedoch gem. § 1629 Abs. 2 S. 1, 1795 BGB von der Vertretung ausgeschlossen, wenn an der GmbH neben dem Minderjährigen noch sie selbst und/oder einer ihrer Verwandten i.S.d. § 1795 Abs. 1 Nr. 1 BGB (z.B. die Großeltern oder Geschwister des Minderjährigen) beteiligt sind bzw. ist, da der Gesellschaftsvertrag dann auch mit diesen Personen abgeschlossen wird. In diesen Fällen ist für den Minderjährigen daher gem. § 1909 BGB vom Familiengericht ein Ergänzungspfleger zu bestellen. Sollen mehrere Minderjährige an der GmbH beteiligt werden, ist für jeden ein eigener Ergänzungspfleger zu bestellen. 6

Wurde der Ergänzungspfleger vom Familiengericht bei Beurkundung der Gründung noch nicht bestellt, kann bei Gründung einer GmbH mit mehreren Personen der beabsichtigte Ergänzungspfleger (oder ein Elternteil) das Gründungsprotokoll als Vertreter ohne Vertretungsmacht unterzeichnen, jedoch 7

2 Siehe nur *Bürger*, RNotZ 4/2006, 156 (158 liSp).

müssen die Erklärungen nach familiengerichtlicher Bestellung des Ergänzungspflegers durch diesen gem. § 2 Abs. 2 GmbHG in notarieller Form nachgenehmigt werden.

8 Wird die Gesellschaft durch einen Minderjährigen als alleinigem Gesellschafter gegründet, sind die Eltern von der Vertretung nicht ausgeschlossen, da §§ 1629 Abs. 2, 1795, 181 BGB in diesem Fall nicht eingreifen. Hierbei ist bei der Beurkundung darauf zu achten, dass *beide* Elternteile an der Beurkundungsverhandlung selbst teilnehmen oder sich im Vorfeld durch notarielle Urkunde zur Vornahme der Gründung ermächtigen. Eine vollmachtlose Vertretung des Minderjährigen ist in diesem Fall gem. § 180 S. 1 BGB nicht möglich;[3] die Gründung wäre nichtig und müsste vollständig wiederholt werden.

2. Vertretung bei Bestellung der Geschäftsführung

9 Bei der Bestellung des Ergänzungspflegers durch das Familiengericht sollte darauf hingewirkt werden, dass dessen Wirkungskreis neben der Vertretung des Minderjährigen am Gründungsakt als solchem auch die Vertretung bei der ersten Beschlussfassung zur Bestellung der Geschäftsführer umfasst. Dies ist insbesondere dann wichtig, wenn ein Eltern- oder Großelternteil des Minderjährigen zum Geschäftsführer bestellt werden soll, da der Anwendungsbereich des § 181 BGB bei der Beschlussfassung in der Gesellschaft umstritten ist und nach überwiegender Auffassung nach dem Schutzzweck der Norm zur Anwendung kommt:[4] Bei der ersten Beschlussfassung, die i.d.R. im Gründungsprotokoll enthalten ist, treten die Gesellschafter unter Verzicht auf alle gesetzlichen oder satzungsmäßigen Form- und Fristerfordernisse zusammen und bestellen den oder die Geschäftsführer. Selbst wenn nach der Satzung das Stimmrecht des Minderjährigen ausgeschlossen oder eingeschränkt ist, hat er in jedem Fall ein Teilnahmerecht an der Versammlung und muss somit an der Gesellschafterversammlung beteiligt werden, um eine wirksame Vollversammlung durchführen zu können.[5] Für

3 OLG Stuttgart, Beschl. v. 6.2.2015 – 8 W 49/15 m.w.N., MittBayNot 2/2016, 168 (m Anm *Jaeger*); **aA** *Tonikidis*, Die Gründung einer Einpersonen-GmbH durch einen vollmachtlosen Stellvertreter, MittBayNot 6/2014, 514.

4 BGH, Urt. v. 6.6.1988 – II ZR 318/87, NJW 1989, 168 = DNotZ 1989, 26, juris-Rn 11; *Wicke*, GmbHG, 3. Auflage (2016) § 47 Rn 9; *Bürger*, RNotZ 4/2006, 156 (170 ff.).

5 Vgl. *Heckschen,* in: Heckschen/Heidinger, Die GmbH in der Gestaltungs- und Beratungspraxis, 3. Auflage (2013) § 4 Rn 155.

den Fall, dass § 181 BGB bei der Bestellung der Geschäftsführer anwendbar ist, könnten die Eltern den Minderjährigen dann nicht vertreten, sodass keine wirksame Beschlussfassung vorliegen würde. Vorsorglich sollte der Minderjährige daher auch bei diesem Beschluss noch durch den neutralen Ergänzungspfleger vertreten werden, der bei entsprechendem Wirkungskreis dann in jedem Fall vertretungsbefugt ist,[6] selbst wenn kein Vertretungsausschluss der Eltern bestehen sollte (vgl. auch § 47 FamFG).

Da bei Beteiligung der gesetzlichen Vertreter selbst oder ihrer Verwandten 10
i.S.d. § 1795 Abs. 1 Nr. 1 BGB unter Umständen auch bei späteren Beschlussfassungen wegen § 181 BGB zumindest bei Grundlagenentscheidungen ein Vertretungsausschluss der Eltern bestehen kann, wäre es zwar grundsätzlich sinnvoll, beim Familiengericht die Anordnung einer „Dauerpflegschaft" mit dem Wirkungskreis der Vertretung des Minderjährigen bei Beschlussfassungen der GmbH anzuregen. Jedoch kann die Tatsache, dass später unter Umständen Gesellschafterbeschlüsse mit einem Vertretungsausschluss der gesetzlichen Vertreter anstehen können, die Anordnung einer solchen Dauerpflegschaft nach Ansicht des BGH[7] nicht rechtfertigen, da die ständige Teilnahme eines Dritten an Gesellschafterversammlungen zu stark in das Gesellschaftsverhältnis eingreifen würde;[8] von einem solchen Antrag sollte daher abgesehen werden. Vielmehr ist vor entsprechenden Beschlüssen jeweils rechtzeitig das Familiengericht einzubeziehen und anzuregen, einen Ergänzungspfleger für die Mitwirkung an der betreffenden Beschlussfassung zu bestellen.

II. Genehmigungspflichten

1. Gesellschaftsvertrag zum Betrieb eines Erwerbsgeschäfts § 1822 Nr. 3 Alt. 3 BGB

Gem. § 1643 Abs. 1 bzw. § 1915 Abs. 1 S. 1 i.V.m. § 1822 Nr. 3 Alt. 3 BGB 11
benötigen die Eltern bzw. der Ergänzungspfleger die Genehmigung des Familiengerichts, wenn der Minderjährige einen Gesellschaftsvertrag zum Betrieb eines Erwerbsgeschäfts eingehen soll. Hintergrund der Genehmigungspflicht

6 Staudinger/*Bienwald*, BGB, Neubearbeitung 2013, § 1909 Rn 9.
7 BGH, Beschl. v. 18.9.1975 – II ZB 6/74, NJW 1976, 49.
8 *Bürger*, RNotZ 4/2006, 156 (176 liSp).

ist, dass der Minderjährige vor einem dauerwirtschaftlichen Engagement bei unbeschränkter Vertretungsmacht der Geschäftsführer und der hiermit verbundenen unkalkulierbaren Risiken geschützt werden soll. Unter die Vorschrift fällt daher jede Beteiligung des Minderjährigen an einem Gesellschaftsvertrag unter Übernahme von Gesellschafterpflichten, auch wenn im laufenden Betrieb wegen § 13 Abs. 2 GmbHG keine persönliche Haftung des Minderjährigen mehr besteht. Sicherheitshalber sollte die Genehmigung in jedem Fall eingeholt werden, selbst wenn es sich ausnahmsweise um die Gründung einer rein vermögensverwaltenden GmbH handelt.[9]

2. Übernahme einer fremden Verbindlichkeit § 1822 Nr. 10 BGB

12 Bei Gründung durch mehrere Gesellschafter haftet der Minderjährige nicht nur für die Aufbringung der auf seinen Geschäftsanteil entfallenden Einlage, sondern gem. § 24 GmbHG auch dafür, dass die übrigen Gesellschafter ihre Stammeinlage erbringen. Damit würde der Minderjährige eine letztlich fremde Verbindlichkeit übernehmen, weshalb bei der mehrgliedrigen GmbH auch der Genehmigungstatbestand des § 1822 Nr. 10 BGB erfüllt ist.[10]

3. Genehmigungsverfahren

13 Ist zur Wirksamkeit eines Rechtsgeschäfts die Genehmigung des Familiengerichts erforderlich, entscheidet dieses grundsätzlich nach pflichtgemäßem Ermessen über die Erteilung oder Ablehnung der Genehmigung. Um diese Entscheidung treffen zu können, sind dem Familiengericht alle Unterlagen, die für die Entscheidung relevant sind bzw. relevant sein könnten, vorzulegen. Hierzu gehört in erster Linie die Satzung (ggf. im Entwurf, wobei dieser im Wesentlichen mit der später beurkundeten Fassung übereinstimmen sollte). Weiter sollte dem Familiengericht dargelegt werden, weshalb das beabsichtigte Rechtsgeschäft vorgenommen werden soll und weshalb dieses im Ergebnis dem Wohl und Interesse des Minderjährigen entspricht.

14 Die Genehmigung wird gem. § 40 Abs. 2 FamFG mit Rechtskraft des Beschlusses wirksam, d.h. mit Ablauf der Beschwerdefrist für alle Beteiligten

9 Vgl. *Bürger*, RNotZ 4/2006, 156 (159 reSp).
10 *Bürger*, RNotZ 4/2006, 156 (160 liSp).

oder Verzicht aller Beteiligten auf die Einlegung einer Beschwerde. Gem. § 41 Abs. 3 FamFG ist jedoch derjenige, der das Kind bei Abschluss des Rechtsgeschäfts vertreten hat, bei der Entgegennahme der Genehmigung für das Kind ausgeschlossen; es wird angenommen, dass eine Interessenkollision vorliegt,[11] obwohl durch die Genehmigung des Familiengerichts bereits eine gerichtliche Kontrolle erfolgt ist. Umstritten ist daher, wie und durch wen die Rechte des (nicht selbst verfahrensfähigen) Kindes wahrgenommen werden.

Zur Genehmigung einer Ausschlagungserklärung wurde durch den BGH zwi- **15**
schenzeitlich entschieden, dass ein (weiterer) Ergänzungspfleger nur zu bestellen ist, wenn *im Einzelfall* festgestellt ist, dass das Interesse des Kindes in erheblichem Gegensatz zu denjenigen des gesetzlichen Vertreters steht, da § 41 Abs. 3 FamFG nicht automatisch zur Entziehung der Vertretungsmacht über die sonst geltenden Voraussetzungen des § 1796 BGB hinaus führe; jedenfalls sei § 41 Abs. 3 FamFG keine ausreichende Grundlage für eine generelle Entziehung der Vertretungsmacht ohne Prüfung des jeweiligen Einzelfalls. Außerdem würde der gesetzliche Vertreter aufgrund des Genehmigungsvorbehalts bereits durch das Gericht kontrolliert, sodass ein weiteres Bedürfnis für eine Kontrolle des *Gerichts* durch einen weiteren Vertreter nicht bestehe.

Ob diese zur Genehmigung einer Erbschaftsausschlagung ergangene Ent- **16**
scheidung auch auf weitere Genehmigungsverfahren anzuwenden ist, ist bislang offen. M.E. spricht vieles dafür, da die Begründung nicht speziell auf die Genehmigung einer Erbausschlagung abstellt. Bis zu einer höchstrichterlichen Klärung auch dieser Frage besteht der vom Notar zu wählende sicherste Weg weiterhin darin, beim Familiengericht vorsorglich die Bestellung eines (weiteren) Ergänzungspflegers[12] zur Entgegennahme der Entscheidung über den Genehmigungsantrag anzuregen.[13]

11 Siehe *Kölmel*, MittBayNot 2011, 190 (192–193) mit Nachweisen unter Fn 9.

12 Die Bestellung eines Verfahrensbeistands genügt nicht, da dieser gem. § 158 Abs. 4 S. 6 FamFG nicht gesetzlicher Vertreter des Kindes ist und daher nicht zu dessen Vertretung (vgl. § 9 Abs. 2 FamFG) befugt ist. Die Bestellung eines Ergänzungspflegers halten mehrere Obergerichte für erforderlich: KG, Beschl. v. 4.3.2010 – 17 UF 5/10, MittBayNot 2010, 482; OLG Köln, Beschl. v. 4.7.2011 – 21 UF 105/11, MittBayNot 2/2012, 131, juris-Rn 13 ff; OLG Celle, Beschl. v. 11.9.2012 – 10 UF 56/12, juris-Rn 8 ff., 20.

13 *Kölmel*, MittBayNot 2/2012, 108 (110 reSp).

17 Die Erteilung der Genehmigung erfolgt grundsätzlich gegenüber den Eltern als gesetzlichen Vertretern (§§ 1643 Abs. 3, 1828 BGB). Bei der Gründung einer mehrgliedrigen GmbH muss die Genehmigung gem. §§ 1643 Abs. 2, 1831 BGB durch den gesetzlichen Vertreter den übrigen Vertragsteilen mitgeteilt werden, erst dann wird das Rechtsgeschäft wirksam. Auch nach Erteilung der Genehmigung durch das Familiengericht kann der gesetzliche Vertreter noch entscheiden, dass das Rechtsgeschäft doch nicht zustande kommen soll, indem die Genehmigung den übrigen Vertragsteilen nicht mitgeteilt wird. Als Wirksamkeitsvoraussetzung der Gründung ist diese Genehmigungsmitteilung dem Registergericht im Eintragungsverfahren vorzulegen. Zur Beschleunigung der Abwicklung und Nachweis der Mitteilung und des Zugangs bei den weiteren Beteiligten erfolgt dies i.d.R. im Rahmen einer Doppelvollmacht, die dem beurkundenden Notar in der Gründungsurkunde erteilt wird: Der gesetzliche Vertreter des Minderjährigen ermächtigt den Notar, die Genehmigung für ihn vom Familiengericht entgegenzunehmen und sie den weiteren Beteiligten mitzuteilen; diese erteilen dem Notar die Vollmacht, diese Genehmigungsmitteilung für sie entgegenzunehmen. Diese Doppelvollmacht stellt keinen Verstoß gegen § 181 BGB dar,[14] da der gesetzliche Vertreter die Vollmacht nicht im Namen des Minderjährigen erteilt, sondern im eigenen Namen in seiner Eigenschaft als gesetzlicher Vertreter.

18 Zu beachten ist, dass eine Bevollmächtigung der Mitarbeiter des Notars im Rahmen der *Entgegennahme* der familiengerichtlichen Genehmigung nicht zulässig ist (vgl. § 10 FamFG). Die weiteren Handlungen, insbesondere die Mitteilung der Genehmigung an den anderen Vertragsteil und die Entgegennahme dieser Mitteilung durch diesen, durch Angestellte des Notars ist jedoch ohne weiteres zulässig.

4. Praktisches Vorgehen

19 Ist beabsichtigt, eine GmbH durch oder unter Beteiligung eines oder mehrerer Minderjähriger zu gründen, sollte das Familiengericht möglichst frühzeitig in den Gründungsvorgang einbezogen werden, sobald die Satzung in ihren wesentlichen Punkten unter allen Beteiligten abgestimmt ist. Auch wenn die Ge-

14 BGH, Beschl. v. 2.12.2015 – XII ZB 283/15, MittBayNot 5/2016, 418 m. Anm. *Volmer*, juris-Rn 35 ff.

nehmigung grundsätzlich nach erfolgter Beurkundung eingeholt werden kann, sollte die Satzung nach Möglichkeit im Vorfeld mit dem Familiengericht abgestimmt werden, damit etwaige Bedenken des zuständigen Rechtspflegers gegen einzelne Satzungsklauseln entweder ausgeräumt oder die Bestimmung entsprechend angepasst werden kann, um eine spätere Satzungsänderung im Gründungsstadium zu vermeiden und das spätere Gründungs- und Genehmigungsverfahren zu beschleunigen.

Die nachträgliche Einholung der Genehmigung ist der Regelfall, nicht zuletzt **20** weil sich das Familiengericht dabei eindeutig zu der Satzung in ihrer endgültigen Fassung äußern kann und keine Unklarheit darüber besteht, ob etwaige Änderungen, die erst in der Beurkundungsverhandlung vorgenommen wurden, auch von der Genehmigung umfasst sind. Die nachträgliche Einholung der Genehmigung ist jedoch dann nicht möglich, wenn die Gründung durch einen Minderjährigen allein erfolgt (vgl. § 1831 BGB); in diesem Fall muss somit der Ergänzungspfleger vor Beurkundung der Gründung bereits bestellt (s.o. Rdn 8) und auch die Genehmigung zur Gründung bereits erteilt sein.

D. Muster

I. Antrag auf Erteilung der Genehmigung in der Urkunde

21 ▼

Muster 1.1: Antrag auf Erteilung der Genehmigung in der Urkunde

Vorstehende Gesellschaftsgründung bedarf zu ihrer Wirksamkeit der Genehmigung des Familiengerichts.

in seiner Eigenschaft als Ergänzungspfleger für den minderjährigen Gesellschafter **beantragt** hiermit die Erteilung dieser familiengerichtlichen Genehmigung. Nähere Angaben zur Begründung seines Antrags wird er dem Familiengericht erforderlichenfalls außerhalb dieser Urkunde liefern.

erteilt dem beurkundenden Notar, seinem Vertreter und Nachfolger im Amt – je einzeln – die **Vollmacht**, diese Genehmigung nach Erteilung des Rechtskraftvermerks vom Familiengericht für ihn entgegenzunehmen. Der Notar, sein Vertreter und Nachfolger im Amt -je einzeln- sowie die in dieser Urkunde genannten Notariatsangestellten – je einzeln – werden ferner bevollmächtigt, die erteilte Genehmigung den übrigen Vertragsteilen mitzuteilen (§ 1915 i.V.m. § 1829 Abs. 1 BGB).

Die weiteren Gesellschafter **bevollmächtigen** den beurkundenden Notar, seinen Vertreter und Nachfolger im Amt -je einzeln- sowie die in dieser Urkunde genannten Notariatsangestellten -je einzeln-, diese Genehmigung vom Ergänzungspfleger entgegenzunehmen, sodass diese gem. § 1915 i.V.m. § 1829 Abs. 1 BGB wirksam wird.

Der beurkundende Notar, sein Vertreter und Nachfolger im Amt wird bereits heute vom jeweiligen Vollmachtgeber beauftragt, nach Eingang der Genehmigung entsprechend zu verfahren bzw. ein entsprechendes Handeln der Notariatsangestellten zu veranlassen, wenn diese Anweisung nicht schriftlich widerrufen wird.

Sofern ein Verfahrenspfleger oder weiterer Ergänzungspfleger zur Bekanntgabe des Genehmigungsbeschlusses, zur Prüfung der Einlegung eines Rechtsmittels oder zur Erklärung eines Rechtsmittelverzichts bestellt wird, wird das Familiengericht gebeten, auch den Notar hiervon zu unterrichten und dabei mitzuteilen, ob und wann der Beschluss dem Verfahrenspfleger bzw. weiteren Ergänzungspfleger mitgeteilt wurde.

Der Notar hat darauf hingewiesen, dass er trotz erteiltem Rechtskraftzeugnis nicht prüfen kann, ob die familiengerichtliche Genehmigung tatsächlich wirksam und unanfechtbar ist; er kann keine eigenen Feststellungen zur Rechtswirksamkeit der Genehmigung und zum Genehmigungsverfahren erheben, die über die Erteilung des Rechtskraftzeugnisses hinausgehen.

Sollte dieser Vertrag vom Familiengericht nicht genehmigt werden, bestehen keinerlei Ansprüche der Beteiligten untereinander, insbesondere sind etwaige Schadensersatzansprüche ausgeschlossen. Die Kosten dieses Vertrags (Notarkosten) werden in diesem Fall von   getragen.

▲

II. Schreiben an das Familiengericht

▼ 22

Muster 1.2: Schreiben an das Familiengericht 1.2

Sehr geehrte Damen und Herren,

beigefügt übersende ich Ihnen eine Fertigung meiner o.g. Urkunde.

Im Auftrag der Beteiligten bitte ich um Erteilung der in der Urkunde beantragten familiengerichtlichen Genehmigung.

Die Genehmigung bitte ich mir zu übersenden, ich wurde von den Beteiligten zur Entgegennahme bevollmächtigt.

Sollten noch Fragen bestehen, bitte ich Sie, sich direkt mit dem aus der Urkunde ersichtlichen Inhaber der elterlichen Sorge und/oder Ergänzungspfleger in Verbindung zu setzen. Ich bitte jedoch auch um Mitteilung an mich.

▲

III. Genehmigungsmitteilung aufgrund Doppelvollmacht

23 ▼

Muster 1.3: Genehmigung aufgrund Doppelvollmacht

Heute habe ich, der Notar, aufgrund der mir in Abschnitt II § der Urkunde vom (meine UR Nr.) erteilten Vollmachten die Genehmigung des Familiengerichts vom (Az.:) mit Rechtskraftvermerk vom für den Ergänzungspfleger, , in Empfang genommen, sie den anderen Vertragsteilen, , mitgeteilt und für diese die Mitteilung in Empfang genommen.

Abschriften dieser Genehmigungsmitteilung erhalten:

Familiengericht zur Kenntnis

Registergericht

Ergänzungspfleger

Gesellschafter

▲

§ 2 Satzungsgestaltung

A. Allgemeines

Die Bündelung von Privatvermögen und/oder Betriebsvermögen in einer Familiengesellschaft (oftmals findet sich auch die Bezeichnung der „Familien-Holding") ist ein erfolgreiches Gestaltungsinstrument um das Familienvermögen unter Beteiligung aller oder mehrerer Familienmitglieder für die Familie langfristig zu sichern. Nachfolgend sollen kurz wesentliche Ziele der Familiengesellschaft skizziert werden, die im besonderen Maße Einfluss auf die Satzungsgestaltung nehmen. Denn die Satzung bzw. der Gesellschaftsvertrag müssen sowohl die Gesellschaft als auch die beteiligte Familie bzw. deren Mitglieder vor Beeinträchtigungen schützen, die durch familiäre Streitigkeiten im Gesellschafterkreis entstehen können.[1] 1

- Schutz des Familienvermögens
  Bei der Familiengesellschaft sollen regelmäßig Anteile an dieser auf Familienmitglieder (z.B. Ehepartner) übertragen werden können, um Schutz vor Haftungsrisiken aus dem Betriebsvermögen zu gewähren. Zudem bietet die Familiengesellschaft als ganzheitliches Konzept den Vorteil, dass Vermögensgegenstände nicht einzeln auf den jeweiligen Berechtigten übertragen werden und so das Vermögen durch diese Aufteilung auseinanderfällt, sondern durch die Bündelung des Vermögens in einer Gesellschaft der Vermögensbestand in seiner Substanz erhalten wird. Im Übrigen hat die Einbringung des Vermögens in eine Gesellschaft den Vorteil, dass einzelne Vermögensgegenstände nicht durch Rechte Dritter belastet werden (z.B. Nießbrauch bei Immobilienübertragung) und ohnehin wirtschaftlich nicht verwertbar wären.
- Langfristigkeit der Familiengesellschaft
  Die Familiengesellschaft ist in ihrem Bestand auf Langfristigkeit ausgelegt und das Familienvermögen bleibt auch über den Generationenwechsel hinaus der Familie erhalten, im Gegensatz zur Erbengemeinschaft, die auf die Auflösung des Vermögens abzielt. Im Übrigen werden die Probleme, die die Erbengemeinschaft schon von Gesetzes

1 *Habbe/Gieseler*, NZG 2016, 1010.

wegen mit sich bringen kann (impraktikable Nachlassverwaltung, Teilungsversteigerung), vermieden.

- Ausschluss „unliebsamer“ Dritter
  Es soll die dauerhafte Einflussnahme der Familienangehörigen (insbesondere des Familienoberhaupts) auf das Vermögen gesichert werden und dieses vor dem Zugriff vor Gläubigern, Geschiedenen, Pflichtteilsberechtigten und Schwiegerkindern geschützt werden. Insoweit wird ein Seniorprinzipal ein hohes Interesse daran haben, auf seine Anteile ein großes Stimmgewicht bei Entscheidungen innerhalb der Gesellschafterversammlung zu vereinigen.
- Sukzessive und kontrollierte Übertragung
  Die Familiengesellschaft gibt dem Vermögensinhaber und den anderen Anteilsinhabern genügend Zeit, zu entscheiden, in welchem Zeitraum sie Anteile an der Gesellschaft und damit Vermögenswerte auf weitere bestehende oder neu hinzukommende Familienmitglieder übertragen möchten. Dies bietet auch die Gewähr dafür, Steuerfreibeträge exakt ausnutzen zu können. Übertragungsvorgänge werden in der Regel so gewählt werden, dass die Anteilsübertragung nur mit Zustimmung der Familiengesellschaft oder zumindest einzelner Gesellschafter erfolgen darf.

B. Übliche Satzungsbestandteile (Firma, Sitz, Unternehmensgegenstand)

Die auszugsweisen Ausführungen zu den allgemeinen Satzungsbestandteilen des § 3 GmbHG sollen einen kurzen Überblick über die hier erforderlichen Notwendigkeiten geben, wenngleich es in Bezug auf Familiengesellschaften zu den skizzierten Punkten nahezu keine nennenswerten Besonderheiten gibt. Gleichwohl gilt es zu beachten, dass die in § 3 GmbHG genannten Satzungsbestandteile nicht abschließend alle sog. echten oder materiellen Satzungsbestandteile aufgreifen, denn diese umfassen nicht nur den notwendigen Mindestinhalt i.S.v. § 3 Abs. 1 GmbHG, sondern die Gesamtheit derjenigen Bestimmungen, die entweder schon von Gesetzes wegen nur im Rahmen des Gesellschaftsvertrags wirksam getroffen werden können oder an sich frei vereinbar sind, aber nach dem Parteiwillen an der besonderen Geltungswirkung des Vertragsinhalts teilhaben sollen.[2] Freilich ist es rein theoretisch auch denkbar, die Familiengesellschaft anhand des gesetzlichen Musterprotokolls (§ 2 Abs. 1a GmbHG) zu gründen und das Kostenprivileg der §§ 107 Abs. 1 S. 2 und 105 Abs. 6 S. 1 GNotKG zu nutzen, wenngleich dann alle Satzungsbesonderheiten, die eine Familiengesellschaft mit sich bringt, so bei deren Gründung nicht umsetzbar wären, da für die Gründung inhaltlich keinerlei Streichungen, Ergänzungen oder Änderungen des Musterprotokolls vorgenommen werden dürfen. 2

I. Firma

Die Firma der Familiengesellschaft ist der Name, unter dem sie als juristische Person im Rechtsverkehr auftritt, wobei insoweit auf § 17 HGB verwiesen werden kann.[3] Die GmbH muss zwingend den Rechtsformzusatz Gesellschaft mit beschränkter Haftung oder eine allgemein verständliche Abkürzung tragen.[4] Im Übrigen gilt für die Kennzeichnung der richtigen Firmierung die Bestimmung des § 18 HGB mit der Folge, dass die Firma zur Kennzeichnung geeignet sein muss und genügend Unterscheidungskraft zu anderen bereits im Rechtsverkehr tätigen Gesellschaften besitzen muss. 3

2 Roth/Altmeppen/*Roth*, GmbHG, § 53 Rn 2.
3 Baumbach/Hueck/*Fastrich*, GmbHG, § 4 Rn 2.
4 Bormann/Kauka/Ockelmann/*Opgenhoff*, GmbH-Recht, Kapitel 2 Rn 38.

4 Ob hierzu der Industrie- und Handelskammer Mitspracherechte und Entscheidungskompetenz zustehen, ist nicht eindeutig bestimmbar. Rechtlich normiert ist, dass gemäß § 1 Abs. 1 des IHK-Gesetzes die Industrie- und Handelskammern die entsprechenden Behörden und Gerichte bei ihren Tätigkeiten unterstützen. Inwieweit das jeweilige Registergericht auf die Unterstützungskompetenz der IHK zurückgreift, ist nicht allgemein qualifizierbar. Hier agiert jedes Registergericht unterschiedlich. Eine verbindliche gesetzliche Vorschrift, dass die Registergerichte die Kompetenz der IHK in Anspruch nehmen müssen, besteht jedenfalls nicht. In der Gründungsphase empfiehlt es sich in jedem Fall für den entsprechenden Berater vorab mit dem zuständigen Registergericht abzuklären, inwieweit auf die Vorlage eines Gutachtens der IHK bestanden wird. Um die Beschleunigung des Gründungsvorgangs herbeizuführen, kann dann ggf. schon vor Einreichung der Registeranmeldung ein Gutachten der IHK beigebracht werden. Die Firma ist in der Satzung wie folgt kurz zu benennen:

▼

2.1

Muster 2.1: Name der Firma

Die Firma der Gesellschaft lautet GmbH.

▲

II. Sitz

5 Sitz der Gesellschaft ist der Ort im Inland, den der Gesellschaftsvertrag bestimmt. Dies statuiert das Gesetz in § 4a GmbHG und meint damit eigentlich eine Regelung betreffend den „Satzungssitz" der Gesellschaft. Der Satzungssitz oder auch statuarische Sitz muss demnach zwingend in Deutschland sein. Andernfalls scheitert eine Anmeldung zum Handelsregister nach § 7 GmbHG. Zudem muss die Gesellschaft ihre Geschäftsadresse in Deutschland haben, um die Erreichbarkeit der Gesellschaft in Deutschland sicherzustellen.[5]

6 Das Erfordernis der Anmeldung einer inländischen Geschäftsanschrift beim Handelsregister ergibt sich aus § 8 Abs. 4 Nr. 1 GmbHG. Mit der Festlegung des Sitzes wird nicht nur die Zuständigkeit des Registergerichts determiniert,

5 *Meckbach*, NZG 2014, 526 (527).

sondern mit der Eintragung in das deutsche Handelsregister gleichzeitig die staatliche Zuordnung unter die inländische Rechtsordnung samt nationalem Gesellschaftsstatut.[6]

Unberührt davon bleibt allerdings, dass die Geschäfts- und Verwaltungstätig- 7
keit auf eine Zweigniederlassung ins Ausland delegiert werden kann.[7] Ob es allerdings möglich ist, deutsche Kapitalgesellschaften mit faktischem Verwaltungssitz im Ausland zu betreiben, ist weiterhin fraglich[8] und kann hier nicht abschließend behandelt werden. Jedenfalls kann es aufgrund des Kollisionsrechts zu unterschiedlichen Ergebnissen bei der für das auf die Gesellschaft anzuwendenden Rechts kommen. Für Familiengesellschaften mag dies mitunter von hohem Interesse sein, da aus steuermotivierten Gründen Geschäftstätigkeiten bspw. in Österreich und in der Schweiz in dortigen Zweigniederlassungen vorgenommen werden können und de facto sich der faktische Verwaltungssitz dort befindet, ohne dass dies Auswirkungen auf die Zulässigkeit der Gesellschaftsgründung einer GmbH nach deutschem Recht mit Sitz im Inland hat. Denn klarstellend sei noch einmal erwähnt, dass der Verwaltungssitz in der Satzung nicht angegeben werden muss.[9] Abschließend sei noch angemerkt, dass eine Verlegung des Satzungssitzes aus Deutschland ins Ausland unter Aufrechterhaltung der Identität und Rechtsform der Gesellschaft derzeit in jedem Fall jedoch nicht möglich ist.[10] Der Gesellschaftssitz kann in der Satzung wie folgt angegeben werden:

▼

Muster 2.2: Gesellschaftssitz 2.2

Die Gesellschaft hat ihren Sitz in .

▲

6 Roth/Altmeppen/*Roth*, GmbHG, § 4a Rn 4.
7 Bormann/Kauka/Ockelmann/*Opgenhoff*, GmbH-Recht, Kapitel 2 Rn 47.
8 Baumbach/Hueck/*Fastrich*, GmbHG, § 4 Rn 2; *Meckbach*, NZG 2014, 526.
9 *Langenfeld/Miras*, GmbH-Vertragspraxis, § 3 Rn 159.
10 OLG München Beschl. v. 4.10.2007 – 31 Wx 36/07, NZG 2007, 915.

III. Unternehmensgegenstand

8 Der Unternehmensgegenstand ist nach § 10 Abs. 1 GmbHG im Handelsregister einzutragen, da er nach § 3 Abs. 1 Nr. 2 GmbHG zwingender Inhalt der Satzung sein muss. Mängel am Gesellschaftszweck stellen damit ein Eintragungshindernis nach § 9c Abs. 2 Nr. 1 GmbHG dar. Für Familiengesellschaften hat der Unternehmensgegenstand in erster Linie zwei wichtige Funktionen, 1. die Publizitätswirkung im Außenverhältnis und 2. die Schutzfunktion zugunsten der Gesellschafter,[11] was sich natürlich beides auf die Selbstbestimmung der Familiengesellschaft im Besonderen auswirkt.

1. Publizitätswirkung im Außenverhältnis

9 Der Unternehmensgegenstand dient der Information der am Geschäftsverkehr Beteiligten.[12] Insoweit ist jede Änderung im Handelsregister gemäß § 54 Abs. 1 S. 1 GmbHG einzutragen. Erforderlich ist dementsprechend auch, dass der Unternehmensgegenstand hinreichend individualisiert sein muss.[13] Die Angabe einer nur allgemeinen oder gar nicht identifizierbaren Tätigkeit ist unzulässig.[14] Obligatorisch ist freilich auch, dass der Unternehmensgegenstand tatsächlich ausgeübt werden muss.[15]

2. Schutzfunktion der Gesellschafter

10 Ferner dient der Unternehmensgegenstand dem Schutz der Gesellschafter, und zwar Schutz gegenüber der Willkür der Geschäftsführer. Der Willkür durch den oder die Geschäftsführer wirkt eine präzise Fassung des Unternehmensgegenstands entgegen, denn hierdurch werden die Befugnisse der Geschäftsführer unabhängig von dem Bestehen einer Geschäftsordnung im Innenver-

11 Vgl. *Schröder/Cannivé*, NZG 2008, 1. Die Autoren stellen in ihrem Beitrag noch Ausführungen zu weiteren Funktionen des Unternehmensgegenstandes an (z.B. öffentlich-rechtliche Genehmigungserfordernisse), die für die Familiengesellschaft aber untergeordnete Bedeutung haben und an dieser Stelle nicht weiter vertieft behandelt werden.

12 Lutter/Hommelhoff/*Bayer*, GmbHG § 3 Rn 5.

13 Oft zitiertes Beispiel in diesem Zusammenhang ist die unzulässige Angabe des Unternehmensgegenstandes mit „Handel mit Waren aller Art".

14 *Langenfeld/Miras*, GmbH-Vertragspraxis, § 4 Rn 164.

15 *Schröder/Cannivé*, NZG 2008, 1.

hältnis konkretisiert.[16] Die Geschäftsführer dürfen also keine Tätigkeiten außerhalb des statutarischen Unternehmensgegenstands aufnehmen (Verbot der Überschreitung des Unternehmensgegenstands) und müssen den Unternehmensgegenstand vollständig ausfüllen (Verbot der Unterschreitung des Unternehmensgegenstands).[17]

Auch im Hinblick auf Wettbewerbsinteressen vermag ein präzisierter Unternehmensgegenstand den Gesellschaftern ein Mindestmaß an Schutz gewährleisten, um im Umkehrschluss das Wettbewerbsverbot des Geschäftsführers während seiner Amtszeit zu determinieren. Die Treuepflicht des Geschäftsführers führt dazu, dass der Geschäftsführer – zumindest während seiner Amtszeit – im Geschäftszweig der Gesellschaft, der allgemeinhin durch den Unternehmensgegenstand konkretisiert wird, keine Geschäfte im eigenen Namen vornehmen darf.[18] 11

3. Auswirkungen auf Familiengesellschaften

Bei Familiengesellschaften hat die konkrete Bezeichnung des Unternehmensgegenstandes insoweit Selbstbestimmungsfunktion, dass die Philosophie der Gesellschaft für alle beteiligten (und außenstehenden) Familienmitglieder zum Tragen kommt. Je nach Ausprägung der familieneigenen Tradition werden auch moralische Werte und Ansprüche bei der Determinierung des Unternehmensgegenstandes eingebracht. 12

Für die Familiengesellschaft wird sicherlich immer dann eine Bindungswirkung des Unternehmensgegenstandes für die Geschäftsführung von hoher Priorität sein, wenn die Geschäftsführung nicht durch einen oder mehrere (Senior-)Familiengeschäftsführer besetzt ist, sondern durch einen Fremdgeschäftsführer. In diesen Fällen, in denen die Leitungshoheit externen Dritten zusteht (was bei Familiengesellschaften mit hohem Kapitalvermögen gehäuft zu beobachten ist), ist besonderer Bedacht darauf gelegt, die eigenen Ziele, insbesondere Erhalt des eigenen Vermögens, abgesichert zu wissen. 13

16 BGH Urt. v. 15.1.2013 – II ZR 90/11, ZIP 2013, 455.
17 *Schröder/Cannivé*, NZG 2008, 1.
18 *Schröder/Cannivé*, NZG 2008, 1 (2).

14 Da bei Familiengesellschaften in aller Regel der vermögensverwaltende Charakter im Vordergrund steht, empfiehlt es sich, den Unternehmensgegenstand präzise anhand der Investitionsmöglichkeiten im Rahmen der Gesellschaftsaktivität zu benennen. Die Bezeichnung des Unternehmensgegenstandes könnte etwa wie folgt lauten:

2.3

▼

Muster 2.3: Unternehmensgegenstand

(1) Gesellschaftszweck ist die langfristige, gemeinsame, private Vermögensverwaltung.

(2) Die Gesellschaft kann im Rahmen des Gesellschaftszwecks in Vermögensobjekte investieren, die zu Einkünften aus folgenden Einkunftsarten im Sinne des Einkommensteuergesetzes führen:

- Einkünfte aus Kapitalvermögen im Sinne des § 2 Abs. 1 Ziffer 5 EstG;
- Einkünfte aus Vermietung und Verpachtung im Sinne des § 2 Abs. 1 Ziffer 6 EstG;
- Sonstige Einkünfte im Sinne des § 2 Abs. 1 Ziffer 7 EstG.

(3) Die Gesellschaft übt keine gewerbliche Tätigkeit im Sinne des § 2 Abs. 1 Ziffer 2 EStG aus.

(4) Die Gesellschaft kann Geschäfte jeder Art tätigen, die dem Gesellschaftszweck unmittelbar oder mittelbar dienen.

▲

C. Besonderheiten der Vinkulierung

I. Allgemeines

Geschäftsanteile an einer GmbH sind dem Grundsatz nach frei veräußerlich und vererblich, § 15 Abs. 1 GmbHG. Dieses Statut wird jedoch durch § 15 Abs. 5 GmbHG eingeschränkt, der normiert, dass durch den Gesellschaftsvertrag die Abtretung der Geschäftsanteile an weitere Voraussetzungen geknüpft werden kann (sog. Vinkulierung). § 15 Abs. 5 GmbHG stellt damit eine zulässige Einschränkung des § 137 BGB dar, der ein rechtsgeschäftliches Verfügungsverbot über ein veräußerliches Recht untersagt.[19] Die Beschränkungen der Fungibilität müssen nur hinreichend klar und eindeutig sein, ansonsten besteht weitgehende satzungsgestaltende Freiheit.[20] Nach ganz überwiegender Meinung ist sogar der gänzliche Ausschluss der Abtretung zulässig.[21] Die Verfügung des Gesellschafters als solche ist zwar nicht beschränkbar, nur das Verpflichtungsgeschäft wird durch die Vinkulierung betroffen. Die Vinkulierung schlägt dann aber insoweit auf das Verfügungsgeschäft durch, als dass es dem betreffenden Gesellschafter unmöglich ist, das Verfügungsgeschäft zu erfüllen.[22] 15

Aus rechtsgestaltender Sicht ist darauf zu achten, dass sich die Beschränkung in § 15 Abs. 5 GmbHG selbst nur auf die Abtretung als solches bezieht. Gleichwohl können freilich auch andere Belastungen (z.B. die Bestellung eines Nießbrauchsrechts nach § 1069 Abs. 1 BGB) von der Vinkulierungsklausel erfasst werden. In diesem Fall ist nur dringend darauf zu achten, dass in der Vinkulierungsklausel nicht nur „jede Abtretung“, sondern „jede Verfügung“ von dem Zustimmungsvorbehalt erfasst wird.[23] Empfehlenswert ist es dann folglich auch, innerhalb der Vinkulierungsklausel beispielhaft klarzustellen, dass neben der eigentlichen Abtretung noch andere Formen der Verfügung vom Zustimmungsvorbehalt erfasst sind.

Bei Familienunternehmen ist stets der mit der Anteilsvinkulierung verfolgte Zweck, den Charakter der Gesellschafter zu erhalten und das Eindringen fa- 16

19 *Loritz*, NZG 2007, 361.
20 *Wicke*, GmbHG, § 15 Rn 23.
21 RGZ 80, 179; BayObLG DB 1989, 214 (215 f.); Baumbach/Hueck/*Fastrich*, GmbHG, § 15 Rn 38 m.w.N.
22 Roth/Altmeppen/*Altmeppen*, GmbHG, § 15 Rn 97.
23 *Blasche*, RNotZ 2013, 515 (516).

milienfremder Dritter zu verhindern.[24] Denn Gesellschafter in Familienunternehmen unterscheiden sich von Gesellschaftern rein kapitalistisch und nicht familiär eingeprägter Unternehmen in zweifacher Hinsicht:[25] Zum einen entspringt die Gesellschafterstellung nicht einer bewussten strategisch unternehmerischen Entscheidung, sondern aufgrund familiärer Geburt, zum anderen kann jeder Familiengesellschafter in der Regel nicht allein – unabhängig von den anderen Familienmitgliedern – über seine Anteile verfügen. Letzterer Umstand findet seinen Rechtsgrund in dem Gesellschaftsvertrag bzw. in der Satzung der Gesellschaft. Für den jeweiligen Einzelfall ist jedoch aus Beratersicht immer zu erforschen, welche Intention die Vinkulierungsklausel tatsächlich verfolgen soll. Zu unterscheiden sind die Fälle, ob im Vordergrund steht, familienfremde Dritte aus der Gesellschaft zu halten oder die Beteiligungsverhältnisse der einzelnen Familienstämme möglichst unverändert zu belassen und somit eine Verschiebung der Machtverhältnisse zu verhindern.[26]

II. Gegenstand und Entscheidungskriterien von Vinkulierungen

17 Bei der Gestaltung einer Vinkulierungsklausel ist darauf zu achten, 1. wer die Zustimmung zur Veräußerbarkeit und Übertragbarkeit von Geschäftsanteilen seitens des Gesellschafters erteilt und 2. welche Kriterien über eine Veräußerbarkeit bzw. Übertragung von Geschäftsanteilen entscheiden.

1. Zustimmungserteilung

18 § 15 Abs. 5 GmbHG gibt keinen abschließenden Aufschluss darüber, wer die Zustimmung zu Anteilsübertragungen erteilt, sondern stellt auf den Gesellschaftsvertrag ab und nennt beispielhaft die Genehmigung durch die Gesellschaft. Diese gesetzliche Formulierung ist wie der Gesetzeswortlaut aber nahelegt, keinesfalls auf den dort normierten Fall beschränkt. Eine Grundformel der Vinkulierungsklausel könnte daher wie folgt lauten:

24 *Binz/Mayer*, NZG 2012, 201 (204).
25 *Lange/Sabel*, NZG 2015, 1249.
26 *Blasche*, RNotZ 2013, 515 (523).

▼

Muster 2.4: Vinkulierungsklausel

2.4

Jede Verfügung über einen Geschäftsanteil, insbesondere, aber nicht abschließend, die Veräußerung oder Belastung des Geschäftsanteils, bedarf der Zustimmung der/des *[Benennung des Entscheidungsträgers]*.

Als zustimmungsbedürftige Verfügung gilt auch jede Art von Belastung mit Rechten Dritter, insbesondere die Einräumung von Unterbeteiligungen, die Abtretung von Gewinnansprüchen und Auseinandersetzungsguthaben, die Verpfändung von Geschäftsanteilen oder Teilen hiervon, die Bestellung eines Nießbrauchs und die Eingehung von solchen Rechtsverhältnissen, durch welche ein Gesellschafter eine treuhänderähnliche Stellung erhält.

▲

Dieser Verfügungsvorbehalt, der nur an die Zustimmungserteilung eines Ent- 19
scheidungsträgers geknüpft ist, hat durchaus auch für Familiengesellschaften seinen Charme. Während im Außenverhältnis kein Kriterium außer der Zustimmungserteilung selbst gefordert ist, lässt diese Fassung der Satzungsklausel im Außenverhältnis eben gerade die Möglichkeit offen, auch familienfremde Finanzinvestoren als Kapitalgeber in die Gesellschaft zu holen. Ob dies dann tatsächlich gewollt ist, kann dann im Innenverhältnis immer noch entschieden werden. Wenn die entsprechende Klausel hingegen von Vornherein auf bestimmte Eigenschaften der Beteiligten (z.B. Familienzugehörigkeit) beschränkt ist, kommt für die Aufnahme eines Finanzinvestors zunächst eine Satzungsänderung nur unter den entsprechenden Voraussetzungen, insbesondere der erforderlichen Stimmenmehrheit, in Frage.

Als Zuständigkeitsträger für die Entscheidungsprärogative kommen grund- 20
sätzlich in Betracht:[27]

- die Gesellschaft;
- die Gesellschafterversammlung;
- der Geschäftsführer;
- ein fakultativer Aufsichtsrat/Beirat;

27 Hauschild/Kallrath/Wachter/*Hauschild/Wachter*, Notarhandbuch Gesellschafts- und Unternehmensrecht, § 16 Rn 303 ff.

- ein Schiedsgericht;
- alle oder einzelne Gesellschafter;
- ein gesellschaftsfremder Dritter.

21 Die oben genannten Entscheidungsträger sollten jedoch nicht vorbehaltlos in den Gesellschaftsvertrag übernommen werden. Denn auch hier gilt es, Vorsicht walten zu lassen. So sollte bei dem im Gesetz in § 15 Abs. 5 GmbHG beispielhaft aufgeführten Entscheidungsgremium der Gesellschafterversammlung klargestellt werden, dass im Außenverhältnis die Entscheidung durch die Geschäftsführer in vertretungsberechtigter Anzahl erfolgt (§ 35 GmbHG).[28] Im Innenverhältnis wird die Erteilung eines Gesellschafterbeschlusses in Ansehung des § 46 Nr. 4 GmbHG erforderlich sein, was aber wiederum auch in der Satzung geklärt werden sollte.[29]

22 Auch bei der Übertragung der Entscheidungskompetenz auf den oder die Geschäftsführer ist Vorsicht geboten. Denn zu berücksichtigen ist, dass der oder die Geschäftsführer weisungsabhängig von der Gesellschafterversammlung sind und im Innenverhältnis Weisungen mit einfacher Mehrheit erteilt werden können.[30] Insoweit würde eine Regelung fundamental gegen die Interessen der Gesellschafter laufen, wenn im Gesellschaftsvertrag bspw. für die Entscheidung über die Veräußerung der Anteile die Zustimmung aller Gesellschafter oder der Geschäftsführer erforderlich wäre. In diesem Fall würde durch die Zustimmung des Geschäftsführers die Entscheidung aller Gesellschafter umgangen und deren Entscheidungskompetenz unterlaufen.

Sofern die Zustimmung von der Gesellschafterversammlung abhängig gemacht wird, sollte genau geklärt werden, in welcher Form bzw. in welcher Art diese zuzustimmen hat und ob der veräußerungswillige Gesellschafter selbst ein Stimmrecht hat. Ist das Stimmrecht des veräußerungswilligen Gesellschafters nicht ausgeschlossen, kann er nämlich mitstimmen. Es empfiehlt sich insofern in der Satzung zu verankern, dass die Gesellschafterversammlung durch Gesellschafterbeschluss einstimmig oder mit einer Mehrheit von 75 % der Stimmen zu beschließen hat.

28 *Blasche*, RNotZ 2013, 515 (525).
29 Hauschild/Kallrath/Wachter/*Hauschild/Wachter*, Notarhandbuch Gesellschafts- und Unternehmensrecht, § 16 Rn 305.
30 *K. Schmidt*, GmbHR 2011, 1289 (1290).

Schließlich ist zu beachten, dass die Anteilsübertragung von der Zustimmung eines gesellschaftsfremden Dritten abhängig gemacht werden kann. 23
Es mag freilich unterschiedlich bewertet werden, ob eine derartige Delegation der Zustimmungserteilung auf Dritte als vermeintlich neutrale Instanz sinnvoll ist, oder die familieneigenen Interessen nicht ausreichend wiederspiegelt, jedenfalls wird diese Art der Zustimmungserteilung allgemeinhin als zulässig erachtet.[31] In Betracht kommen hier bspw. Kreditgeber oder dem Familienunternehmen nahestehende Berater (u.a. Rechtsanwälte oder Wirtschaftsprüfer).[32]

2. Kriterien der Zustimmungserteilung

Die Kriterien, nach denen sich die Entscheidung über die Zustimmung richtet, 24
bestimmen sich nach dem Gesellschaftsvertrag, sofern hierin entsprechende Regelungen enthalten sind. Fehlt es an konkreten Regelungen, liegt die Zustimmung im pflichtgemäßen Ermessen des jeweiligen Entscheidungsträgers.[33] Ein wichtiger Grund für die Versagung ist nicht erforderlich.[34] Das Ermessen des Zustimmungsberechtigten soll jedenfalls durch den Zweck der Vinkulierung, die Gleichbehandlungspflicht und das Rechtsmissbrauchsverbot beschränkt sein.[35] Insbesondere die Ermessensentscheidung auf Grundlage der satzungsmäßigen Zweckerfüllung der Vinkulierung eröffnet bei einer Familiengesellschaft einen großen Ermessensspielraum. Versteht man die Familiengesellschaft als „geschlossene Gesellschaft" und sieht als primäres Ziel das Eindringen von Familienfremden zu verhindern, um den Charakter der Gesellschaft zu erhalten,[36] wird die Ermessensentscheidung nur an diesem Kriterium zu messen sein.

Aus diesem Grund sollte bei Familiengesellschaften fokussiert darauf geach- 25
tet werden, die Erfordernisse, von denen die Zustimmungserteilung des Ent-

31 Vgl. ausführlich hierzu MüKo-GmbH/*Reichert/Weller*, § 15 Rn 428 f.

32 Im Bereich der Familienunternehmen findet sich häufig der Fall, dass Rechtsberater aus dem Tätigkeitsbereich „Private Clients" oder „Private Wealth Management" als neutrale Entscheidungsinstanz installiert werden.

33 *Wicke*, GmbHG, § 15 Rn 26.

34 Baumbach/Hueck/*Fastrich*, GmbHG, § 15 Rn 46.

35 MüKo-GmbHG/*Reichert/Weller*, § 15 Rn 410.

36 *Von Rechenberg/Thies/Wiechers*, Handbuch Familienunternehmen und Unternehmerfamilien, S. 70.

scheidungsträgers abhängig gemacht wird, so weit wie möglich zu fassen, um eine möglichst große Entscheidungsfreiheit zu gewährleisten.[37] Jede Form der Fixierung von eindeutigen Kriterien verkleinert den Ermessensspielraum. Es können freilich konkrete Versagensgründe genannt werden, die auch hier idealerweise abschließend bezeichnet werden sollten, um jegliche Notwendigkeit einer Auslegung zu unterbinden.[38]

26 Die Entscheidung über eine Zustimmung oder Versagung kann auch derart kombiniert werden, dass vorgeschaltet einer Ermessensentscheidung des Entscheidungsträgers objektive Voraussetzungen an die Persones des Anteilerwerbers geknüpft werden, die in jedem Fall erfüllt sein müssen, um eine Entscheidung über die Verfügbarkeit herbeizuführen. Insoweit ist es möglich, die Wirksamkeit der Abtretung der Geschäftsanteile an bestimmte familienspezifische Eigenschaften des Erwerbers zu knüpfen (z.B. Zugehörigkeit zu einem bestimmten Familienstamm).[39] Demzufolge macht es durchaus Sinn, an die Legaldefinition des § 15 AO und den dort aufgeführten enumerativen Katalog des „Angehörigen“ anzuknüpfen.[40] Aber an dieser Stelle ist Vorsicht geboten: Zu den Angehörigen i.S.d. § 15 AO zählen bspw. gemäß Nummer 1 und 2 der Norm auch der Verlobte bzw. der Ehegatte. Hier ist in jedem Fall zu eruieren, ob dieser Personenkreis für eine Übertragung der Geschäftsanteile in Frage kommen soll, da dieser den „inneren Familienkreis“ möglicherweise zu weit ausdehnt. Daher empfiehlt es sich bei der Satzungsregelung anhand des Gesetzeskatalogs genau enumerativ aufzuzählen, welcher Personenkreis von einer Übertragungsbeschränkung nicht erfasst sein soll.

Erst wenn dann überhaupt das objektive Kriterium der jeweiligen Familienangehörigkeit erfüllt ist, kann eine Ermessensentscheidung des Entscheidungsträgers ergehen:

37 *Binz/Mayer*, NZG 2012, 201 (203).

38 Vgl. *K. Schmidt*, GmbHR 2011, 1289 (1290).

39 Hauschild/Kallrath/Wachter/*Hauschild/Wachter*, Notarhandbuch Gesellschafts- und Unternehmensrecht, § 16 Rn 308.

40 Vgl. hierzu näher mit weiteren Ausführungen *Zipfel/Pfeffer*, BB 2010, 343.

▼

Muster 2.5: Verfügung zugunsten eines Familienmitglieds 2.5

Jede Verfügung über einen Geschäftsanteil durch ein Familienmitglied ist nur zulässig, wenn diese zugunsten eines anderen Familienmitglieds gemäß § 15 Nr. ______ AO erfolgt. In diesem Fall bedarf die Verfügung zudem noch der Zustimmung ______.

▲

Diese Form der Anteilsbindung öffnet dem Entscheidungsträger dann immer noch die Möglichkeit die Zustimmung zu versagen, auch wenn die Verfügung zugunsten eines anderen Familienmitglieds erfolgt. Insoweit ist allein die Familienzugehörigkeit kein bindendes Votum für den Entscheidungsträger, der Verfügung auch zustimmen zu müssen. Vielmehr fungiert der Entscheidungsträger in diesem Fall noch als zusätzliches Korrektiv. Gleichwohl ist es natürlich auch denkbar, die Verfügung über Geschäftsanteile gegenüber Familienmitgliedern i.S.d. § 15 AO gänzlich dem Zustimmungszwang des Entscheidungsträgers zu unterstellen.[41] Diese Form der Verpflichtung, die Zustimmung bei einer Verfügung zugunsten von Angehörigen i.S.d. § 15 AO erteilen zu müssen, hebt dementsprechend jeglichen Ermessensspielraum des Entscheidungsträgers auf. 27

▼

Muster 2.6: Zustimmungszwang 2.6

Der/Die ______ hat bei Verfügungen zugunsten von Familienmitgliedern gemäß § 15 Nr. ______ AO die Zustimmung (durch positive Stimmabgabe) zu erteilen.

▲

Denkbar sind natürlich auch Konstellationen, in denen die Übertragung des Geschäftsanteils nach einem Erbfall durch ein Vermächtnis erfolgt. Da der Vollzug der Vermächtniserfüllung einen rechtsgeschäftlichen Übertragungsakt erfordert, sind etwaige im Gesellschaftsvertrag enthaltene Verfügungsbeschränkungen zu beachten.[42] In diesen Fällen macht es daher freilich Sinn, 28

41 Vgl. Römermann/*Seibt*, GmbH-Recht, § 2 Rn 203.

42 Dies gilt natürlich auch sinngemäß für den Vollzug einer Teilungsanordnung.

die Übertragung des Geschäftsanteils dem Zustimmungszwang zu unterstellen, sofern eine Übertragung auf einen Familienangehörigen erfolgt. Insoweit steht dann einem reibungslosen Übergang nichts im Wege.

▼

2.7

Muster 2.7: Zustimmungserteilung bei Vermächtniserfüllung

Der/Die ___ hat die Zustimmung (durch positive Stimmabgabe) zu erteilen, wenn ein Geschäftsanteil durch Vermächtniserfüllung auf ein Familienmitglied gemäß § 15 Nr. ___ AO übertragen werden soll.

▲

III. Gesellschafterliste

29 Besonderes Augenmerk ist schließlich im Zusammenhang mit der Abtretung von Geschäftsanteilen der beim Handelsregister vorzulegenden Gesellschafterliste zu schenken. Nach § 16 Abs. 1 GmbHG gilt im Verhältnis zur Gesellschaft im Fall einer Veränderung in den Personen der Gesellschafter oder des Umfangs ihrer Beteiligung als Inhaber eines Geschäftsanteils nur, wer als solcher in der im Handelsregister aufgenommenen Gesellschafterliste eingetragen ist. Ein gutgläubiger Dritter kann gemäß § 16 Abs. 3 GmbHG einen Geschäftsanteil wirksam vom Nichtberechtigten erwerben, wenn der Veräußerer als Inhaber des Geschäftsanteils in der im Handelsregister aufgenommenen Gesellschafterliste eingetragen ist. Damit erfährt die Gesellschafterliste, von der nach der Rechtslage vor Inkrafttreten des MoMiG keine Rechtswirkung ausging, eine enorme Aufwertung.[43] Zu beachten ist allerdings, dass die Gesellschafterliste keinen Vertrauenstatbestand dahingehend begründet, dass der Gesellschafter in seiner Verfügungsmacht unbeschränkt ist.[44] Denn die Vinkulierung von Geschäftsanteilen in die Gesellschafterliste ist nicht eintragungsfähig.[45] Der gute Glaube an das Fehlen von statutarischen Vinkulierungsbestimmungen oder an die erteilte Genehmigung ist somit nach § 16 Abs. 3 GmbHG nicht geschützt.[46]

43 *Langenfeld/Miras*, GmbH-Vertragspraxis, Kapitel 7 Rn 733.
44 *Wicke*, GmbHG, § 16 Rn 20a.
45 *Paefgen/Wallisch*, NZG 2016, 801 (806).
46 BGH Beschl. v. 20.9.2011 – II ZB 17/70, DNotI-Report 2011, 181.

Für (wirksam) erfolgte Abtretungen von Geschäftsanteilen bedeutet dies, dass solche im Verhältnis zur GmbH erst dann erfolgt sind, wenn die aktualisierte Gesellschafterliste in das Handelsregister aufgenommen wurde.[47] Diese ist vom Geschäftsanteilsübertragung beurkundenden Notar beim Handelsregister einzureichen. Denn gemäß § 40 Abs. 2 GmbHG hat der Notar bei allen Rechtsgeschäften, an denen er mitgewirkt hat und die Veränderungen am Bestand der Gesellschafter zur Folge haben, unverzüglich nach deren Wirksamwerden eine geänderte bzw. aktualisierte Gesellschafterliste beim Handelsregister einzureichen. Im Falle der Vinkulierung ist der Zustimmungsvorbehalt des Entscheidungsträgers Wirksamkeitsvoraussetzung; über dessen Vorliegen muss sich der Notar vergewissern. Insoweit obliegt dem Notar eine Prüfungspflicht.[48] Am sichersten wird die Überprüfung gelingen, wenn sich der tätige Notar die Genehmigungsurkunde vorlegen lässt.[49] Im Übrigen hat der Notar gemäß § 40 Abs. 2 S. 2 GmbHG die von ihm erstellte Liste mit einer Bescheinigung zu versehen, „dass die geänderten Eintragungen den Veränderungen entsprechen, an denen er mitgewirkt hat, und die übrigen Eintragungen mit dem Inhalt der zuletzt im Handelsregister aufgenommenen Liste übereinstimmen“. 30

47 *Wicke*, GmbHG, § 15 Rn 16.
48 *Mayer*, ZIP 2009, 1037 (1046).
49 *Hasselmann*, NZG 2009, 486 (491).

D. Besonderheiten bei Stimmenmehrheiten und Stimmrechten

I. Allgemeines

31 Die Stimmrechte bzw. die Stimmenmehrheiten der Gesellschafter hängen maßgebend davon ab, welche Mehrheiten für eine Beschlussfassung notwendig sind bzw. welches Stimmgewicht dem einzelnen Gesellschafter oder dem entsprechenden Familienstamm zukommt. Die Regelung über Stimmrechte und deren Mehrheiten wird für Familiengesellschaften immer relevant sein, da Machtverschiebungen innerhalb der Familie auch die Mehrheiten in der Gesellschaft gravierend verändern und somit den Kurs der Familiengesellschaft erheblich beeinflussen können. Zuerst einmal ist begrifflich klar zwischen den zu findenden Stimmenmehrheiten und dem jeweiligen Stimmrecht, also dem Umstand, wie viel eine Stimme des Gesellschafters zählt, zu differenzieren.

II. Stimmenmehrheiten

32 Ohne jegliche gesellschaftsvertragliche Vereinbarung gilt § 47 GmbHG, wonach für die Beschlussfassung der Gesellschafter die einfache Stimmenmehrheit ausreichend ist, § 47 Abs. 1 GmbHG. Gleichwohl handelt es sich bei § 47 Abs. 1 GmbHG um dispositives Recht, so dass der Gesellschaftsvertrag abweichende Regelungen vorsehen kann, insbesondere sind überproportionale Mehrfachstimmrechte zulässig.[50] Eine Regelung in der Satzung, wonach die Minderheit der abgegebenen Stimmen gegen die Mehrheit der Stimmen beschließen kann und somit eine Umkehrung der Stimmgewichte geschaffen wird, soll hingegen nicht zulässig sein.[51] Zu beachten ist allerdings, dass das Gesetz auch explizit Abweichungen von der Beschlussfassung mit einfacher Mehrheit trifft. Insoweit ist insbesondere an die §§ 53 Abs. 2 und 60 GmbHG zu denken, die eine qualifizierte Mehrheit von drei Viertel der abgegebenen Stimmen im Falle der Änderung des Gesellschaftsvertrages und der Auflösung der Gesellschaft fordern. Schließlich soll nicht unerwähnt bleiben, dass ein Gesellschafter auch einem Stimmrechtsverbot unterliegen kann, wenn dieser durch die Beschlussfassung entlastet oder von einer Verbindlich-

50 Roth/Altmeppen/*Roth*, GmbHG, § 47 Rn 24.
51 Näher hierzu Baumbach/Hueck/*Zöllner*, GmbHG, § 47 Rn 8.

keit befreit werden soll, § 47 Abs. 4 S. 1 GmbHG. Dasselbe gilt bei einer Beschlussfassung, welche die Vornahme eines Rechtsgeschäfts oder die Einleitung oder Erledigung eines Rechtsstreites gegenüber einem Gesellschafter betrifft, § 47 Abs. 4 S. 2 GmbHG. Eine Änderung der Stimmverbote in § 47 Abs. 4 GmbH ist nur bedingt möglich.[52] In keinem Fall ist der Stimmrechtsausschluss bei Entlastung und Befreiung von einer Verbindlichkeit abdingbar, hingegen bei Vornahme eines Rechtsgeschäfts schon.[53]

Eine Öffnungsklausel für den Gesellschaftsvertrag in Bezug auf die zu findenden Stimmenmehrheiten für die Gesellschafterbeschlüsse könnte etwa wie folgt lauten: 33

▼

Muster 2.8: Öffnungsklausel 2.8

Jede Beschlussfassung bedarf der einfachen Stimmenmehrheit der Gesellschafterversammlung, sofern sich aus diesem Gesellschaftsvertrag oder aus dem Gesetz nicht etwas anderes ergibt.

▲

Empfehlenswert ist darüber hinaus, Erweiterungen von der gesetzlich erforderlichen einfachen Mehrheit vorzusehen. Dies betrifft insbesondere alle Fälle, die besonders sensitiv für Familiengesellschaften sind, weil sie in ihrer Bedeutung besonders weitreichende Folgen haben. Dieser Katalog an Maßnahmen betrifft regelmäßig den Erwerb und die Veräußerung von Grundstücken, die Gründung und den Erwerb sowie die Veräußerung von Unternehmen. Eine Formulierung in diesem Zusammenhang könnte bspw. wie folgt gefasst werden: 34

▼

Muster 2.9: Erweiterungen von der gesetzlich erforderlichen einfachen Mehrheit 2.9

Die Beschlussfassung über die Gründung und den Erwerb und die Veräußerung von Unternehmen bedarf mindestens [75] Prozent der Stimmen der Gesellschafterversammlung.

▲

52 Bormann/Kauka/Ockelmann/*Koch*, GmbH-Recht, Kapitel 6 Rn 199.

53 *Wicke*, GmbHG, § 47 Rn 16.

III. Stimmrechte

35 Genauso wie für die Frage der Mehrheitserfordernisse von Gesellschafterbeschlüssen, findet das Gesetz auch eine Reglung für das Stimmgewicht einer ausgeübten Gesellschafterstimme. Nach § 47 Abs. 2 GmbHG gewährt jeder Euro eines Geschäftsanteils eine Stimme. Auch bei § 47 Abs. 2 GmbHG handelt es sich um dispositives Recht, so dass für das Stimmgewicht einzelner Gesellschafterstimmen abweichende Regelungen zulässig sind.[54]

1. Mehrstimmrechte

36 Die Satzung der Familiengesellschaft kann sich von der kapitalbezogenen Betrachtungsweise aus § 47 Abs. 2 GmbHG lösen und bestimmte Geschäftsanteile zulässigerweise mit Mehrstimmrechten verbinden.[55] Entscheidend für die Ausgestaltung ist, welches Ziel verfolgt werden soll. Denn einerseits können durch eine Abänderung des Stimmgewichts Minderheitsgesellschafter gestärkt werden oder aber die Position von Mehrheitsgesellschaftern noch weiter ausgebaut werden. Das Erforschen der mit der Stimmrechtsänderung verbundenen Intention wird in der Praxis Hauptaufgabe für den Berater sein. Eine mögliche Formulierung könnte für eine Änderung des Stimmgewichts wie folgt lauten:

2.10

▼

Muster 2.10: Änderung des Stimmgewichts

Die Geschäftsanteile des Gesellschafters [A] gewähren unabhängig von ihrem konkreten Nennbetrag ein Stimmgewicht in der Beschlussfassung der Gesellschafterversammlung von mindestens 51 von Hundert der Gesamtstimmenzahl. Das vorstehend beschriebene Recht geht bei einem Übergang der Stimmanteile auf einen Rechtsnachfolger (nicht) über.

▲

37 Die Gestaltungsfreiheit geht soweit, dass es sogar vorstellbar ist, per Satzung stimmrechtslose Geschäftsanteile vorzusehen.[56] Dies könnte praktisch wie folgt umgesetzt werden:

54 Baumbach/Hueck/*Zöllner/Noack*, GmbHG, § 47 Rn 47.
55 Vgl. DNotI-Report 1997, 3.
56 *Mayer*, GmbHR 1990, 61 ff.

▼

2.11

Muster 2.11: Stimmrechtslose Geschäftsanteile

Die Geschäftsanteile des Gesellschafters [A] gewähren unabhängig von ihrem konkreten Nennbetrag in der Beschlussfassung der Gesellschafterversammlung kein Stimmrecht. Die sonstigen mit den Geschäftsanteilen verbundenen Rechte bleiben von diesem Stimmrechtsausschluss unberührt.

▲

2. Stammesklauseln

Stammesklauseln kommen insbesondere dann für den Berater in Betracht, 38
wenn eine Familiengesellschaft aus mehreren Familienstämmen besteht. Dies wird sicherlich bei großen Familiengesellschaften nahezu immer der Fall sein. Stammesklauseln werden dann in erster Linie dazu eingesetzt, um mittels dieser Regelungen den verschiedenen Familienstämmen gleichlaufende Einfluss- und Entscheidungsmöglichkeiten hinsichtlich der Geschäftsführung zu gewähren.[57] Insofern schreiben Stammesklauseln nicht die konkrete Ausübung des Stimmrechts seitens des einzelnen Gesellschafters vor. In vielen Gesellschaftsverträgen von größeren Familienunternehmen, hinter denen mehrere Familienstämme stehen, finden sich daher oft Regelungen, nach denen die einzelnen Familienstämme berechtigt sind, jeweils einen eigenen Geschäftsführer vorzuschlagen; jedoch sollte auch hierbei einem jeden eingedenk sein, dass sich durch eine dementsprechende Geschäftsführerbenennung Konflikte innerhalb der Familienstämme auf die Geschäftsführung durchschlagen können.[58] Die Rechtsposition des jeweiligen Familienstammes kann durch die Einräumung eines Sonderrechts nach § 35 BGB gefestigt werden. Denn ein entsprechendes Sonderrecht kann nur mit Zustimmung des Sonderrechtsinhabers wieder entzogen werden.[59] Eine Satzungsklausel, die den unterschiedlichen Familienstämmen Rechnung trägt, könnte derart gestaltet werden:

57 *Scherer*, BB 2010, 323 (328).
58 *Habbe/Gieseler*, NZG 2016, 1010 (1011).
59 Römermann/*Seibt*, GmbH-Recht, § 2 Rn 93.

2.12

▼

Muster 2.12: Unterschiedliche Familienstämme

Die Gesellschafter gehören unterschiedlichen Familienstämmen an. Somit sind die Geschäftsanteile in den Familienstämmen [A] und [B] gebündelt.

Jedem Familienstamm ist kraft Sonderrechts (§ 35 BGB) das Recht eingeräumt, einen Geschäftsführer für die Gesellschaft vorzuschlagen. Die Bestellung des Geschäftsführers erfolgt durch Beschluss. Der andere Familienstamm ist verpflichtet, der Geschäftsführerbestellung zugunsten des vorgeschlagenen Geschäftsführers zuzustimmen, es sei denn es liegt ein wichtiger Grund i.S.d. § 38 Abs. 2 GmbHG vor. Das Sonderrecht ist ausschließlich an die Mitgliedschaft des jeweiligen Familienstammes gebunden. Aus diesem Recht folgt keine Verpflichtung zur Ernennung eines Geschäftsführers.

▲

3. Stimmbindungsverträge

39 Eine weitere Möglichkeit, das Stimmgewicht bei der Beschlussfassung der Gesellschafter zu beeinflussen, besteht in der Möglichkeit Stimmbindungsvereinbarungen abzuschließen. Als Stimmbindungsvereinbarungen werden Vereinbarungen zwischen Gesellschaftern oder zwischen einem Gesellschafter und einem Dritten bezeichnet, in denen sich ein Gesellschafter dazu verpflichtet, sein Stimmrecht in einer bestimmten Weise auszuüben.[60] Oftmals werden zu diesem Zweck separate schuldrechtliche Vereinbarungen zwischen den Gesellschaftern geschlossen, gleichwohl es freilich auch möglich ist, diese Punkte als unechte oder echte Satzungsbestandteile aufzunehmen. Diese Form der Stimmbindungsvereinbarungen ist gesellschaftsrechtlich als zulässig anerkannt.[61] Die Stimmbindungsvereinbarungen sind denkbar in der auf Dauer angelegten Form als GbR oder als einmalige Vereinbarung.[62] Denkbar ist sogar, die Vereinbarung formlos zu schließen, selbst wenn die Abgabe der Stimme formbedürftig ist.[63] Rein funktional bleibt jeder Gesellschafter im Au-

60 *Graf/Bisle*, DStR 2010, 2409 (2411).
61 BGH Urt. v. 29.5.1967 – II ZR 105/66, NJW 1967, 1963; danach verfestigt als ständige Rechtsprechung.
62 Vgl. Römermann/*Römermann*, GmbH-Recht, § 15 Rn 131.
63 *Piehler*, DStR 1992, 1654.

ßenverhältnis weiterhin auch Gesellschafter der Familiengesellschaft. Nur im Innenverhältnis der Gesellschafter untereinander werden so Disziplinierungsmechanismen geschaffen, um eine einheitliche Stimmabgabe zu gewährleisten.

4. Poolvertrag

Zu unterscheiden von einer Stimmbindungsvereinbarung ist der sog. Poolvertrag. In der Praxis werden diese Begriffe oftmals synonym verwendet, aber sie decken sich nicht vollständig. Während der Stimmbindungsvertrag eine schuldrechtliche Vereinbarung meint, beinhaltet der Poolvertrag vielmehr die Stimmrechtsausübung über eine gesondert zu gründende Poolgesellschaft. Bei dieser Poolgesellschaft bringen die einzelnen Familienstämme ihre Anteile in jeweils eine neue Gesellschaft ein (nicht relevant ist, ob es sich um eine Personen- oder Kapitalgesellschaft handelt), durch die dann die Stimmrechtsausübung erfolgt.[64] Die Familiengesellschafter sind nur noch an der Poolgesellschaft beteiligt, in der die Mitgliedschaftsrechte gebündelt sind. Die Stimmrechtsausübung nimmt der Geschäftsführer der jeweiligen Poolgesellschaft vor, dessen Inhalt die Gesellschafter ihm per Gesellschafterbeschluss aufgeben. Idealerweise werden die einzelnen Familiengesellschafter darauf bedacht sein, dass die Geschäftsführung durch einen Gesellschafter aus ihren Reihen erfolgt. Bei der Stimmabgabe der Familiengesellschaft stehen sich bei dieser Konstruktion nur – abhängig von der Anzahl der Familienstämme – die Geschäftsführer der Poolgesellschaften gegenüber. 40

64 Bormann/Kauka/Ockelmann/*Koch*, GmbH-Recht, Kapitel 6 Rn 174.

E. Fakultativer Aufsichtsrat/Beirat

I. Allgemeines

41 Der fakultative Aufsichtsrat oder Beirat ist von den gesetzlichen Erfordernissen zur obligatorischen Einrichtung eines solchen Gesellschaftsorgans zu unterscheiden. Im Gegensatz zur Aktiengesellschaft gehört der Aufsichtsrat bei der GmbH nicht zur „korporativen Grundausstattung".[65] Die obligatorische Verpflichtung zur Einrichtung von Aufsichtsräten bei GmbHs ergibt sich nach den Gesetzen der Unternehmensmitbestimmung (u.a. DrittelbG, MitbestG). Eine Anwendbarkeit dieser gesetzlichen Vorschriften setzt allerdings regelmäßig eine Mindestarbeitnehmerzahl von 500 voraus.

42 Für die freiwillige Einführung des Aufsichtsrates öffnet § 52 GmbHG die Möglichkeit, ein Aufsichtsratsgremium als zusätzliches Gesellschaftsorgan zu schaffen, deren inhaltliche Ausgestaltung frei den Gesellschaftern in der Satzung obliegt. Zu beachten ist jedoch, dass im Falle keiner konkreten individuellen satzungsmäßigen Kompetenzausgestaltung des Aufsichtsrates der Verweis in § 52 GmbHG in solchen Fällen in vielen Punkten durchaus das Gleiche für den fakultativen wie für den obligatorischen Aufsichtsrat der Aktiengesellschaft vorsieht.[66] In der Praxis macht die Einrichtung eines zusätzlichen Gesellschaftsorgans durchaus Sinn, um Kompetenzen zu verteilen und eine bessere Überwachung der gesellschaftlichen Aktivitäten zu gewährleisten. Zu bedenken ist, dass nur dem in der Satzung verankerten Aufsichtsrat organschaftliche Kompetenz zukommt; der nur per schuldrechtlicher Vereinbarung vereinbarte Aufsichtsrat hat keine organschaftlichen Befugnisse.

43 Interessant zu erwähnen ist in diesem Zusammenhang auch, dass es trotz der eingangs zu diesem Kapitel benannten Überschrift gleichwohl irrelevant ist, wie dieses zusätzliche Kontrollgremium bezeichnet wird. Verwendet werden alternativ auch regelmäßig Begriffe wie Beirat oder Verwaltungsrat. Entscheidend für die Abgrenzung ist die funktionale Gewichtung des Gesellschaftsorgans, denn unabhängig von der konkreten Bezeichnung kommt es auf die satzungsmäßige Ausgestaltung der jeweiligen Rechte und Pflichten, wozu gleichsam Repräsentationsaufgaben, Beratungs-, Überwachungs- und auch

65 Hauschild/Kallrath/Wachter/*Hausschild/Kallrath*, Notarhandbuch Gesellschafts- und Unternehmensrecht, § 16 Rn 367.

66 *Keiluweit*, BB 2011, 1795.

Weisungsaufgaben gehören können, an.[67] Es besteht insoweit Einigkeit, dass ein Fakultativorgan, welches keinerlei Überwachungsaufgaben „der Legalität, der Ordnungsmäßigkeit und der Wirtschaftlichkeit der Geschäftsführung“ wahrnimmt, als Beirat zu bezeichnen ist.[68] Im Folgenden soll daher der Fokus auf den Aufsichtsrat gelegt werden, der in seiner Kompetenzausgestaltung am Weitreichendsten ist. In diesem Zusammenhang wird im weiteren Verlauf auch neutral von „Fakultativorgan“ gesprochen werden.

II. Satzungsspezifische Detailregelungen

Wie sich aus dem vorstehenden Punkt ersehen lässt, sind die Gesellschafter bei der Einrichtung des Fakultativorgans einem weiträumigen Gestaltungsspielraum ausgesetzt. Insoweit soll nachstehend umrissen werden, welche Mindestanforderungen die Satzung hinsichtlich der Ausgestaltung des Fakultativorgans aufweisen sollte. 44

1. Bestellung der Mitglieder durch die Gesellschafterversammlung

Die Satzung sollte darüber Aufschluss geben, wie die Mitglieder des Fakultativorgans bestimmt werden. Wenn hierzu keine genauen Regelungen getroffen sind, greift die Regelung des § 47 Abs. 1 GmbHG, wonach für die Beschlussfassung der Gesellschafter die einfache Stimmenmehrheit ausreichend ist. Satzungsmäßige Abweichungen hiervon sind natürlich jederzeit möglich. So können auch nur einzelne Gesellschafter oder einzelne Familienstämme oder jeder Familienstamm ein Entsendungsrecht in das Gesellschaftsorgan haben.[69] 45

2. Anzahl der Mitglieder

Die Mitgliederzahl des Fakultativorgans ist nicht gesetzlich normiert. Sofern eine konkrete Regelung in der Satzung fehlt, gilt durch die Normverweisung 46

67 *Von Rechenberg/Thies/Wiechers*, Handbuch Familienunternehmen und Unternehmerfamilien, S. 75.
68 Lutter/Hommelhoff/*Lutter/Hommelhoff*, GmbHG, § 52 Rn 13.
69 Bormann/Kauka/Ockelmann/*Brauer*, GmbH-Recht, Kapitel 8 Rn 29.

des § 52 Abs. 1 GmbHG auf die Vorschriften des Aktiengesetzes die Regelung des § 95 AktG mit der Folge, dass der Aufsichtsrat aus drei Mitgliedern zu bestehen hat. Die Satzung kann allerdings sogar vorsehen, dass das Fakultativorgan nur aus einem Mitglied besteht.[70]

47 Die innere Ordnung des Fakultativorgans legt die Satzung fest, sofern eine entsprechende Regelung vorhanden ist; in allen anderen Fällen gelten die §§ 107 bis 109 AktG entsprechend.[71] Ein Vorsitzender ist nicht zwingend zu bestellen.[72] Gleichwohl dürfte dies in der Praxis empfehlenswert sein. Insbesondere wenn mehrere Familienstämme im Fakultativorgan gleichberechtigt vertreten sind, kann es empfehlenswert sein, eine neutrale Person zum Vorsitzenden zu bestellen. Denn für externe Dritte stellt es sich häufig einfacher dar, „unbequeme Entscheidungen" zu treffen.[73] Insofern bietet sich bspw. die Bestellung eines Mitglieds des Fakultativorgans durch die zuständige Industrie- und Handelskammer der Gesellschaft an.[74] Für die persönliche Eignung des Mitglieds des Fakultativorgans kommt es lediglich darauf an, dass es sich um eine natürliche und voll geschäftsfähige Person handelt (§ 100 Abs. 1 AktG), die nicht Geschäftsführer, Prokurist oder Generalhandlungsbevollmächtigter ist (§ 105 Abs. 1 AktG).[75]

3. Rechte und Pflichten der Mitglieder des Fakultativorgans

48 Das Fakultativorgan vertritt die GmbH gerichtlich und außergerichtlich gegenüber den Geschäftsführern der GmbH, vgl. § 112 AktG. Eine anderslautende Bestimmung in der Satzung kann die Vertretung jedoch abweichend regeln.[76]

49 Hauptaufgabe des Fakultativorgans ist die Überwachung und die Beratung der Geschäftsführung, was die „retrospektive Kontrolle der Wirtschaftlichkeit und Zweckmäßigkeit der Unternehmensführung" miterfasst.[77] Um ihren Auf-

70 Baumbach/Hueck/*Zöllner/Noack*, GmbHG, § 52 Rn 32.
71 *Wicke*, GmbHG, § 52 Rn 4.
72 Römermann/*Kautzsch*, GmbH-Recht, § 18 Rn 92.
73 *Von Rechenberg/Thies/Wiechers*, Handbuch Familienunternehmen und Unternehmerfamilien, S. 687.
74 Vgl. *Langenfeld/Miras*, GmbH-Vertragspraxis, Rn 357 ff.
75 Kritisch hierzu *Wicke*, GmbHG, § 52 Rn 4.
76 BGH Urt. v. 24.11.2003 – II ZR127/01, ZIP 2003, 237.
77 Roth/Altmeppen/*Altmeppen*, GmbHG, § 52 Rn 25.

gaben adäquat nachkommen zu können, haben die Mitglieder des Fakultativorgans einen Informationsanspruch gegen die Mitglieder der Geschäftsführung.[78] Das Fakultativorgan muss von diesem Anspruch auch in erforderlichem Umfang Gebrauch machen. Die einzelnen Mitglieder dürfen sich nicht darauf verlassen, dass die Geschäftsführung in guten Händen liegt.[79] Korrespondierend zu diesen vorstehend genannten Rechten trifft die einzelnen Mitglieder selbstredend die Pflicht zur Verschwiegenheit über alle im Zusammenhang mit dem Amt bekannt gewordenen Tatsachen, genauso wie auf den gesamten Beratungsinhalt unabhängig von Umfang und Bedeutung.[80]

4. Amtszeit und Vergütung

Eine gesetzlich normierte Regelung, die die Laufzeit des Mandats des Fakul- 50
tativorgans festlegt, ist nicht existent. Vielmehr obliegt es den Gesellschaftern im Rahmen der Gesellschaftssatzung hierfür genaue Bestimmungen zu treffen. Insoweit bieten sich die zwei offensichtlichen Möglichkeiten an, entweder befristete oder unbefristete Mandate zu vereinbaren. Für Familiengesellschaften wird gleichwohl im Vordergrund stehen, eine gewisse Kontinuität im zusätzlichen Gesellschaftsorgan vorherrschen zu haben, was für unbefristete Mandate sprechen würde, jedoch gehen durch diese unbefristeten Mandate der Familiengesellschaft – je nach Kompetenzausgestaltung des Fakultativorgans – möglicherweise neue Impulse durch die Wahl bisher im Fakultativorgan nicht vertretener Mitglieder verloren. Die genaue Ausgestaltung will also – je nach Intention – gut überlegt sein. Eine Gleichbehandlungspflicht hinsichtlich der Amtszeit der einzelnen Mitglieder besteht nicht.[81] Die Festsetzung der Vergütung der Mitglieder des Fakultativorgans kann durch Satzung oder Gesellschafterbeschluss erfolgen.[82] Die Regelung durch Gesellschafterbeschluss gewährt derweil größere Flexibilität für die Gesellschaft, da insoweit nicht zwingend ein notariell zu beurkundender satzungsändernder Beschluss erforderlich ist, der erst mit Eintragung ins Handelsregister wirksam wird, § 54

78 *Gaul/Otto*, GmbHR 2003, 6 (7).
79 Baumbach/Hueck/*Zöllner/Noack*, GmbHG, § 52 Rn 69.
80 Lutter/Hommelhoff/*Lutter/Hommelhoff*, GmbHG, § 52 Rn 25.
81 Römermann/*Kautzsch*, GmbH-Recht, § 18 Rn 53.
82 *Wicke*, GmbHG, § 52 Rn 12.

Abs. 3 GmbHG.[83] Entsprechend der Regelung des § 113 AktG hat die Vergütung in einem angemessenen Verhältnis zu den Aufgaben der Aufsichtsratsmitglieder und zur Lage der Gesellschaft zu stehen. Zu unterscheiden von der Vergütung des Mitglieds des Fakultativorgans ist der Ersatz von Aufwendungen.[84] Unter im Rahmen des Aufwendungsersatzes fallende Posten werden typischerweise Reisekosten, Bürokosten und Repräsentationskosten sein.[85]

51 Für eine Familiengesellschaft mit zwei dominierenden Familienstämmen könnte die satzungsmäßige Ausgestaltung, wenn die Bestellung der Aufsichtsräte durch eine Gesellschaftergruppe erfolgt, wie folgt lauten:

2.13

▼

Muster 2.13: Bestellung der Aufsichtsräte durch Gesellschaftergruppe

Die Gesellschaft hat einen Aufsichtsrat. Der Aufsichtsrat besteht aus drei Mitgliedern. Mitglied des Aufsichtsrats kann nur eine natürliche und unbeschränkt geschäftsfähige Person sein. Ein Aufsichtsratsmitglied kann nicht zugleich Geschäftsführer oder Arbeitnehmer der Gesellschaft oder eines verbundenen Unternehmens des § 15 AktG sein.

Jeder Familienstamm entsendet ein Mitglied des Aufsichtsrats und kann es jederzeit wieder abberufen. Das dritte Mitglied des Aufsichtsrats wird durch die für die Gesellschaft zuständige Industrie- und Handelskammer bestimmt. Dieses durch die Industrie- und Handelskammer bestimmte Mitglied bildet den Vorsitz des Aufsichtsrats.

Der Aufsichtsrat überwacht und berät die Geschäftsführung. Er vertritt die Gesellschaft gerichtlich und außergerichtlich gegenüber den Geschäftsführern. Die Geschäftsführer bedürfen in folgenden Fällen der vorherigen Zustimmung des Aufsichtsrats:

■

Der Aufsichtsrat kann von der Geschäftsführung jederzeit Bericht über die Angelegenheiten der Gesellschaft verlangen und Berichte und Schriften einsehen.

83 Bormann/Kauka/Ockelmann/*Brauer*, GmbH-Recht, Kapitel 8 Rn 46.
84 Baumbach/Hueck/*Zöllner/Noack*, GmbHG, § 52 Rn 61.
85 *Fonk*, NZG 2009, 761 (769).

Sitzungen des Aufsichtsrats werden von dessen Vorsitzenden in Textform (§ 126b BGB) mit einer Einberufungsfrist von 14 Tagen einberufen. Bei Vorliegen eines wichtigen Grundes kann die Einberufungsfrist abgekürzt werden.

Der Aufsichtsrat ist beschlussfähig, wenn zwei Mitglieder bei der Sitzung anwesend sind. Beschlüsse werden mit der einfachen Mehrheit der Stimmen getroffen. Jedes Aufsichtsratsmitglied hat eine Stimme.

Der Aufsichtsrat gibt sich eine Geschäftsordnung, die Einzelheiten seiner Tätigkeiten im Rahmen dieses Abschnittes regeln. In der Geschäftsordnung zu diesem Abschnitt abweichende Regelungen sind nicht zulässig.

Jedes Aufsichtsratsmitglied wird für die Dauer von fünf Jahren bestellt. Wiederbestellung ist zulässig. Jedes Aufsichtsratsmitglied erhält eine im jeweiligen Feststellungsbeschluss festzulegende Vergütung/Aufwandsentschädigung.[86]

▲

Soll die Bestellung aller Aufsichtsräte durch die Gesellschafterversammlung er- 52
folgen, könnte die satzungsmäßige Ausgestaltung wie folgt begonnen werden:

▼

2.14

Muster 2.14: Bestellung aller Aufsichtsräte durch Gesellschafterversammlung

Die Gesellschaft hat einen Aufsichtsrat. Der Aufsichtsrat besteht aus drei Mitgliedern. Mitglied des Aufsichtsrats kann nur eine natürliche und unbeschränkt geschäftsfähige Person sein. Ein Aufsichtsratsmitglied kann nicht zugleich Geschäftsführer oder Arbeitnehmer der Gesellschaft oder eines verbundenen Unternehmens des § 15 AktG sein.

Die Mitglieder des Aufsichtsrats werden durch die Gesellschafterversammlung mit einer Mehrheit von 75 % der abgegebenen Stimmen gewählt und können durch diese jederzeit wieder abberufen werden.

Der Aufsichtsrat überwacht und berät die Geschäftsführung. Er vertritt die Gesellschaft gerichtlich und außergerichtlich gegenüber den Geschäftsführern. Die Geschäftsführer bedürfen in folgenden Fällen der vorherigen Zustimmung des Aufsichtsrats:

■

86 Formulierung ähnlich bei *Langenfeld/Miras*, GmbH-Vertragspraxis, § 17 Rn 360.

Der Aufsichtsrat kann von der Geschäftsführung jederzeit Bericht über die Angelegenheiten der Gesellschaft verlangen und Berichte und Schriften einsehen.

Die Mitglieder des Aufsichtsrats wählen den Vorsitzenden und seinen Vertreter aus ihrer Mitte.

Sitzungen des Aufsichtsrats werden von dessen Vorsitzenden in Textform (§ 126b BGB) mit einer Einberufungsfrist von 14 Tagen einberufen. Bei Vorliegen eines wichtigen Grundes kann die Einberufungsfrist abgekürzt werden.

Der Aufsichtsrat ist beschlussfähig, wenn zwei Mitglieder bei der Sitzung anwesend sind. Beschlüsse werden mit der einfachen Mehrheit der Stimmen getroffen. Jedes Aufsichtsratsmitglied hat eine Stimme.

Der Aufsichtsrat gibt sich eine Geschäftsordnung, die Einzelheiten seiner Tätigkeiten im Rahmen dieses Abschnittes regeln. In der Geschäftsordnung zu diesem Abschnitt abweichende Regelungen sind nicht zulässig.

Jedes Aufsichtsratsmitglied wird für die Dauer von fünf Jahren bestellt. Wiederbestellung ist zulässig. Jedes Aufsichtsratsmitglied erhält eine im jeweiligen Feststellungsbeschluss festzulegende Vergütung/Aufwandsentschädigung.

▲

III. Handelsregisteranmeldung

53 Die Geschäftsführer der Gesellschaft haben unverzüglich nach Bestellung und etwaigen Wechseln von Mitgliedern des Fakultativorgans eine entsprechende Liste in vertretungsberechtigter Zahl zu unterzeichnen und zum Handelsregister als elektronische Aufzeichnung einzureichen. Eine Pflicht zur unverzüglichen Einreichung besteht auch bei der Bestellung von Mitgliedern vor Eintragung der Gesellschaft im Handelsregister.[87]

87 *Wicke*, GmbHG, § 52 Rn 13.

F. Austrittsmöglichkeiten des Gesellschafters

Ein Austritt des Gesellschafters aus der Gesellschaft kann auf verschiedene Weise erfolgen. In erster Line ist danach zu unterscheiden, ob ein Austritt freiwillig oder unfreiwillig erfolgt. Der Austritt des Gesellschafters auf seine eigene Initiative hin kann durch sog. Kündigung erfolgen. Möchte sich die Gesellschaft von einem „unliebsamen“ Gesellschafter trennen, spricht man häufig von Ausschluss. Gemeinhin bilden Kündigung und Ausschluss zwei wechselseitige Gegenstücke, die allerdings nicht mit der Einziehung zu verwechseln und hiervon auch abzugrenzen sind. Die Kündigung und der Ausschluss stellen nicht die Rechtsfolgen der jeweiligen Handlungsalternative dar, sondern nur die Voraussetzungen. In beiden Fällen hat der betroffene Gesellschafter einen Anspruch auf Abtretung oder Einziehung. Was die Gemengelage in diesen Fällen oftmals schwierig macht, ist der Umstand, dass weder der Austritt noch die Kündigung gesetzlich geregelt sind. Sie sind aber gleichwohl – auch ohne eine entsprechende Satzungsregelung – von der Rechtsprechung anerkannt.[88] Umso unerlässlicher ist es deshalb, für genau diese Fälle eine alternative Satzungsgestaltung zu treffen, um unliebsamen Überraschungen vorzubeugen. Lediglich für den Fall der Einziehung trifft das Gesetz eine normierte Regelung in § 34 GmbHG, aber auch nur insoweit, als dass eine Einziehung von Geschäftsanteilen nur dann erfolgen darf, soweit sie im Gesellschaftsvertrag zugelassen ist. Dem aufmerksamen Leser wird insofern freilich nicht verborgen bleiben, dass eine Satzungsgestaltung unumgänglich ist und gerade in Familiengesellschaften, wo nicht eine wirtschaftliche, sondern auch eine in der Regel emotionale Verbindung besteht, dazu führen kann, dass das Ausscheiden eines Gesellschafters nicht zwangsläufig durch Gerichte entschieden werden muss. 54

I. Freiwilliger Austritt: Kündigung des Gesellschafters

Eine Regelung zur Kündigung des Gesellschafters hinsichtlich seines Geschäftsanteils fehlt im Gesetz gänzlich. Insoweit hat die Rechtsprechung hierfür Voraussetzungen geschaffen, denen eine Kündigung gerecht werden muss. 55

88 Für den Ausschluss vgl. schon BGH Urt. v. 17.2.1955 – II ZR 316/53, NJW 1955, 667; für die Kündigung vgl. nur BGH Urt. v. 30.11.2009 – II ZR 208/08, NJW 2010, 1206.

Die Kündigungserklärung selbst ist formfrei möglich.[89] Erforderlich ist stets das Vorliegen eines wichtigen Grundes.[90] Entscheidend ist, dass dem Gesellschafter eine Fortsetzung der Gesellschaft in der bisherigen Form unzumutbar ist.[91] Hierbei ist für jeden Sachverhalt eine Einzelfallbetrachtung erforderlich. Dabei kann der wichtige Grund sowohl in der Person des Gesellschafters liegen oder aber auch in den Umständen seiner Gesellschaftsbeteiligung.[92] Im Ergebnis wird sicherlich ein sachlich, in der Gesellschaftsbeteiligung liegender wichtiger Grund, einer gerichtlichen Überprüfung mehr standhalten, als persönliche Befindlichkeiten des Gesellschafters.[93]

56 Im Falle einer Kündigung hat der Gesellschafter unmittelbar einen Anspruch auf Verwertung seines Anteils – entweder durch Einziehung oder Abtretung an die Gesellschaft selbst, einen Mitgesellschafter oder einen Dritten – gegen Gewährung einer Abfindung.[94] Das Kündigungsrecht kann durch den Gesellschafter sicherlich nur ausgeübt werden und infolge dessen können die übrigen Gesellschafter den Anteil nur dann erwerben, wenn das Stammkapital voll eingezahlt ist.[95] In der Satzung empfiehlt es sich, auch das ordentliche Kündigungsrecht des Gesellschafters zu regeln, was folgendermaßen ausgestaltet werden könnte:

▼

2.15

Muster 2.15: Ordentliches Kündigungsrecht des Gesellschafters

Jeder Gesellschafter kann mit einer Frist von sechs Monaten zum Ende des Geschäftsjahres seinen Austritt aus der Gesellschaft erklären. Die Erklärung hat den übrigen Gesellschaftern mit eingeschriebenem Brief fristgerecht zuzugehen.

Die Kündigung aus wichtigem Grund bleibt hiervon unberührt.

Der ausscheidende Gesellschafter erhält eine Abfindung, die sich nach § ____ dieses Gesellschaftsvertrages richtet.

89 *Schwab*, DStR 2012, 707 (708).
90 Vgl. stellvertretend OLG Brandenburg Urt. v. 15.10.1997 – 7 U 56/95, NZG 1998, 263.
91 Baumbach/Hueck/*Fastrich*, GmbHG, Anhang nach § 34 Rn 3.
92 Vgl. nur BGH Urt. v. 16.12.1991 – II ZR 58/91, DNotZ 1992, 526.
93 *Schwab*, DStR 2012, 707.
94 *Wicke*, GmbHG, § 34 Rn 13.
95 Kölner Handbuch Gesellschaftsrecht/*Eckhardt*, Kapitel 2 Rn 240.

Der ausscheidende Gesellschafter ist verpflichtet, die Einziehung seines Geschäftsanteils nach § dieses Gesellschaftsvertrages oder die Abtretung seines Geschäftsanteils nach § dieses Gesellschaftsvertrages zu dulden.

Die Entscheidung hierüber fällt die Gesellschafterversammlung mit einfacher Mehrheit. Der ausscheidende Gesellschafter ist nicht stimmberechtigt.

Der Gesellschafter scheidet unabhängig von der tatsächlich geleisteten Zahlung des Abfindungsentgeltes mit Wirksamwerden des Einziehungsbeschlusses oder der Abtretung aus der Gesellschaft aus.

Der Austritt des Gesellschafters führt nicht zur Auflösung der Gesellschaft.[96]

▲

II. Unfreiwilliger Austritt: Ausschluss des Gesellschafters

Als Gegenstück zur Kündigung eines Gesellschafters ist auch der Aus- 57
schluss durch die Gesellschaft vorstellbar. Voraussetzung ist ebenso wie bei dem freiwilligen Ausscheiden des Gesellschafters das Vorliegen eines wichtigen Grundes. Dieser muss in der Person des ausscheidenden Gesellschafters oder in seinem Verhalten insoweit liegen, als dass den übrigen Gesellschaftern die Fortsetzung der Gesellschaft nicht mehr zuzumuten ist.[97] Das Ausschlussverfahren ist gesetzlich nicht geregelt.[98] Der Ausschluss eines Gesellschafters kann ohne eine Grundlage in der Satzung nur durch eine Gestaltungsklage – und zwar der Gesellschaft selbst, vertreten durch ihren oder ihre Geschäftsführer – erreicht werden.[99] Grundlage hierfür ist ein Gesellschafterbeschluss, dessen Mehrheitserfordernisse allerdings umstritten sind. So bedarf es nach der Rechtsprechung des BGH für eine Ausschließungsklage gegen einen Mitgesellschafter aus wichtigem Grund in Anlehnung an § 60 Abs. 1 Nr. 2 GmbHG einer qualifizierten Mehrheit von drei Viertel der abgegebenen Stimmen unter Ausschluss des Betroffenen.[100] Das Ausscheiden des Gesellschafters erfolgt dann aufgrund eines rechtskräf-

96 Formulierung ähnlich bei Römermann/*Seibt*, GmbH-Recht, § 2 Rn 322.
97 Baumbach/Hueck/*Fastrich*, GmbHG, Anhang nach § 34 Rn 3.
98 *Sikora*, JA 2005, 816 (817).
99 *Schwab*, DStR 2012, 707 (710).
100 BGH Urt. v. 13.1.2003 – II ZR 227/00, DNotZ 2003, 372.

tigen Ausschließungsurteils sowie der Zahlung der Abfindung. Die Zahlung der Abfindung, die durch das Ausschlussurteil festgesetzt werden muss, wird in diesem Zusammenhang als Wirksamkeitsvoraussetzung angesehen.[101] Die Abfindung selbst wird dann durch die Gesellschaft unter Beachtung der Kapitalerhaltung gemäß § 30 GmbHG beglichen.[102] Der Geschäftsanteil selbst wird, wie beim Austritt des Gesellschafters durch Kündigung, entweder durch Abtretung des Geschäftsanteils selbst oder durch Einziehung verwertet.

58 Die vorstehenden Ausführungen zeigen, dass ein Ausschluss des Gesellschafters eine Fülle an Problemen mit sich bringen kann. Soll ein derart aufwändiger und komplizierter Ausschluss eines Gesellschafters vermieden werden, empfehlen sich dringend dem vorbeugende Regelungen in der Gesellschaftssatzung.

▼

2.16

Muster 2.16: Ausschluss des Gesellschafters

Die Gesellschafter können den Ausschluss eines anderen Gesellschafters beschließen, wenn ein wichtiger Grund vorliegt. Ein wichtiger Grund liegt insbesondere, aber nicht abschließend, in den nachfolgend aufgeführten Fällen vor, nämlich wenn:

a) über das Vermögen des Gesellschafters das Insolvenzverfahren eröffnet worden ist oder dieses mangels Masse abgewiesen worden ist;

b) der Gesellschafter willkürlich vermögensschädigend gegenüber der Gesellschaft gehandelt hat;

c) der Gesellschafter vorwerfbar ein tiefgreifendes Zerwürfnis zwischen den Gesellschaftern herbeigeführt hat;

d) der Gesellschafter gegen ein Wettbewerbsverbot nach dieser Satzung verstoßen oder der Gesellschaft in irgendeiner sonstigen Art und Weise geschäftsschädigend Konkurrenz gemacht hat;

e) die Bestellung des Gesellschafters zum Geschäftsführer widerrufen wird;

101 *Gehrlein*, NJW 2005, 1969.
102 *Schwab*, DStR 2012, 707 (710).

f) der Gesellschafter Verfehlungen im außergesellschaftlichen oder privaten Lebensbereich begangen hat oder begeht, die sich unmittelbar geschäftlich auswirken und zu einer Schädigung der Gesellschaft führen;

g) sonst ein wichtiger Grund vorliegt.

Die Beschlussfassung der Gesellschafterversammlung erfolgt mit einer drei Viertel Mehrheit der Stimmen; der ausscheidende Gesellschafter ist nicht stimmberechtigt.

Der ausscheidende Gesellschafter ist verpflichtet, die Einziehung seines Geschäftsanteils nach § dieses Gesellschaftsvertrages oder die Abtretung seines Geschäftsanteils nach § dieses Gesellschaftsvertrages zu dulden.

Der ausscheidende Gesellschafter erhält eine Abfindung, die sich nach § dieses Gesellschaftsvertrages richtet.

Der Gesellschafter scheidet unabhängig von der tatsächlich geleisteten Zahlung des Abfindungsentgeltes mit Bekanntgabe des Beschlusses aus der Gesellschaft aus.

Der Ausschluss eines Gesellschafters führt nicht zur Auflösung der Gesellschaft.[103]

▲

III. Einziehung des Geschäftsanteils

Die rechtliche Grundlage für die Einziehung eines Geschäftsanteils bildet § 34 GmbHG, der wiederum die Regelungsdirektive auf die Gestaltungshoheit der Satzung delegiert. Für die Praxis ist regelmäßig die Einziehung ohne Zustimmung des Gesellschafters relevant, auf die im Folgenden auch der Fokus gelegt werden soll. 59

Die Einziehung gegen den Willen des Gesellschafters ist nur zulässig, wenn sich in der Satzung hierfür ein sachlicher Grund befindet. Hierzu zählen grobe Pflichtverletzungen oder tief greifende Zerwürfnisses der Gesellschafter.[104] 60

103 Formulierung ähnlich bei Römermann/*Seibt*, GmbH-Recht, § 2 Rn 332.
104 Bormann/Kauka/Ockelmann/*Schulze-Steinen*, GmbH-Recht, Kapitel 9 Rn 57.

61 Als Rechtsfolge führt die Einziehung zur Vernichtung des Geschäftsanteils und zum Verlust der Mitgliedschaftsrechte.[105] Der Nominalbetrag des Stammkapitals ändert sich allerdings nicht, vielmehr bleiben die Geschäftsanteile der verbleibenden Gesellschafter unverändert.[106] Durch die Einziehung können sich dann folgend aber gleichwohl die Beteiligungsverhältnisse bzw. Mehrheitsverhältnisse der übrigen Gesellschafter einschließlich der sich hieraus ergebenden Rechte und Pflichten ändern.[107]

62 Aus formaler Sicht bedarf die Einziehung des Weiteren eines Gesellschafterbeschlusses in einfacher Mehrheit, sofern die Satzung nichts anderes bestimmt, und der formfreien Mitteilung durch ein vertretungsberechtigtes Organ (Gesellschafterversammlung, Geschäftsführer) an den Betroffenen.[108] Der auszuschließende Gesellschafter hat beim Einziehungsbeschluss grundsätzlich ein Stimmrecht, sofern die Zwangseinziehung nicht in der Person des Gesellschafters liegt.[109] Die Satzung kann das Stimmrecht des Betroffenen aber auch gänzlich ausschließen.[110] Die Regelungen einer Einziehungsklausel könnten in der Satzung wie folgt bestimmt werden:

▼

2.17

Muster 2.17: Einziehungsklausel

Die Einziehung von Geschäftsanteilen ist mit Zustimmung des betreffenden Gesellschafters jederzeit zulässig.

Die Einziehung von Geschäftsanteilen ist ohne Zustimmung des betreffenden Gesellschafters zulässig, wenn

- über dessen Vermögen das Insolvenzverfahren eröffnet wird oder die Eröffnung eines solchen Verfahrens abgewiesen wird;
- gegen diesen ein Verfahren nach §§ 807, 899 ff. ZPO auf Abgabe der eidesstattlichen Versicherung eingeleitet wird;

105 Baumbach/Hueck/*Fastrich*, GmbHG, § 34 Rn 2.
106 *Wicke*, GmbHG, § 34 Rn 2, 3.
107 *Wicke*, GmbHG, § 34 Rn 4.
108 Baumbach/Hueck/*Fastrich*, GmbHG, § 34 Rn 14.
109 *Langenfeld/Miras*, GmbH-Vertragspraxis, § 14 Rn 316.
110 Römermann/*Seibt*, GmbH-Recht, § 2 Rn 251.

- die Zwangsvollstreckung in dessen Geschäftsanteil betrieben wird;
- in dessen Person ein anderer wichtiger Grund gegeben ist, der seine Ausschließung aus der Gesellschaft rechtfertigt.

Im Falle der Zwangsvollstreckung können die Gesellschaft oder die Gesellschafter den vollstreckenden Gläubiger befriedigen und danach den gepfändeten Geschäftsanteil einziehen. Der betroffene Gesellschafter darf der Befriedigung des vollstreckenden Gläubigers nicht widersprechen und muss sich das zu dessen Befriedigung Geleistete auf seinen Entgeltanspruch anrechnen lassen.

Steht ein Geschäftsanteil mehreren Gesellschaftern gemeinschaftlich zu, so genügt es, wenn ein Einziehungsgrund in der Person nur eines Mitgesellschafters vorliegt.

Die Geschäftsführung der Gesellschaft erklärt die Einziehung. Grundlage ist ein Gesellschafterbeschluss mit der einfachen Mehrheit der abgegebenen Stimmen.

Der betroffene Gesellschafter hat bei Beschlüssen über die Zwangseinziehung seines Geschäftsanteils kein Stimmrecht. Die Einziehung wird mit Zugang des Einziehungsbeschlusses beim betreffenden Gesellschafter wirksam.

Der ausgeschlossene Gesellschafter hat Anspruch auf ein Abfindungsentgelt nach Maßgabe der Bewertungsvorschriften dieses Gesellschaftsvertrages.

Die Einziehung des Geschäftsanteils ist nur zulässig, wenn gleichzeitig mit dem Einziehungsbeschluss sichergestellt ist, dass die entstehende Abweichung zwischen dem Stammkapital und der Summe der Nennwerte aller verbleibenden Geschäftsanteile verhältniswahrend erhöht wird. Die Gesellschafter haben einen entsprechenden Aufstockungsbeschluss zu fassen. Der von der Einziehung betroffene Gesellschafter hat dabei kein Stimmrecht.[111]

▲

111 Formulierung ähnlich bei Römermann/*Seibt*, GmbH-Recht, § 2 Rn 251.

G. Abfindungsklauseln

63 Nachdem vorstehend die Voraussetzungen für einen Abfindungsanspruch des ausscheidenden Gesellschafters besprochen wurden, soll nun die Frage in den Fokus rücken, wie genau die Höhe des Abfindungsanspruchs des Gesellschafters zu bestimmen ist. In Gesellschaftsverträgen findet sich ein „bunter Strauß" von vertraglichen Bestimmungen, die einen Abfindungsanspruch des ausscheidenden Gesellschafters regeln.[112] Konkrete gesetzliche Regelungen, die das Ausscheiden des GmbH-Gesellschafters regeln, sind nicht vorhanden. Vielmehr wird auf die Vorschrift des § 738 BGB in analoger Anwendung für die Auseinandersetzung der Gesellschaft bürgerlichen Rechts zurückgegriffen. Diese Vorschrift ist entgegen deren Wortlaut so zu verstehen, dass „dem Gesellschafter im Falle seines Ausscheidens mangels abweichender gesellschaftsvertraglicher Abrede (Abfindungsklausel) eine an der zukünftigen Ertragsfähigkeit des Unternehmens orientierte, dem wirklichen (Verkehrs–)Wert seines Anteils entsprechende Abfindung zukommt".[113] Somit ist beim Fehlen oder gar der Nichtigkeit einer statutarischen Regelung der Gesellschafter zum Verkehrswert abzufinden.[114] Mangels eines geregelten Marktes für den Handel von GmbH-Anteilen wird in diesen Fällen die Einholung eines Sachverständigengutachtens unumgänglich sein.[115]

64 Bestimmungen in der Satzung einer GmbH, nach der bei Ausscheiden eines Gesellschafters Abfindungen gänzlich ausgeschlossen sind, sind sittenwidrig.[116] Damit gehört das Abfindungsrecht eines Gesellschafters zu seinen „Grundmitgliedsrechten".[117]

65 Dennoch gilt der Grundsatz, dass Abfindungsklauseln in Gesellschaftsverträgen grundsätzlich frei gestaltbar sind. Sie finden dort ihre Grenzen, wo eine nicht mehr hinnehmbare Diskrepanz zwischen der nach der Abfindungsklausel ermittelten Abfindung einerseits und dem tatsächlichen Anteilswert des

112 *Casper/Altgen*, DStR 2008, 2319.
113 *Kort*, DStR 1995, 1961.
114 Vgl. nur BGH Urt. v. 16.12.1991 – II ZR 58/91, NJW 1992, 892.
115 *Wicke*, GmbHG, Anh. § 34 Rn 14.
116 Vgl. BGH Urt. v. 29.4.2014 – II ZR 216/13, NZG 2014, 820.
117 *Langenfeld/Miras*, GmbH-Vertragspraxis, § 16 Rn 339.

ausscheidenden Gesellschafters andererseits besteht.[118] Entscheidend ist insoweit nicht der Zeitpunkt der Vereinbarung der Abfindungsklausel, sondern der Zeitpunkt ihres Anfalls. Wann eine Diskrepanz und damit für den Gesellschafter nicht hinnehmbares Missverhältnis besteht, lässt sich nicht eindeutig beantworten. Vielmehr beurteilt die Rechtsprechung dies anhand der Umstände des konkreten Einzelfalls.[119] Als allgemeiner Geltungsgrundsatz lässt sich jedoch aus den Entscheidungen in diesem Bereich herauskristallisieren, dass eine Abfindung, die im Zeitpunkt ihres Anfalls weniger als 50 % des Verkehrswertes des Geschäftsanteils wiederspiegelt, ein grobes Missverhältnis darstellt.[120] Der Verkehrswert wird regelmäßig nach der Ertragswertmethode ermittelt.[121] Beurteilungszeitpunkt ist stets der Zeitpunkt, in dem die Abfindungsklausel Bestandteil der Satzung geworden ist und nicht der Zeitpunkt, in dem sie zur Anwendung kommt.[122] Denn die in den Gesellschaftsverträgen anzutreffenden und vom gesetzlichen Leitbild abweichenden Abfindungsklauseln dienen gerade dazu, die entsprechende Anwendung des § 738 BGB und damit eine Abfindung zum Verkehrswert zu verhindern.[123]

Im Folgenden sollen die derzeit zwei wohl gängigsten Methoden der Festlegung der Abfindungshöhe dargestellt werden:[124]

I. Buchwertklausel

In Gesellschaftsverträgen finden sich häufig sog. Buchwertklauseln für die Bestimmung des Abfindungsanspruchs des ausscheidenden Gesellschafters. **66**
Die Buchwertklausel ist dann einschlägig, „wenn der betreffende Anspruch auf Rückzahlung noch nicht verbrauchter Einlagen, einbehaltener Gewinne

118 *Hülsmann*, NJW 2002, 1673.

119 Kölner Handbuch Gesellschaftsrecht/*Eckhardt*, Kapitel 2 Rn 408.

120 Vgl. näher zu den Einzelheiten einer unwirksamen Abfindungsklausel *Goette*, DStR 2001, 533 (541).

121 *Wicke*, GmbHG, Anh. § 34 Rn 14.

122 Römermann/*Seibt*, GmbH-Recht, § 2 Rn 258.

123 *Lange*, NZG 2001, 635.

124 Das Stuttgarter Verfahren als Schätzungsverfahren wird aufgrund nachvollziehbarer Kritik wegen der steuerrechtlichen Unsicherheiten so gut wie gar kaum mehr in der heutigen Vertragspraxis zur Bestimmung der Abfindungshöhe verwendet, weshalb hier keine näheren Ausführungen erfolgen sollen. Näher zur Problematik der Abfindungsbestimmung anhand des Stuttgarter Verfahrens *Heller*, GmbHR 1999, 594 ff.

sowie sonstiger anteiliger Rücklagen und Rückstellungen mit Eigenkapitalcharakter nach Maßgabe der letzten auf den Stichtag der Abfindung fortzuschreibenden Handelsbilanz beschränkt wurde und daher stille Reserven und Geschäfts- oder Firmenwert nicht berücksichtigt werden".[125] Diese Buchwertklauseln sind trotz vermehrter und stetig anhaltender Kritik nie ganz „aus der Mode" gekommen, weil sie die Liquidität der Gesellschaft wenig beeinträchtigen und Streitigkeiten zwischen den Gesellschaftern vermeiden.[126] Letztgenannter Punkt ist in Familiengesellschaften nicht von unerheblicher Bedeutung. Gleichwohl besteht bei den Buchwertklauseln immer ein erhebliches Risiko der Unangemessenheit, wenn der Buchwert in einem groben Missverhältnis zu seinem Verkehrswert steht.[127] Dies liegt in der Vielzahl der Fälle daran, dass der Goodwill bzw. die Ertragskraft des Unternehmens hiervon nicht erfasst werden.[128] Daher ist in der beratenden Praxis hierauf ein besonderes Augenmerk zu richten. Eine Buchwertklausel in einer Gesellschaftssatzung könnte etwa wie folgt lauten:

67 ▼

2.18

Muster 2.18: Buchwertklausel

Die Höhe der Abfindung eines ausscheidenden Gesellschafters bemisst sich nach dem Buchwert des Geschäftsanteils. Der Buchwert wird nach der Auseinandersetzungsbilanz auf den Tag des Ausscheidens, die nach den Grundsätzen für die Aufstellung des Jahresabschlusses zu bestimmen ist, ermittelt. Gewinne oder Verluste bis zum Tag des Ausscheidens werden nicht berücksichtigt. Stille Reserven kommen nicht in Ansatz. Ist der Verkehrswert der Gesellschaft niedriger als der Buchwert, so ist der Verkehrswert maßgeblich.

Nachträgliche Änderungen der Jahresabschlüsse der Gesellschaft (egal aus welchem Grunde) bleiben außer Betracht.

Der Abfindungsbetrag ist dem ausscheidenden Gesellschafter in drei Raten auszuzahlen; die erste Rate ist sechs Monate nach seinem Ausscheiden fällig.

125 *Wicke*, GmbHG, Anh. § 34 Rn 20.
126 *Sörgel/Engelmann*, DStR 2003, 1260 (1261).
127 Römermann/*Seibt*, GmbH-Recht, § 2 Rn 257.
128 Hauschild/Kallrath/Wachter/*Herrler/Berkefeld*, Notarhandbuch Gesellschafts- und Unternehmensrecht, § 14 Rn 191.

Die folgenden Beträge sind jeweils ein Jahr nach dem vorangegangenen Betrag zu zahlen. Der ausstehende Betrag ist mit [...] Prozentpunkten über dem Basiszinssatz zu verzinsen.

Der ausscheidende Gesellschafter ist nicht berechtigt, Sicherheitsleistung für die ausstehenden Zahlungen nebst Zinsen zu verlangen.

Sollte die Bestimmung der Abfindung des nach diesem Abschnitt anzuwendenden Buchwertverfahrens zu einem unbilligem Ergebnis für den ausscheidenden Gesellschafter dergestalt führen, dass ein grobes Missverhältnis zwischen dem Abfindungswert und dem Verkehrswert besteht, so kann eine Anpassung durch einen Schiedsgutachter verlangt werden. Der Schiedsgutachter soll durch den Präsidenten der für die Gesellschaft zuständigen Industrie- und Handelskammer bestimmt werden. Der Abfindungsbetrag ist nach den Grundsätzen von Treu und Glauben unter Abwägung der Interessen der Gesellschaft und des ausscheidenden Gesellschafters anzupassen.

▲

II. Ertragswertklausel

Ertragswertklauseln zeichnen sich dadurch aus, dass der Unternehmenswert nach der vom Institut für Wirtschaftsprüfer empfohlenen Methode (derzeit standardisiertes Ertragswertverfahren nach dem IDW S 1) bemessen wird, d.h. der Unternehmenswert errechnet sich durch Diskontierung der den Unternehmenseignern zufließenden finanziellen Überschüsse anhand des Basiszinssatzes einer Alternativanlage (quasi-risikofreie Kapitalmarktanlage) und abzüglich eines Risikozuschlages nebst Berücksichtigung der persönlichen Ertragsteuern der Gesellschafter.[129] Von dem hiernach ermittelten Unternehmenswert wird zusätzlich ein Abschlag abgezogen, der das Unternehmensinteresse wiederspiegelt, um den ausscheidenden Gesellschafter schlechter zu stellen, als wenn er zum vollen Verkehrswert abgefunden würde. Ertragswertklauseln werden regelmäßig als unproblematisch angesehen.[130] Die Aufnahme einer Ertragswertklausel zur Bemessung der Abfindung eines ausscheidenden Gesellschafters könnte in der Vertragspraxis wie folgt aussehen: 68

129 Vgl. hierzu ausführlich *Peemöller*, DStR 2001, 1401.
130 *Kort*, DStR 1995, 1961 (1962).

2.19

▼

Muster 2.19: Ertragswertklausel

Die Höhe der Abfindung eines ausscheidenden Gesellschafters bemisst sich nach dem auf seinen Geschäftsanteil entfallenden Unternehmenswert. Der Unternehmenswert wird nach der vom Institut der Wirtschaftsprüfer im Zeitpunkt des Ausscheidens empfohlenen Methode (derzeit standardisiertes Ertragswertverfahren – IDW S 1) bestimmt. Von dem hiernach ermittelten Anteilswert ist zum Unternehmensschutz ein Abschlag von 25 % zu machen.

Der Abfindungsbetrag ist dem ausscheidenden Gesellschafter in drei Raten auszuzahlen; die erste Rate ist fällig sechs Monate nach seinem Ausscheiden. Die folgenden Beträge sind jeweils ein Jahr nach dem vorangegangenen Betrag zur Zahlung fällig. Der ausstehende Betrag ist mit […] Prozentpunkten über dem Basiszinssatz zu verzinsen.

Der ausscheidende Gesellschafter ist nicht berechtigt, Sicherheitsleistung für die ausstehenden Zahlungen nebst Zinsen zu verlangen.

▲

H. Vor-, Ankaufsrechte, Andienungsrechte und -pflichten

Ob und inwieweit die Regelungsmöglichkeiten, die in den nachstehenden Ausführungen dargestellt werden, Teil des Gesellschaftsvertrages sind oder ob sie außerhalb desselben als Gegenstand einer gesonderten Gesellschaftervereinbarung geregelt werden sollen, ist einzelfallabhängig, denn in der Regel möchten die Gesellschafter eine Publizität hierzu weitestgehend vermeiden, die im Rahmen einer Veröffentlichung des Gesellschaftsvertrages im Handelsregister sonst nicht zu vermeiden wäre.[131] Gerade in Familiengesellschaften wird dieses Bedürfnis sicherlich auch sehr ausgeprägt sein. 69

In der Praxis dienen insbesondere Vor- und Ankaufsrechte dazu, die Abtretungsbeschränkungen, die sich aus den Vinkulierungsklauseln im Gesellschaftsvertrag ergeben, zu flexibilisieren. Abtretungsbeschränkungen führen in der Regel oftmals nur zu einer Blockade innerhalb der Gesellschafterstruktur und bieten keine konstruktiven Lösungsansätze, um den oder die veräußerungswilligen Gesellschafter zufrieden zu stellen. Denn die Abtretungsbeschränkung als solche stellt sich oftmals als zu weitreichend dar, um dem oder den Gesellschaftern den Austritt zu ermöglichen. Gleichwohl soll natürlich auch das Interesse der übrigen Gesellschafter bzw. der Gesellschaft an einem bestimmten Gesellschafterbestand gewahrt bleiben. Aus diesem Grund bietet es sich an, Abtretungsbeschränkungen, Vor- und Ankaufsrechte sowie Andienungsrechte und -pflichten zu kombinieren. Insbesondere innerhalb der Familiengesellschaft ist natürlich ein ausgewogenes Gleichgewicht zwischen den Interessen der jeweiligen Gesellschafter einerseits und den Interessen der Gesellschaftsstruktur andererseits unumgänglich. 70

I. Vorkaufsrecht

Das gesetzliche Vorkaufsrecht ist in den §§ 463 ff. BGB geregelt. Das schuldrechtliche Vorkaufsrecht setzt den Abschluss eines wirksamen Kaufvertrags des Verpflichteten mit einem Dritten voraus. Wenn das Vorkaufsrecht ausgeübt wird, kommt gemäß § 464 Abs. 2 BGB zwischen dem Berechtigten und dem Verpflichteten ein neuer selbstständiger Kaufvertrag zu den Kon- 71

131 *Wicke*, DStR 2006, 1137.

ditionen, die der Verpflichtete mit dem Dritten vereinbart hat, zu Stande. Auch wenn das gesetzliche Vorkaufsrecht seinem Wortlaut nach nur für einen Kauf gilt, ist gleichwohl anerkannt, dass es ebenso für kaufähnliche Geschäfte greift,[132] insoweit es allerdings an eine Gegenleistung geknüpft ist.

72 Berechtigte des Vorkaufsrechts können alle übrigen Gesellschafter sein, oder aber auch nur bestimmte Gesellschafter desselben Familienstammes. Hier ist natürlich zum einen entscheidend, wie die Struktur in der Familiengesellschaft selbst ist, und zum anderen welche strategische Richtung ein Vorkaufsfall für die Gesellschaftsstruktur einschlagen soll. In aller Regel wird in einem solchen Fall wohl gewollt sein – sofern sich die Familiengesellschaft nach Stämmen aufteilen lässt – dass die Geschäftsanteile bei ein und demselben Familienstamm verbleiben.

73 Das gesetzliche Leitbild des Vorkaufsrechts ist jedoch für die Anwendung auf die GmbH, insbesondere die Familiengesellschaft, allerdings nur äußerst bedingt geeignet.[133] Hier stellen sich vor allem die Möglichkeit der formlosen Ausübung des Vorkaufsrechts und die einwöchige Ausübungsfrist der dispositiven Gesetzesvorschrift als hinderlich dar.[134] Ein Vorkaufsrecht in der Satzung einer Familiengesellschaft könnte daher in Abweichung vom gesetzlichen Leitbild wie folgt gefasst werden:

2.20

▼

Muster 2.20: Vorkaufsrecht

Jede Verfügung über einen Geschäftsanteil, insbesondere, aber nicht abschließend, die Veräußerung oder Belastung des Geschäftsanteils, bedarf der schriftlichen Zustimmung aller übrigen Gesellschafter.

Für den Fall des Verkaufs eines Geschäftsanteils oder eines Teils eines Geschäftsanteils sind die übrigen Gesellschafter zum Vorkauf berechtigt. Das Vorkaufsrecht steht ihnen im Verhältnis ihrer Beteiligung an der Gesellschaft zu. Übt ein Gesellschafter das Vorkaufsrecht aus, so können sich die anderen Gesellschafter innerhalb der Ausübungsfrist der Ausübungserklärung anschließen.

132 *Blasche*, NZG 2016, 173 (174).
133 *Langenfeld/Miras*, GmbH-Vertragspraxis, § 13 Rn 300.
134 Römermann/*Seibt*, GmbH-Recht, § 2 Rn 211.

Der Verkäufer hat den Vorkaufsberechtigten den Kaufvertrag unverzüglich schriftlich zu übersenden. Das Vorkaufsrecht kann nur bis zum Ablauf von einem Monat seit Zugang dieser Mitteilung und nur durch schriftliche Erklärung gegenüber dem Verkäufer ausgeübt werden. Bei Ausübung des Vorkaufsrechts ist eine Zustimmung der Gesellschaft nicht erforderlich. In dem Fall, dass die Gesellschafter ihr Vorkaufsrecht nicht ausüben, haben sie der Veräußerung des Geschäftsanteils zuzustimmen, sofern dem nicht wichtige, in der Person des Erwerbers liegende Gründe entgegenstehen.[135]
▲

II. Ankaufsrecht

Das Ankaufsrecht ist gesetzlich nicht geregelt und kann daher nur durch ent- 74
sprechende Willenserklärungen begründet werden. Der Ankaufsberechtigte erhält mit Erklärung des Ankaufsrechtes lediglich ein Gestaltungsrecht, indem er die ihm eingeräumte Erwerbsmöglichkeit zum Ankauf durch eine Willenserklärung annehmen kann. Das Ankaufsrecht gilt für alle Fälle, in denen die Abtretung des Geschäftsanteils nicht durch einen Verkauf erfolgt. Insoweit sind damit vor allem Schenkungen erfasst, die im Rahmen der Anteilsübertragungen bei Familiengesellschaften eine große Rolle spielen dürften. Dies ist immer dann unproblematisch, wenn der Beschenkte ein Familienmitglied ist und insoweit eine Abtretung des Anteils auch nicht unter einem Zustimmungsvorbehalt stehen wird. Aber brisant sind dann die Fälle, in denen ein Außenstehender beschenkt werden könnte, so z.B. die Lebensgefährtin eines Anteilseigners. In diesem Fall greift zwar regelmäßig der Zustimmungsvorbehalt der Vinkulierungsklausel, die übrigen Gesellschafter hätten aber keine gesellschaftsvertragliche Handhabe primär Übertragung auf sich selbst zu verlangen. Für diese Fälle hilft das Ankaufsrecht weiter, zumindest wenn der veräußerungswillige Mitgesellschafter tatsächlich aus der Gesellschaft ausscheiden möchte. Ein Ankaufsrecht könnte dementsprechend in folgender Weise formuliert werden:

135 Formulierung ähnlich bei *Langenfeld/Miras*, GmbH-Vertragspraxis, § 13 Rn 303.

2.21

▼

Muster 2.21: Ankaufsrecht

Jede Verfügung über einen Geschäftsanteil, insbesondere, aber nicht abschließend, die Veräußerung oder Belastung des Geschäftsanteils, bedarf der schriftlichen Zustimmung aller übrigen Gesellschafter.

Im Falle des Verkaufs eines Geschäftsanteils oder eines Teils eines Geschäftsanteils sind die übrigen Gesellschafter zum Vorkauf berechtigt. Hat der Gesellschafter den Geschäftsanteil nicht verkauft, sondern gleich aus welchem Rechtsgrund anderweitig entgeltlich oder unentgeltlich übertragen, so kommt durch Ausübung des Ankaufsrechts ein Kauf zwischen dem Ankaufsberechtigten und dem veräußernden Gesellschafter zustande. Der Veräußerungsfall ist dem Ankaufsberechtigten unverzüglich schriftlich durch Übersendung einer beglaubigten Abschrift der notariellen Urkunde anzuzeigen. Das Ankaufsrecht kann nur innerhalb eines Monats seit Kenntnis des den Ankaufsfall auslösenden Ereignisses und nur durch schriftliche Erklärung gegenüber dem Veräußerer ausgeübt werden.

Als Gegenleistung ist bei Ausübung des Ankaufsrechts der Wert des Anteils zu zahlen, wie er sich aus den Bewertungsregelungen dieses Gesellschaftsvertrags ergibt, und zwar Zug um Zug gegen Abtretung. Bei Ausübung des Ankaufsrechts ist eine Zustimmung der Gesellschaft zur Abtretung nicht erforderlich. Üben die Gesellschafter ihr Ankaufsrecht nicht aus, so haben sie der Anteilsveräußerung zuzustimmen, sofern dem nicht wichtige, in der Person des Erwerbers liegende Gründe entgegenstehen.

▲

III. Andienungspflichten

75 Aus Sicht des veräußerungswilligen Gesellschafters sind aber noch Gestaltungsmöglichkeiten denkbar, die vor dem Vorkaufs- bzw. Ankaufsrecht eingreifen. Das Ankaufs- bzw. Vorkaufsrecht greift erst dann ein, wenn der veräußerungswillige Gesellschafter mit einem Dritten einen notariellen Anteilskaufvertrag abgeschlossen hat. Genauso sind aber auch Regelungen dergestalt möglich, dass der veräußerungswillige Gesellschafter schon im Vorfeld des Veräußerungsvorgangs seine Geschäftsanteile den übrigen Familienmitgliedern zum Erwerb anbieten muss. Diese Variante hat für die Familiengesellschaft und insbesondere deren Gesellschafter den Vorteil, dass sie nicht erst zu einem sehr

späten Zeitpunkt in den Verkaufsprozess eingebunden werden und gleich zu Beginn den Verkauf aktiv mitgestalten können und nicht schon in einen bereits bestehenden Kaufvertrag eintreten müssen. Eine Regelung hierzu könnte wie folgt aussehen:

▼

Muster 2.22: Andienungspflichten 2.22

Jede Verfügung über einen Geschäftsanteil, insbesondere, aber nicht abschließend, die Veräußerung oder Belastung des Geschäftsanteils, bedarf der schriftlichen Zustimmung aller übrigen Gesellschafter.

Vor Veräußerung oder anderweitiger Übertragung seines Geschäftsanteils hat der veräußerungswillige Gesellschafter den Geschäftsanteil zunächst den übrigen Gesellschaftern schriftlich durch eingeschriebenen Brief zum Erwerb als gemeinschaftlichen Anteil anzubieten. Die übrigen Gesellschafter oder einzelne von ihnen, mehrere im Innenverhältnis im Verhältnis ihrer Geschäftsanteile, können innerhalb von vier Wochen nach Zugang der Mitteilung schriftlich verlangen, dass ihnen der Anteil als gemeinschaftlicher Anteil in ordnungsgemäßer Form abgetreten wird.

Als Gegenleistung ist der Wert des Anteils zu zahlen, wie er sich aus den Bewertungsregelungen dieses Gesellschaftsvertrags ergibt, und zwar Zug um Zug gegen Abtretung. Bei Ausübung des Ankaufsrechts ist eine Zustimmung der Gesellschaft zur Abtretung nicht erforderlich. In dem Fall, dass die Gesellschafter ihr Erwerbsrecht nicht ausüben, haben sie der Veräußerung des Geschäftsanteils zuzustimmen, sofern dem nicht wichtige, in der Person des Erwerbers liegende Gründe entgegenstehen.[136]

▲

IV. Andienungsrechte

Neben den Andienungspflichten ist auch eine vertragliche Ausgestaltung dahingehend möglich, dass einem veräußerungswilligen Gesellschafter ein Andienungsrecht gegenüber den anderen Gesellschaftern eingeräumt wird. Insbesondere vor dem Hintergrund von gesellschaftsvertraglichen Verfügungsbeschränkungen gibt es den betreffenden Gesellschaftern dann die 76

136 Vgl. ähnliche Formulierung bei *Langenfeld/Miras*, GmbH-Vertragspraxis, § 13 Rn 303.

Möglichkeit, bei Vorliegen der entsprechenden Voraussetzungen sich seiner Gesellschaftsbeteiligung zu entledigen. Dies macht vor allem für Minderheitsgesellschafter Sinn, die mit ihrer Beteiligung immer unter einer gewissen Beteiligungsschwelle verbleiben und somit nur geringen Einfluss auf die Entscheidungsfindung innerhalb der Gesellschaft ausüben können. Daher wird das Andienungsrecht in seiner vertraglichen Ausgestaltung auch meistens nicht jedem Gesellschafter, sondern nur einem bestimmten Gesellschafter oder einer bestimmten Gesellschaftergruppe angeboten.[137] Bei Familiengesellschaften ist in diesem Zusammenhang an einzelne Familiengesellschafter oder aber an einen Familienstamm zu denken. Für eine vertragliche Regelung könnte bspw. auf das nachfolgende Muster zurückgegriffen werden:

▼

2.23

Muster 2.23: Andienungsrechte

Jede Verfügung über einen Geschäftsanteil, insbesondere, aber nicht abschließend, die Veräußerung oder Belastung des Geschäftsanteils, bedarf der schriftlichen Zustimmung aller übrigen Gesellschafter.

Der Gesellschafter [A] ist berechtigt, solange seine Beteiligung am Stammkapital der Gesellschaft unter 25 % liegt, den übrigen Gesellschaftern seine Gesellschaftsbeteiligung zum Erwerb anzudienen. Die Andienung hat schriftlich durch eingeschriebenen Brief zu erfolgen. Voraussetzung für die Auslösung des Andienungsrechts ist, dass der Gesellschafter [A] seine Gesellschaftsbeteiligung an einen Dritten veräußern wollte und die übrigen Gesellschafter nach diesem Gesellschaftsvertrag hierfür die erforderliche Zustimmung versagt haben.

Die übrigen Gesellschafter haben in diesem Fall dann die Pflicht, die Geschäftsanteile des Gesellschafters [A] im Verhältnis ihrer Beteiligung am Stammkapital der Gesellschaft innerhalb von drei Monaten nach Zugang der schriftlichen Andienungserklärung zu erwerben. Als Gegenleistung ist der Wert des Anteils zu zahlen, wie er sich aus den Bewertungsregelungen dieses Gesellschaftsvertrags ergibt, und zwar Zug um Zug gegen Abtretung. Bei Ausübung des Andienungsrechts ist eine Zustimmung der Gesellschaft zur Abtretung nicht erforderlich.

▲

137 Römermann/*Seibt*, GmbH-Recht, § 2 Rn 218.

V. Mitverkaufsrechte und -pflichten

Schließlich soll noch ein Wort zu den vertraglichen Regelungsmöglichkeiten hinsichtlich sog. Mitverkaufsrechte („tag-along") und Mitverkaufspflichten („drag-along") gesagt werden. Mitverkaufsrechte räumen in der Regel Minderheitsgesellschaftern das Recht ein, sofern ein Mehrheitsgesellschafter an einen Dritten veräußern möchte, ihre Beteiligung an der Gesellschaft zu den gleichen wirtschaftlichen Konditionen (mit) zu veräußern.[138] Bei einer Mitverkaufspflicht verpflichten sich die Gesellschafter, ihre Geschäftsanteile zu den gleichen wirtschaftlichen Bedingungen (mit) zu veräußern, wenn auch andere Gesellschafter ihre Anteile veräußern.[139] Die Mitverkaufsverpflichtung schafft somit dem Berechtigten die Möglichkeit, einen Verkauf aller Geschäftsanteile herbeizuführen, während das Mitverkaufsrecht dem Berechtigten die Möglichkeit einräumt, zu denselben wirtschaftlichen Bedingungen am Verkauf zu partizipieren und insbesondere nicht mit einem möglicherweise unliebsamen Fremdgesellschafter in der Gesellschaft zu verbleiben.[140] 77

Mitverkaufsrechte und Mitverkaufspflichten als vertragliche Vereinbarung zwischen den Gesellschaftern stellen sicherlich ein probates und flexibles Instrument dar, um zu verhindern, dass „ein Verkaufsprozess zum Nachteil aller Beteiligten planlos abläuft und wirtschaftlich suboptimale Ergebnisse erzielt".[141] Insbesondere können die vertraglich geregelten Mitverkaufsrechte und -pflichten helfen zu vermeiden, dass es zu einer Pattsituation, einem sog. „Deadlock"[142] kommt, der insbesondere durch starre Vinkulierungsklauseln in Gesellschaftsverträgen herbeigeführt werden kann, ohne dass ein flexibles Gestaltungsinstrument zur Auflösung einer solchen Pattsituation besteht. Gleichwohl sind auch gewisse Risiken zu bedenken. Mitverkaufspflichten können dazu führen, dass ein bestimmter Gesellschafter jederzeit in die Situation geraten kann, seine Anteile verkaufen zu müssen, allerdings dann auch zu einem angemessenen Marktpreis; umgekehrt kann der Mehrheitsgesellschafter daran gehindert sein, eine attraktive Veräußerungsgelegenheit allein zu nutzen.[143] 78

138 *Göthel*, BB 2014, 1475 (1477).
139 *Hergeth/Mingau*, DStR 2001, 1217 (1219).
140 Kölner Handbuch Gesellschaftsrecht/*Eckhardt*, Kapitel 2 Rn 291 ff.
141 *Lange/Sabel*, NZG 2015, 1249 (1252).
142 Vgl. näher zum „Deadlock" *Elfring*, NZG 2012, 895.
143 *Lange/Sabel*, NZG 2015, 1249 (1252).

79 Gleichwohl wird die Anwendung solcher Mitverkaufsrechte und -pflichten in Familiengesellschaften eher die Ausnahme als die Regel darstellen. Die Mitverkaufsrechte und -pflichten greifen ihrer Voraussetzungen nach stets bei einer Veräußerung an einen Dritten, sprich einer natürlichen oder juristischen Person, die nicht bereits Gesellschafter ist. Insoweit müssten die Familiengesellschafter an einen Gesellschaftsfremden veräußern wollen. Aus diesem Grund wird es sich empfehlen, in einer Klausel auch genau zu definieren, was unter einem Dritten zu verstehen ist. Familiengesellschaften sind in ihrem Bestand auf Langfristigkeit ausgelegt, um das Familienvermögen auch über den Generationenwechsel hinaus in der Familie zu erhalten.

80 Die Mitverkaufsverpflichtung könnte vertraglich wie folgt gefasst werden:

2.24

▼

Muster 2.24: Mitverkaufsverpflichtung

Hat der Gesellschafter [A] die Absicht, seine Geschäftsanteile an einen Dritten zu übertragen, kann der veräußerungswillige Gesellschafter von den übrigen Gesellschaftern verlangen, dass jeder der übrigen Gesellschafter dem Dritten anbietet, alle Geschäftsanteile, die er an der Gesellschaft hält, zu den gleichen wirtschaftlichen Bedingungen zu verkaufen und zu übertragen, zu denen der Gesellschafter [A] seine Anteile an einen solchen Käufer verkauft und überträgt.

Der Gesellschafter [A] hat in diesem Fall den übrigen Gesellschaftern eine beglaubigte Abschrift des notariellen Geschäftsanteils- bzw. Abtretungsvertrages mit dem Verlangen der Mitverkaufsverpflichtung schriftlich per eingeschriebenem Brief zu übermitteln.

Die Ausübung etwaiger in der Satzung vorgesehener Vorkaufs-/Ankaufsrechte und Vorerwerbsrechte durch die Mitgesellschafter ist in diesem Fall ausgeschlossen.

Die verpflichteten Gesellschafter haben daraufhin innerhalb von vier Wochen nach Erhalt des notariellen Geschäftsanteils- bzw. Abtretungsvertrages nebst Mitverkaufsverlangen ihre Geschäftsanteile durch notariellen Vertrag an den Dritten zu veräußern.

Dritter im Sinne dieses Abschnitts ist jede natürliche Person, die nicht bereits schon Geschäftsanteile an dieser Gesellschaft hält sowie jede juristische Person oder Personengesellschaft, deren Geschäftsanteile wiederum mindestens von einer natürlichen oder juristischen Person bzw. Personengesellschaften gehalten wird, die nicht zugleich Geschäftsanteile an dieser Gesellschaft hält.

Die Mitverkaufsverpflichtung trifft die Gesellschafter nicht, wenn der Verkaufspreis den Verkehrswert der Gesellschaft nicht erreicht.

▲

Das Mitverkaufsrecht hingegen könnte zwischen den Gesellschaftern folgenden Inhalt haben: 81

▼

2.25

Muster 2.25: Mitverkaufsrecht

Haben ein oder mehrere Gesellschafter, die einzeln oder gemeinsam mehr als 50 % des Stammkapitals an der Gesellschaft halten, die Absicht, ihre Geschäftsanteile an insgesamt oder teilweise auf einen Dritten zu übertragen, ist der Gesellschafter [A] nicht verpflichtet, dem Verkauf und der Übertragung der Geschäftsanteile zuzustimmen, es sei denn, der Dritte bietet dem Gesellschafter [A] an, die Gesamtheit seiner Geschäftsanteile, die er an der Gesellschaft hält, zu den gleichen wirtschaftlichen Bedingungen zu erwerben, zu denen der oder die übrigen Gesellschaftern ihre Geschäftsanteile an den Dritten verkaufen und übertragen.

Der veräußerungswillige Gesellschafter ist verpflichtet, die übrigen Gesellschafter spätestens vier Wochen vor Abschluss des Anteilskauf- bzw. Abtretungsvertrages unter Vorlage des Vertragsentwurfs schriftlich per eingeschriebenem Brief zu informieren. Die berechtigten Gesellschafter können dann innerhalb von vier Wochen nach Erhalt des Veräußerungsangebots schriftlich per eingeschriebenem Brief dem veräußerungswilligen Gesellschafter mitteilen, ob sie ihr Mitverkaufsrecht nach diesem Abschnitt ausüben möchten.

Die Ausübung etwaiger in der Satzung vorgesehener Vorkaufs-/Ankaufsrechte und Vorerwerbsrechte durch die Mitgesellschafter ist in diesem Fall ausgeschlossen.

Dritter im Sinne dieses Abschnitts ist jede natürliche Person, die nicht bereits schon Geschäftsanteile an dieser Gesellschaft hält sowie jede juristische Person oder Personengesellschaft, deren Geschäftsanteile wiederum mindestens von einer natürlichen oder juristischen Personen bzw. Personengesellschaften gehalten wird, die nicht zugleich Geschäftsanteile an dieser Gesellschaft hält.

▲

§ 3 Übertragungsvorgänge unter Beteiligung Minderjähriger

A. Anteilsveräußerung an Minderjährige

Die Motive für die Beteiligung Minderjähriger an einer GmbH sind ähnlich wie bei der Gründung (dazu oben § 1 Rdn 1 ff.): Die nächste Generation soll frühzeitig an das (Familien-)Unternehmen herangeführt werden und sich mit diesem identifizieren;[1] vor allem steuerliche Motive bilden oftmals das Hauptmotiv der vorzeitigen Übertragung auf die nächste Generation (siehe bereits oben § 1 Rdn 2). 1

I.d.R. verfügen Minderjährige noch nicht über ausreichende Mittel, um die Beteiligung entgeltlich zu erwerben. Bei der Übertragung von GmbH-Geschäftsanteilen handelt es sich daher nahezu ausnahmslos um Veräußerungen im Rahmen einer Schenkung, wobei der Veräußerer sich z.T. den Nießbrauch an dem Geschäftsanteil vorbehält, diesen somit noch nicht endgültig aus der Hand gibt, was die Zuwendung um den Wert des vorbehaltenen Nießbrauchs mindert. 2

1 Hierzu *Bürger*, RNotZ 4/2006, 156 (157 reSp).

B. Schenkungsvertrag

I. Inhalt des Übertragungsvertrags

1. Geldzahlung als Gegenleistung

3 Im Erwerbsvertrag kann vereinbart werden, dass der Minderjährige verpflichtet ist, an den Veräußerer eine Gegenleistung in Geld zu erbringen. Hierbei kann es sich um eine Leistung (nur) an den Veräußerer handeln. Möglich ist aber auch, dass mit dieser Gegenleistung letztlich die Geschwister, die nicht am Unternehmen beteiligt werden, wertmäßig gleichgestellt werden sollen. Im Erwerbsvertrag sollte dann festgehalten werden, dass es sich dabei gleichwohl um eine Leistung an den Veräußerer handelt, der diesen Anspruch (ganz oder teilweise) an die weiteren Geschwister abtritt, damit ersichtlich wird, dass es sich dabei nicht um eine Leistung unter Geschwister handelt, sondern jeweils um Schenkungen der Eltern an die jeweiligen Kinder.

4 Neben einmaligen Geldleistungen können auch wiederkehrende Geldzahlungen im Sinne von Rentenzahlungen vereinbart werden. Hierbei kann es sich um von Anfang an genau bestimmte Beträge handeln (Rente), die der Minderjährige ggf. aus seinem eigenen Vermögen zu leisten hat, unabhängig vom Ertrag des Unternehmens. Möglich sind jedoch auch Zahlungen, die sich an den Erträgen des Unternehmens orientieren, die der Minderjährige somit aus seinem Gewinn bezahlen kann. In der Praxis verbreiteter ist dann jedoch der Vorbehalt eines (ggf. Quoten-)Nießbrauchs, aufgrund dessen der Gewinn oder ein Teil des Gewinns an den Veräußerer als Berechtigten herauszugeben ist bzw. direkt in der Person des Veräußerers als Nießbraucher entsteht.

2. Nießbrauch

5 Auch wenn der Minderjährige durch die Übertragung eines Geschäftsanteils oder Teiles hiervon bereits am Unternehmen beteiligt werden soll, möchte der Veräußerer den Geschäftsanteil oftmals noch nicht vollständig aus den Händen geben. Insbesondere um weiterhin die Nutzungen, insbesondere den Gewinn, zu erhalten, kann der Veräußerer sich den Nießbrauch am Geschäftsanteil vorbehalten. Dies hat zur Folge, dass der Gewinnanspruch unmittelbar

in der Person des Nießbrauchers entsteht, wenn die Gesellschafter einen entsprechenden Gewinnverwendungsbeschluss gefasst haben;[2] es liegt somit kein Zwischenerwerb beim Gesellschafter vor.

Nach überwiegender Auffassung kann die Belastung eines Geschäftsanteils mit einem Nießbrauch nicht in die in den Registerordner aufzunehmende Gesellschafterliste aufgenommen werden,[3] da die Gesellschafterliste keine Aussage zur Verfügungsbefugnis des Gesellschafters trifft und vom Gesetzgeber auch nicht vorgesehen ist. Auch bei der jüngsten Änderung des § 40 Abs. 1 GmbHG (insbesondere Angabe der prozentualen Beteiligung des Gesellschafters) wurde die Angabe von Belastungen oder Einschränkungen der Verfügungsbefugnis des Gesellschafters wie etwa durch Anordnung von Testamentsvollstreckung oder bei einer Verpfändung nicht als Bestandteil der Gesellschafterliste festgelegt. Für die Praxis ist daher davon auszugehen, dass die Belastung des Geschäftsanteils mit einem Nießbrauch nicht in die Gesellschafterliste aufgenommen werden und das Registergericht die Aufnahme der Liste verweigern kann, wenn eine solche Angabe in der Liste enthalten ist.[4] 6

Hat die Gesellschaft keine Kenntnis von dem bestehenden Nießbrauch, wird sie trotz Auszahlung des Gewinns an den Gesellschafter anstelle des Nießbrauchers jedoch gem. § 407 BGB von ihrer Leistungspflicht befreit, wenn die Bestellung des Nießbrauchs der Gesellschaft nicht angezeigt worden ist.[5] Die meisten Gesellschaftsverträge sehen zwar vor, dass eine Verfügung über einen Geschäftsanteil und damit auch die Belastung mit einem Nießbrauch der Zustimmung der Gesellschaft und/oder der Gesellschafter bedarf, sodass die Gesellschaft i.d.R. bereits bei der Bestellung des Nießbrauchs hierüber informiert wird. Gleichwohl empfiehlt es sich, die Bestellung des Nießbrauchs der Gesellschaft vorsorglich gem. §§ 407, 409 BGB durch Übersendung der Urkunde mit der Bestellung des Nießbrauchs anzuzeigen, da eine Legitimierung des Nießbrauchers über die Gesellschafterliste nicht stattfindet (s.o. Rdn 6). 7

2 Dazu *Frank*, MittBayNot 2/2010, 96, insbesondere auch zu den steuerlichen Auswirkungen.
3 *Frank*, MittBayNot 2/2010, 96 (98).
4 Für die Zulässigkeit der Aufnahme des Nießbrauchs in die Gesellschafterliste noch LG Aachen, Beschl. v. 6.4.2009 – 44 T 1/09, MittBayNot 2010, 72.
5 *Frank*, MittBayNot 2/2010, 96 (98 reSp).

8 Welche Rechte dem Nießbraucher und welche dem Inhaber des Geschäftsanteils zustehen, ist nicht abschließend geklärt. Unklar ist insbesondere, wie das Stimmrecht zwischen dem Gesellschafter und dem Nießbraucher aufgeteilt ist. Nach überwiegender Auffassung steht das Stimmrecht stets dem Gesellschafter zu, unabhängig von der bestehenden Belastung mit dem Nießbrauch.[6] Nach anderer Auffassung teilt sich das Stimmrecht je nach Beschlussgegenstand zwischen Gesellschafter und Nießbraucher auf. Im Veräußerungsvertrag sollte daher unbedingt festgehalten werden, welche Auswirkungen der Nießbrauch auf das Stimmrecht hat. Um Abgrenzungsschwierigkeiten zu vermeiden, empfiehlt es sich, das Stimmrecht stets beim Gesellschafter zu belassen (der als solcher auch in der in den Registerordner aufgenommenen Gesellschafterliste steht und daher zur Gesellschafterversammlung zu laden ist) und diesen gegenüber dem Nießbraucher schuldrechtlich zu verpflichten, in bestimmten Fällen im Interesse oder auf Weisung des Nießbrauchers abzustimmen; ggf. kann dem Nießbraucher (soweit nach der Satzung zulässig) für bestimmte Beschlüsse auch eine Stimmrechtsvollmacht erteilt werden.

3. Anrechnung

9 Bei Leistung einer lebzeitigen Zuwendung an Abkömmlinge enthält der Schenkungsvertrag meist eine Anrechnungsbestimmung nach § 2315 BGB, die bewirkt, dass der Erwerber sich den Wert, den er vom Veräußerer freiwillig und ohne Gegenleistung erhält, auf einen möglichen späteren Pflichtteil anrechnen lassen muss. Der Wert bestimmt sich dabei gem. § 2315 Abs. 2 S. 2 BGB nach dem Zeitpunkt der Zuwendung, der bis zum Erbfall zu indexieren ist (Anpassung an die zwischenzeitliche Geldwertentwicklung). Zulässig ist dabei, dass der künftige Erblasser den Wert oder eine Bewertungsmethode festlegt. Bei Zuwendung eines GmbH-Geschäftsanteils ist eine solche Festlegung des Werts bereits deshalb sinnvoll, weil die Bewertung andernfalls enormes Streitpotenzial birgt, erst recht wenn dieser Jahre später festgestellt werden muss. Zu beachten ist allerdings, dass die Festlegung eines höheren Wertes nur in Form eines Pflichtteilsverzichtsvertrags (§§ 2346 Abs. 2, 2347 ff. BGB) möglich ist.

6 *Frank*, MittBayNot 2/2010, 96 (99); DNotI-Gutachten, DNotI-Report 8/2015, 60 m.w.N.

Enthält der Zuwendungsvertrag eine bloße Anrechnungsbestimmung nach § 2315 BGB (ohne Wertfestsetzung und ohne Pflichtteilsverzicht), ist umstritten, ob diese Anordnung für sich genommen dazu führt, dass die Zuwendung nicht mehr lediglich rechtlich vorteilhaft i.S.d. § 107 BGB ist. Nach der wohl überwiegenden Auffassung führt bereits eine bloße Anrechnungsbestimmung dazu, dass die Zuwendung für den Minderjährigen nicht mehr lediglich rechtlich vorteilhaft ist.[7] Selbst wenn davon ausgegangen wird, dass der unentgeltliche Erwerb eines GmbH-Geschäftsanteils ein lediglich rechtlich vorteilhaftes Geschäft für den Minderjährigen darstellt (dazu unten Rdn 15 ff.), sollte zumindest dann, wenn der Zuwendungsvertrag eine Anrechnungsbestimmung nach § 2315 BGB vorsieht, der Minderjährige durch einen vom Familiengericht bestellten Ergänzungspfleger vertreten werden. 10

4. Rückforderungsrecht

Durch die Übertragung auf den Minderjährigen soll dieser zwar (ggf. vorbehaltlich eines Nießbrauchs) grundsätzlich Gesellschafter mit allen Rechten und Pflichten sein, insbesondere über das weitere Schicksal des Geschäftsanteils entscheiden können. Ähnlich wie bei Grundstücksübertragungen möchte der Veräußerer sich jedoch die Rückforderung für bestimmte Fälle vorbehalten, in denen er (erneut) über die Beteiligung entscheiden möchte. Häufige Rückforderungsgründe sind dabei beispielsweise 11

- die Verfügung über den Geschäftsanteil ohne Zustimmung des Veräußerers (z.B. weitere Belastung, Verpfändung, Abschluss eines Treuhandvertrags);
- die Eröffnung eines Insolvenzverfahrens über das Vermögen des Erwerbers;
- die Zwangsvollstreckung in den Geschäftsanteil;
- wenn der Erwerber vor dem Veräußerer verstirbt;
- wenn der Geschäftsanteil bei Scheidung des Erwerbers von seinem Ehegatten in die Berechnung des Zugewinnausgleichs einbezogen wird;

7 *Keim*, MittBayNot 1/2008, 8 (12); DNotI-Gutachten vom 28.10.2011, Abruf-Nr. 110750 S. 4 m.w.N. (wobei das DNotI selbst anderer Auffassung ist); **a.A.** *Weigl*, MittBayNot 2008, 275 ff. m.w.N.; *Rastätter*, BWNotZ 2006, 1 ff.

- wenn für den Erwerber ein rechtlicher Betreuer bestellt wird, dessen Aufgabenkreis (auch) die Regelung gesellschaftsrechtlicher Angelegenheiten und/oder die Vermögenssorge umfasst;
- wenn das zuständige Finanzamt entgegen der Erwartung der Beteiligten für den Übertragungsvorgang Schenkungssteuer festsetzt, unabhängig vom Zeitpunkt der Fälligkeit der Steuer.

12 Bei der Übertragung von Grundbesitz kann der bedingte Rückübertragungsanspruch (aufschiebend bedingt durch den Eintritt eines Rückforderungsfalls und die rechtzeitige Ausübung des Rückforderungsrechts) durch Eintragung einer Eigentumsvormerkung im Grundbuch gem. §§ 883, 885 BGB abgesichert werden; zwischenzeitliche Verfügungen des Erwerbers als neuen Eigentümer sind gegenüber dem Veräußerer als Vormerkungsberechtigten dann relativ unwirksam. Eine solche Sicherung des (möglichen) künftigen Inhabers des Geschäftsanteils sieht das GmbHG nicht vor, auch in die Gesellschafterliste kann eine (bedingte) Verpflichtung zur Veräußerung eines Geschäftsanteils nicht aufgenommen werden. Nichts anderes gilt aus Sicht des BGH für den Fall der aufschiebend bedingten Abtretung, da die Gesellschafterliste nur die jeweilige aktuelle Inhaberschaft zum Ausdruck bringen, nicht aber mögliche künftige Änderungen ankündigen soll.[8]

13 Um das mögliche Rückforderungsrecht des Veräußerers im Ernstfall durchsetzen zu können, dem Veräußerer somit den übertragenen Geschäftsanteil wieder zu verschaffen, muss daher erreicht werden, dass etwaige Verfügungen, die der Erwerber abredewidrig getroffen hat, unwirksam sind, da das Rückforderungsrecht andernfalls vereitelt werden würde. Enthält der Veräußerungsvertrag bereits die aufschiebend bedingte Rückabtretung des Geschäftsanteils an den Veräußerer, kann der Erwerber zwar uneingeschränkt und wirksam über den Geschäftsanteil verfügen, im Fall des Eintritts der festgelegten Bedingungen werden die Verfügungen jedoch gem. § 161 Abs. 1 BGB unwirksam; es gilt das Prioritätsprinzip, ein gutgläubiger Erwerb über § 161 Abs. 3 i.V.m. § 16 Abs. 3 GmbHG droht nach Ansicht des BGH nicht.[9]

14 Enthält der Veräußerungsvertrag auch die aufschiebend bedingte Rückabtretung, ist der beurkundende Notar gem. § 40 Abs. 2 GmbHG verpflichtet, im

8 BGH, Beschl. v. 20.9.2011 – II ZB 17/10, MittBayNot 2/2012, 149 (m. Anm. *Wälzholz*).
9 BGH, Beschl. v. 20.9.2011 – II ZB 17/10, MittBayNot 2/2012, 149 (m. Anm. *Wälzholz*).

Fall des Eintritts der Bedingung die neue Gesellschafterliste zu erstellen. Die Beteiligten trifft hier allerdings die Pflicht, den Notar vom Eintritt der Bedingung zu informieren, da deren Eintritt derart ungewiss ist, dass es dem Notar nicht zugemutet werden kann, diesen regelmäßig zu überprüfen bzw. sich bei den Beteiligten zu erkundigen, ob die Bedingung eingetreten ist. Um den Rückfall des Geschäftsanteils zuverlässig überprüfen zu können, sollten die Bedingungen hierfür so gefasst werden, dass diese vom Notar auch überprüft werden können. Insbesondere sollte vorgesehen werden, dass die Ausübungserklärung notariell beglaubigt oder notariell beurkundet werden muss; diese kann dem Notar nach Eintritt der Bedingung vorgelegt werden, auf deren Grundlage kann dann die neue Gesellschafterliste eingereicht werden. Eine Pflicht des Notars, der (nur) die Ausübungserklärung beurkundet oder beglaubigt hat, zur Einreichung der Gesellschafterliste nach § 40 Abs. 2 GmbHG besteht in diesem Fall m.E. nicht, da dieser an der Abtretung und damit der Veränderung als solcher nicht beteiligt ist; die Beglaubigung bzw. Beurkundung löst lediglich eine Bedingung für die bereits zuvor begründete bedingte Abtretung aus, stellt m.E. jedoch keine Mitwirkung des Notars an der Veränderung i.S.d. § 40 Abs. 2 GmbHG dar, zumal bei einer bloßen Unterschriftsbeglaubigung i.d.R. nicht erkennbar ist, dass u.U. eine weitergehende Pflicht des Notars bestehen könnte. Um dies zu erkennen, müsste der ursprüngliche Schenkungsvertrag beigezogen werden, der dem (nur) unterschriftsbeglaubigenden Notar i.d.R. nicht vorliegt.

II. Vertretung des Minderjährigen

Bei einem entgeltlichen Anteilserwerb, d.h. wenn der Minderjährige verpflichtet ist, eine Gegenleistung gleich welcher Form (z.B. Geld-/Rentenzahlung) aus seinem eigenen sonstigen Vermögen an den Veräußerer zu entrichten, handelt es sich um einen Vertrag, der nicht lediglich rechtlich vorteilhaft i.S.d. § 107 BGB ist. Der Minderjährige muss daher durch seinen gesetzlichen Vertreter vertreten werden. In dem in der Praxis häufigsten Fall, in dem der Geschäftsanteil durch ein Elternteil an den Minderjährigen übertragen wird, sind beide Elternteile gem. §§ 1629 Abs. 2 S. 1, 1795 Abs. 2, 181 BGB von der Vertretung ausgeschlossen, weshalb vom Familiengericht ein Ergänzungspfleger zu bestellen ist, der den Minderjährigen beim Abschluss des Übertragungsvertrags vertreten kann. 15

16 Ob es sich bei einem unentgeltlichen Erwerb um ein lediglich rechtlich vorteilhaftes Geschäft i.S.d. § 107 BGB handelt, ist umstritten. Jedenfalls wenn möglicherweise eine Ausfallhaftung nach § 24 GmbHG droht, stellt der Erwerb für den Minderjährigen nicht lediglich einen rechtlichen Vorteil dar. Die überwiegende Ansicht in der Literatur plädiert jedoch generell dafür, den Erwerb nicht als lediglich rechtlich vorteilhaft anzusehen, da die Ausfall- bzw. Solidarhaftung nie vollständig ausgeschlossen werden könne und diese Haftung unmittelbar mit dem Geschäftsanteil verbunden ist.[10] Für die Praxis und den Notar empfiehlt sich daher, auch bei jeder vollständig unentgeltlichen Übertragung von einem Elternteil an den Minderjährigen davon auszugehen, dass das Rechtsgeschäft für den Minderjährigen nicht lediglich rechtlich vorteilhaft ist und daher auf die Hinzuziehung eines vom Familiengericht bestellten neutralen Ergänzungspflegers zu bestehen, auch wenn keine konkrete Haftung des Minderjährigen im Raum steht.

17 An dieser Beurteilung ändert sich nichts, wenn der Veräußerer sich den Nießbrauch am Geschäftsanteil vorbehält:[11] Die mit dem Geschäftsanteil verbundene Haftung aus §§ 24, 31 GmbHG trifft nach herrschender Auffassung nicht den Nießbraucher, sondern den Gesellschafter selbst. Spätestens wenn der Nießbrauch erlischt, was jedenfalls mit dem Tod des Nießbrauchers der Fall ist, würde die potenzielle Haftung auf den Gesellschafter übergehen. Da dies jederzeit eintreten kann, bleibt es dabei, dass die Übertragung als nicht lediglich rechtlich vorteilhaft anzusehen ist, sodass für die Praxis davon auszugehen ist, dass die Eltern (und die in § 1795 Abs. 1 BGB genannten Personen) von der Vertretung des Minderjährigen ausgeschlossen sind und vom Familiengericht ein Ergänzungspfleger bestellt werden muss.

III. Genehmigungspflichten

1. Erwerb eines Erwerbsgeschäfts § 1822 Nr. 3 Alt. 1 BGB

18 Gem. § 1643 Abs. 1 bzw. § 1915 Abs. 1 S. 1 i.V.m. § 1822 Nr. 3 Alt. 1 BGB benötigen die Eltern bzw. der Ergänzungspfleger die Genehmigung des Fami-

10 DNotI-Gutachten, DNotI-Report 24/2013, 195 (reSp) m.w.N.; *Bürger*, RNotZ 4/2006, 156 (162–163 liSp) m.w.N..

11 *Bürger*, RNotZ 4/2006, 156 (163 liSp) m.w.N.

liengerichts, wenn der Minderjährige einen Vertrag abschließt, der auf den entgeltlichen Erwerb eines Erwerbsgeschäfts gerichtet ist. Im Fall der GmbH als juristischer Person ist Träger des Erwerbsgeschäfts jedoch nicht der Minderjährige selbst, sondern die GmbH, an der der Minderjährige beteiligt wird. Die Genehmigungspflicht greift daher grundsätzlich nicht ein. Anders wird dies von der überwiegenden Literatur jedoch dann gesehen, wenn der Minderjährige *alle* (oder nahezu alle) Geschäftsanteile des Unternehmens *entgeltlich* erwirbt, da der Minderjährige dann nach dem Schutzzweck der Norm wirtschaftlich auch als Träger des Erwerbsgeschäfts anzusehen ist.[12] Nach einer Entscheidung des BGH[13] genügt bereits eine Beteiligung des Minderjährigen von mehr als 50 %, um die Genehmigungspflicht nach § 1822 Nr. 3 BGB auszulösen. Beim praktischen Regelfall, in dem der Minderjährige lediglich eine Beteiligung am Unternehmen unentgeltlich erhält, ist diese Vorschrift daher nicht anzuwenden.

Nichts anderes gilt, wenn der Veräußerer sich den Nießbrauch und/oder ein Rückforderungsrecht vorbehält, da diese aus dem geschenkten Gegenstand zu leisten sind und daher nur die Schenkung schmälern, jedoch keine Gegenleistung des Minderjährigen aus seinem (sonstigen) Vermögen darstellen. Eine Genehmigungspflicht nach § 1822 Nr. 3 BGB besteht daher regelmäßig nicht.[14] 19

2. Übernahme einer fremden Verbindlichkeit § 1822 Nr. 10 BGB

Den Erwerber eines Geschäftsanteils trifft möglicherweise die Haftung nach §§ 24, 31 GmbHG (s.o. Rdn 16), womit eine fremde Verbindlichkeit i.S.d. § 1822 Nr. 10 BGB vorliegen könnte. Nach der Rechtsprechung und herrschenden Auffassung in der Literatur genügt die abstrakte Gefahr einer solchen Haftung allerdings nicht, um die Genehmigungspflicht auszulösen. Die Genehmigungspflicht greift vielmehr nur dann ein, wenn eine Haftung (z.B. Unterbilanzhaftung, rückständige Leistungen des Veräußerers, Ausfallhaftung) und damit eine fremde Verbindlichkeit tatsächlich besteht.[15] Denn nur 20

12 *Bürger*, RNotZ 4/2006, 156 (165 reSp) m.w.N.
13 Entschieden für den Fall der *Veräußerung* von Geschäftsanteilen durch Minderjährige: BGH, Urt. v. 28.1.2003 – X ZR 199/99, DNotZ 2004, 152 Rn 28 ff.
14 *Bürger*, RNotZ 4/2006, 156 (163 reSp) m.w.N.
15 DNotI-Gutachten, DNotI-Report 24/2013, 195 reSp m.w.N.

in diesem Fall muss der Minderjährige davor geschützt werden, leichtfertig eine fremde Verbindlichkeit zu übernehmen, weil er davon ausgeht, ohnehin nicht in Anspruch genommen zu werden. Dieser Schutzzweck der Norm greift aber nicht ein, wenn eine solche Verbindlichkeit im Zeitpunkt des Erwerbs gar nicht besteht. Regelmäßig besteht daher keine Genehmigungspflicht nach § 1822 Nr. 10 BGB.

21 Problematisch ist der Fall, in dem im Zeitpunkt des Erwerbs eine Verbindlichkeit nach § 24 GmbHG bestand, diese jedoch von keinem Beteiligten erkannt wurde, etwa wenn das Vermögen der GmbH im Zeitpunkt der Eintragung im Handelsregister unerkannt nicht dem Stammkapital entsprach, was eine Unterbilanzhaftung der Gesellschafter nach sich zieht, die regelmäßig erst und nur im Rahmen einer etwaigen Insolvenz der Gesellschaft aufgedeckt wird. Gleiches gilt, wenn die Einlage eines Mitgesellschafters zurückgewährt worden ist, ohne dass dies den Gesellschaftern bewusst gewesen wäre. Gehen alle Beteiligten (einschließlich Notar und Familiengericht) davon aus, dass keine Verbindlichkeit besteht, besteht grundsätzlich kein Anlass, eine Genehmigung einzuholen bzw. zu erteilen. In diesem Fall könnte das Familiengericht ein Negativzeugnis über das Nichterfordernis einer Genehmigung ausstellen, was allerdings an der materiellen Rechtslage und damit der tatsächlichen Genehmigungsbedürftigkeit des Rechtsgeschäfts nichts ändert. Für die Praxis (und den Notar, der die neue Gesellschafterliste nach § 40 Abs. 2 GmbHG erstellen muss) empfiehlt es sich daher, beim Familiengericht nicht nur ein Negativzeugnis einzuholen, sondern auch eine vorsorgliche Genehmigung anzufordern.[16] Fraglich ist allerdings, ob das Familiengericht – die Zulässigkeit einer solchen vorsorglichen Genehmigung unterstellt[17] – bereit ist, diese Genehmigung zu erteilen, über die es in diesem Fall ohne sichere Kenntnis der tatsächlichen Rechtslage entscheiden müsste, da das Familiengericht keine weitergehenden Kenntnisse haben kann als die Beteiligten selbst. Sind keine anderen Genehmigungstatbestände für den Erwerb durch den Minderjährigen erfüllt, muss damit gerechnet werden, dass das Familiengericht den Antrag auf Erteilung der Genehmigung mangels Genehmigungserfordernis ablehnt.[18]

16 *Bürger*, RNotZ 4/2006, 156 (164–165 liSp).

17 Dagegen *Kroll-Ludwigs*, in: MüKo BGB, 7. Auflage 2017, § 1828 Rn 24.

18 Vgl. BGH, Urt. v. 20.2.1989 – II ZR 148/88, DNotZ 1990, 303, Rn 9 a.E.

3. Genehmigungspflicht aus sonstigen Gründen

Auch wenn die speziellen Genehmigungspflichten nach § 1822 Nr. 3, Nr. 10 BGB nicht einschlägig sind, kann der Vertrag aus anderen Gründen der Genehmigung des Familiengerichts bedürfen. Enthält der Übertragungsvertrag eine Anrechnung auf den Pflichtteil nach § 2315 BGB, ist umstritten, ob die Genehmigungspflicht analog § 2347 BGB zur Anwendung kommt. Als Begründung wird angeführt, dass die Anrechnung auf den Pflichtteil einem Pflichtteilsverzicht des Minderjährigen nahekommt. M.E. sprechen die besseren Gründe gegen eine Genehmigungspflicht, da die Anrechnung nur so weit geht, wie auch die erhaltene Zuwendung reicht; es handelt sich gerade nicht um einen abstrakten Verzicht unabhängig vom tatsächlichen späteren Vermögen des Erblassers. Hinzu kommt, dass eine Erweiterung der gesetzlichen Genehmigungspflichten grundsätzlich nicht zulässig ist; mangels gesetzlicher Grundlage führt die Aufnahme einer (bloßen) Anrechnungsbestimmung nach § 2315 BGB daher nicht zu einer Genehmigungspflicht des Vertrags.[19] Da diese Frage jedoch höchstrichterlich noch nicht geklärt ist, empfiehlt es sich für den Notar, die Genehmigung des Familiengerichts einzuholen, wenn der Übertragungsvertrag eine Anrechnungsbestimmung nach § 2315 BGB vorsieht. Enthält der Übertragungsvertrag einen (ggf. auch nur eingeschränkten) Pflichtteilsverzichtsvertrag, ergibt sich die Genehmigungspflicht unmittelbar aus § 2347 Abs. 1 S. 1 BGB. 22

19 Ebenso *Keim*, MittBayNot 1/2008, 8 (12); *Otte,* in: Staudinger, BGB (2015) § 2315 Rn 31; *G. Müller,* in: BeckOK, Bamberger/Roth BGB (Stand: 1.2.2017) § 2315 Rn 9 a.E.; **a.A.** *Lange,* in: MüKo BGB, 7. Auflage (2017) § 2315 Rn 17 a.E. (der die Genehmigungspflicht allerdings unter § 1822 Nr. 2 BGB fassen möchte).

C. Muster

23 ▼

3.1

Muster 3.1: Nießbrauchsvorbehalt

1. … (Berechtigter) behält sich den lebenslänglichen, unentgeltlichen Nießbrauch an dem mit dieser Urkunde übertragenen Geschäftsanteil vor. Der Nießbraucher darf die Ausübung des Nießbrauchs nicht einem Dritten überlassen. Auch Verpfändungen oder vergleichbare Belastungen sind nicht zulässig.

2. Die mit der Beteiligung verbundenen Mitgliedschaftsrechte, insbesondere die Stimmrechte, stehen dem Inhaber des Geschäftsanteils zu. Der Erwerber verpflichtet sich jedoch, alles zu unterlassen, was den Nießbrauch an der Beteiligung beeinträchtigen oder vereiteln könnte.

3. In folgenden Angelegenheiten darf … als Anteilsinhaber sein Stimmrecht nicht ohne vorherige Zustimmung des Nießbrauchers ausüben:

   a) ordentliche Kündigung der Gesellschafterstellung

   b) Auflösung und Umwandlung der Gesellschaft.

   c) Änderungen des Gesellschaftsvertrages, die die Rechtsstellung des Nießbrauchers beeinträchtigen

   Der Anteilsinhaber ist berechtigt, über die Gewinnausschüttung unter Berücksichtigung der Belange der Gesellschaft zu entscheiden und Gewinnrücklagen bis zu 50 % zu bilden. Bzgl. der übrigen 50 % des Gewinns ist der Erwerber verpflichtet, an Beschlüssen zur Ausschüttung mitzuwirken.

4. … als Anteilsinhaber ist verpflichtet, dem Berechtigten auf Aufforderung unverzüglich Auskunft über die Angelegenheiten der Gesellschaft, insbesondere über deren wirtschaftliche Verhältnisse zu erteilen und dem Nießbraucher auf einfache Aufforderung eine formgerechte Stimmrechtsvollmacht zur Ausübung in der Gesellschafterversammlung zu erteilen, soweit dies nach der jeweils gültigen Satzung zulässig ist.

5. Bei Ausscheiden des Erwerbers aus der Gesellschaft bzw. bei Liquidation der Gesellschaft besteht der Nießbrauch am Veräußerungserlös oder Abfindungsguthaben bzw. Liquidationserlös fort. Vorsorglich verpflichtet sich der Erwerber, dem Berechtigten am Veräußerungserlös oder Abfindungsguthaben bzw. Liquidationserlös einen entsprechenden lebenslänglichen

und unentgeltlichen Nießbrauch zu bestellen. Bei einer Kapitalerhöhung aus Gesellschaftsmitteln setzt sich der Nießbrauch an den für den belasteten Geschäftsteil neu ausgegebenen Geschäftsanteilen bzw. dem erhöhten Geschäftsanteil fort. Dies gilt auch, wenn das Kapital gegen Einlagen erhöht wird. Der Nießbraucher kann in diesem Fall aber von dem auf den erhöhten Anteil entfallenden Gewinn nur denjenigen Betrag beanspruchen, der dem Verhältnis des Verkehrswerts des Anteils vor Kapitalerhöhung zu dem eingelegten Betrag entspricht.

6. Rücklagen, Gewinnvorträge oder stille Reserven, die während der Dauer des Nießbrauchs gebildet, aber erst nach der Beendigung des Nießbrauchs ausgeschüttet werden, stehen dem Anteilsinhaber zu. Ein Ausgleichsanspruch des Nießbrauchsberechtigten besteht nicht.
7. Der vorbehaltene Nießbrauch endet ersatzlos, wenn der Nießbrauchsberechtigte verstorben ist, ohne dass es dazu weiterer Erklärungen oder Maßnahmen bedarf. Noch nicht erfüllte Ansprüche aus oder im Zusammenhang mit den Nießbrauchrechten fallen in den Nachlass.

▲

▼ 24

Muster 3.2: Zustimmung zur Nießbrauchsbestellung 3.2

Die weiteren Gesellschafter der Gesellschaft, ___ sowie ___ als Geschäftsführer der ___ (vgl. § ___ der Satzung) stimmen der Belastung der in dieser Urkunde veräußerten Geschäftsanteile mit dem vorstehend vereinbarten Nießbrauch jeweils ausdrücklich zu. Sie sind mit der Teilnahme des Nießbrauchers an künftigen Gesellschafterversammlungen ausdrücklich einverstanden und verpflichten sich, alles zu unterlassen, was den vorstehenden Vorgaben und/oder der ordnungsgemäßen Erfüllung des Nießbrauchs widersprechen könnte.

▲

▼ 25

Muster 3.3: Anzeige des Nießbrauchs an die Gesellschaft 3.3

___ zeigt der Gesellschaft hiermit die Bestellung des vorbehaltenen Nießbrauchs an dem mit dieser Urkunde übertragenen Geschäftsanteil an (§ 407 BGB analog).

in seiner Eigenschaft als Geschäftsführer der nimmt hiermit von dieser Anzeige Kenntnis.

▲

26 ▼

3.4

Muster 3.4: Rückforderungsrecht mit aufschiebend bedingter Rückabtretung

1. behält sich ein Rückforderungsrecht an dem von ihm heute übertragenen Geschäftsanteil vor. ist daher zur Rückübertragung aller an ihn übertragenen Geschäftsanteile verpflichtet, wenn einer der nachfolgenden Fälle eintritt und das Rückforderungsrecht wirksam ausübt:

   a) wenn ohne mindestens schriftliche Zustimmung des Veräußerers ganz oder teilweise über den Vertragsgegenstand verfügt wird (z.B. Abtretung, Nießbrauchsbestellung, Abschluss eines Treuhandvertrags mit einem Dritten), wobei der Abschluss eines schuldrechtlichen Vertrags genügt;

   b) wenn über das Vermögen des Erwerbers das Insolvenzverfahren eröffnet und nicht binnen vier Wochen wieder eingestellt wird;

   c) wenn die Zwangsvollstreckung in den Vertragsgegenstand betrieben und diese Maßnahme nicht binnen vier Wochen wieder aufgehoben wird;

   d) wenn der Erwerber vor dem Veräußerer verstirbt;

   e) wenn der Erwerber von seinem (auch künftigen) Ehegatten getrennt lebt i.S.d. § 1567 BGB und nicht durch vertragliche Vereinbarung sichergestellt ist, dass der Geschäftsanteil im Rahmen des Zugewinnausgleiches nicht berücksichtigt wird;

   f) wenn für den Erwerber ein rechtlicher Betreuer bestellt wird, dessen Aufgabenkreis (auch) die Regelung gesellschaftsrechtlicher Angelegenheiten und/oder die Vermögenssorge umfasst;

   g) wenn das zuständige Finanzamt für den heutigen Übertragungsvorgang Schenkungssteuer festsetzt, unabhängig vom Zeitpunkt der Fälligkeit der Steuer.

2. Ausübung

   a) Das Rückforderungsrecht steht dem Veräußerer persönlich zu und kann von diesem nur persönlich oder durch einen von ihm persönlich Bevollmächtigten ausgeübt werden. Das Rückforderungsrecht kann nur insgesamt für sämtliche betroffenen Geschäftsanteile des Erwerbers ausgeübt werden.

   b) Die Ausübungsbefugnis im konkreten Rückforderungsfall erlischt zwölf Monate nach Kenntnis der zur Ausübung berechtigenden Tatsachen; in jedem weiteren Rückforderungsfall kann die Rückforderung jedoch erneut verlangt werden.

   c) Das Rückforderungsrecht ist durch notariell beurkundete Erklärung, die mit Zugang einer Ausfertigung beim Verpflichteten wirksam wird, auszuüben; maßgeblich für die Rechtzeitigkeit ist die Abgabe der Erklärung vor einem Notar.

   d) Nach Eintritt eines der o.g. Rückforderungsgründe kann der Verpflichtete dem Berechtigten in mindestens schriftlicher Erklärung eine angemessene Frist (mindestens acht Wochen) setzen, innerhalb derer der Berechtigte von seinem Rückforderungsrecht Gebrauch machen kann. Nach Fristablauf erlischt das Recht, die Rückübertragung im konkreten Fall zu verlangen; in jedem weiteren Rückforderungsfall kann die Rückübertragung jedoch in obiger Weise erneut verlangt werden. Das Rückforderungsrecht ist – soweit in dieser Urkunde nicht ausdrücklich etwas anderes bestimmt ist – nicht übertragbar und nicht vererblich.

3. Anspruchsinhalt

   a) Im Falle der wirksamen Ausübung des Rückforderungsrechts ist der Vertragsgegenstand auf Kosten des Verpflichteten in dem Umfang und Zustand zu übertragen, in dem er sich im Zeitpunkt der Ausübung des Rückforderungsrechts befindet.

   b) Der Vertragsgegenstand ist lastenfrei zu übertragen, ausgenommen sind jedoch solche Belastungen, die mit schriftlicher Zustimmung des Veräußerers bestellt wurden. Etwaige Verbindlichkeiten, die durch die Belastungen gesichert sind, sind vom Veräußerer nicht zu übernehmen.

   c) Die Rückübertragung erfolgt unentgeltlich, eine Zahlungsverpflichtung gegenüber dem heutigen Erwerber besteht im Falle der Ausübung des

Rückforderungsrechts somit nicht, unabhängig davon, aus welchem Grund die Rückforderung erfolgt.

4. Aufschiebend bedingte Rückabtretung

   Der heutige Erwerber tritt den Vertragsgegenstand bereits heute wieder an den Veräußerer zurück ab. Die Abtretung erfolgt **aufschiebend bedingt** durch notarielle Beurkundung der Ausübungserklärung des Veräußerers, unabhängig von irgendwelchen weiteren Voraussetzungen. Hiervon unberührt bleibt die Verpflichtung des Veräußerers im Innenverhältnis, die Ausübungserklärung nur innerhalb der vereinbarten Ausübungsfrist nach Eintritt eines der oben genannten Fälle abzugeben. Die Rückabtretung ist außerdem **auflösend bedingt** und entfällt mit dem Tod des Veräußerers automatisch, wenn dieser nicht zuvor das Rückforderungsrecht in notarieller Urkunde ausgeübt hat, unabhängig vom Zugang beim Verpflichteten. Diese auflösende Bedingung tritt auch dann ein, wenn ein Rückforderungsfall nach Abs. 1 eingetreten ist, vom Veräußerer jedoch (noch) nicht ausgeübt wurde, auch wenn die Ausübungsfrist noch nicht abgelaufen ist.

▲

27 ▼

3.5

Muster 3.5: Zustimmung zur Rückabtretung

Zur Wirksamkeit der Abtretung ist gem. § ___ der Satzung die Zustimmung der Gesellschaft erforderlich. Diese Zustimmung wurde in der heutigen Gesellschafterversammlung (oben Abschnitt ___) bereits erklärt.

___ in seiner Eigenschaft als Geschäftsführer macht hiermit von dieser Zustimmung Gebrauch und teilt sie allen Vertragsbeteiligten mit. Alle Beteiligten nehmen hiervon Kenntnis; mit Eintritt der vorgenannten Bedingungen wird die Rückabtretung der Geschäftsanteile somit wirksam. Der Notar hat darauf hingewiesen, dass die vorzeitige Zustimmung zur Veräußerung u.U. nicht gegenüber künftigen Inhabern der Geschäftsanteile wirkt und eine nach der im Zeitpunkt der Ausübungserklärung gültigen Satzung erforderliche Zustimmungserklärung ggf. eingeholt werden sollte.

▲

§ 4 Steuerliche Vorteile einer Familiengesellschaft

A. Grundzüge der Besteuerung von Körperschaften

I. Ertragsbesteuerung der Gesellschaft

1. Körperschaftsteuer

1 Bei der persönlichen Steuerpflicht wird – abhängig von dem gesellschaftsvertraglichen Sitz oder dem Sitz der Geschäftsleitung – zwischen der unbeschränkten und beschränkten Steuerpflicht unterschieden. Ist der gesellschaftsvertragliche Sitz oder der Sitz der Geschäftsleitung im Inland, so unterliegt die GmbH mit ihren sämtlichen Einkünften der Körperschaftsteuer, § 1 Abs. 1 Nr. 1 KStG. Körperschaften, die weder ihren Sitz noch ihre Geschäftsleitung im Inland haben, unterliegen nur mit ihren inländischen Einkünfte der Körperschaftsteuer, § 2 Nr. 1 KStG.

2 Die Körperschaftsteuerpflicht beginnt nicht erst mit der Erlangung der Rechtsfähigkeit, sondern umfasst auch, soweit die Rechtsfähigkeit später erlangt wird, die Vorgesellschaft ab dem Zeitpunkt des Abschlusses des notariellen Gesellschaftsvertrages.[1] Scheitert die Eintragung hingegen, so entsteht zu keinem Zeitpunkt eine Körperschaftsteuerpflicht.[2]

3 Im Falle der unbeschränkten Steuerpflicht der GmbH sind die von der Körperschaft erzielten Einkünfte stets Einkünfte aus Gewerbebetrieb, § 8 Abs. 2 KStG, anders hingegen bei der beschränkten Steuerpflicht, bei der etwa auch Einkünfte aus Vermietung und Verpachtung von (inländischem) Grundbesitz erzielt werden können.

4 Bedeutsame Steuerbefreiungen – im Zusammenhang mit der Familien-GmbH – finden sich vor allem in § 8b KStG. Danach bleiben laufende Beteiligungsbezüge aus Kapitalgesellschaften (Tochtergesellschaften) bei der Ermittlung des Einkommens der GmbH außer Ansatz, § 8b Abs. 1 KStG, ebenso Gewinne aus der Veräußerung von Kapitalgesellschaften, § 8b Abs. 2 KStG. Diese

1 BFH BStBl II 2010, 991; Rödder/Herlinghaus/Neumann/*Levedag*, § 1 KStG Rn 55.
2 BFH BStBl II 2010, 991; Rödder/Herlinghaus/Neumann/*Levedag*, § 1 KStG Rn 56.

Steuerbefreiung ist weniger Verschonungssubvention als vielmehr Folge der Ausgestaltung des gegenwärtigen Körperschaftsteuersystems, in dem die gesetzgeberisch beabsichtigte Gesamtsteuerbelastung auf die Ebenen der erwirtschaftenden Körperschaft und den der Einkommensteuer unterliegenden Anteilseigner (als natürliche Person bzw. Personengesellschaft) aufgeteilt wird. Eine mehrfache Besteuerung auf der Ebene der Kapitalgesellschaft im Falle von Mutter-Tochter-Konstellationen würde dazu führen, dass die Gesamtsteuerbelastung mit jeder Beteiligungsebene zunimmt.

5 Kehrseite der Steuerbefreiung nach § 8b Abs. 1 und Abs. 2 KStG ist, dass bei Beteiligungsveräußerungen auch Verluste keine (steuermindernde) Berücksichtigung finden, des Weiteren ist der Abzug von Erwerbsaufwendungen der Mutterkapitalgesellschaft im Zusammenhang mit der Tochterkapitalgesellschaft ausgeschlossen.

6 Die vorgenannte Steuerbefreiung unterliegt zwei wichtigen Einschränkungen. Zum einen werden bei Bezügen im Sinne des § 8b Abs. 5 KStG nicht abzugsfähige Betriebsausgaben in Höhe von 5 % „fingiert“,[3] was im Ergebnis dazu führt, dass lediglich eine 95 %ige Steuerbefreiung gewährt wird. Zum anderen wird die Steuerbefreiung nach § 8b Abs. 1 KStG nicht gewährt, wenn die Beteiligung zu Beginn des Wirtschaftsjahres weniger als 10 % des Grund- oder Stammkapitals betragen hat.[4]

Der Körperschaftsteuersatz beträgt 15 %. Zusätzlich fällt noch als Ergänzungsabgabe der Solidaritätszuschlag an, der 5,5 % der Körperschaftsteuer beträgt.

2. Gewerbesteuer

7 Die GmbH unterliegt ferner – im Falle der unbeschränkten Steuerpflicht – der Gewerbesteuer. Die Gewerbesteuer knüpft zunächst an den nach körperschaftsteuerlichen Grundsätzen ermittelten Gewinn an, erweitert diesen jedoch durch Hinzurechnungen und Kürzungen zum Gewerbeertrag. Dieser wird mit der

3 Diese Fiktion ist nach BVerfGE 127, 224 verfassungsgemäß.

4 Dies stellt einen deutlichen Bruch des derzeitigen Körperschaftsteuersystemes dar, aus verfassungs- und europarechtlicher Sicht hierzu kritisch: Rödder/Herlinghaus/Neumann/*Herlinghaus*, § 8b KStG Rn 435, 84 (Verfassungsrecht), 63 (Europarecht).

Steuermesszahl (3,5 %) multipliziert, dies ergibt den Gewerbesteuermessbetrag. Die Gewerbesteuer errechnet sich durch Multiplikation des Gewerbesteuermessbetrages, der im Falle von Betriebsstätten in mehreren Gemeinden aufzuteilen ist (sogenannte Zerlegung), mit dem jeweilig von der Gemeinde satzungsmäßig festzulegenden Gewerbesteuerhebesatz. Der Gewerbesteuerhebesatz beträgt mindestens 200 %, der durchschnittliche Hebesatz im Jahr 2015 lag bei 399 %.

Für die Praxis bedeutsame Steuerbefreiungen bei der Gewerbesteuer sind die Steuerbefreiung nach § 3 Nr. 20 GewStG für Krankenhäuser, Altenheime und Pflegeeinrichtungen sowie die erweiterte Kürzung für Grundstücksunternehmen nach § 9 Nr. 1 S. 2 GewStG. **8**

Einkünfte aus Tochterkapitalgesellschaften sind – abweichend von § 8b Abs. 4 KStG – erst ab einer Beteiligungsquote von 15 % vom Grund- oder Stammkapital befreit. **9**

Die Hinzurechnungen nach § 8 Nr. 1 GewStG umfassen in der Praxis vor allem Zinsen, Mieten (für unbewegliche und bewegliche Wirtschaftsgüter) und Aufwendungen für die zeitlich befristete Überlassung von Rechten. Diese gehen, soweit ein Betrag von 100.000 EUR überschritten wird in der Summe von **10**

- Zinsen
- Renten und dauernden Lasten
- Gewinnanteilen des stillen Gesellschafters
- 20 % der Mieten für bewegliche Wirtschaftsgüter
- 50 % der Mieten für unbewegliche Wirtschaftsgüter
- 25 % der Aufwendungen für die Rechteüberlassung

zu einem Viertel in die Bemessungsgrundlage des Gewerbeertrages ein.

II. Besteuerung der Gesellschafter

1. Besteuerung von Ausschüttungen

a) Grundsatz: Besteuerung nach der Abgeltungssteuer

Da die Kapitalgesellschaft nicht transparent ist, ergeben sich für den Gesellschafter regelmäßig Besteuerungsfolgen nur dann, wenn der Gesellschafter (offene oder verdeckte) Gewinnausschüttungen erhält. Diese Ausschüttungen **11** unterliegen als Einkünfte aus Kapitalvermögen nach § 20 Abs. 1 Nr. 1 EStG der Einkommensteuer. Da diese Einkünfte allerdings schon auf der Ebene der GmbH mit Ertragsteuern vorbelastet sind, unterliegen diese Einkünfte einem besonderen Steuersatz von 25 %, zuzüglich Solidaritätszuschlag und gegebenenfalls Kirchensteuer, § 32d Abs. 1 EStG.

12 Dieser gegenüber dem „regulären" Spitzensteuersatz von 42 % bzw. 45 % niedrigere Steuersatz stellt allerdings kaum eine Steuerermäßigung dar, sondern ist – nach Abschaffung des bis 2001 geltenden Anrechnungsverfahrens bei der Körperschaftsteuer – notwendige Folge der Vorbelastung mit Körperschaftsteuer und Gewerbesteuer auf der Gesellschaftsebene. Im Ergebnis nähert sich – trotz aller Rechtsformunterschiede – die Gesamtsteuerbelastung der Gewinne aus Kapitalgesellschaften und die Gesamtsteuerbelastung sonstiger Einkünfte[5] weitgehend an.[6]

13 Seit dem Übergang zur Abgeltungssteuer zum 1.1.2009 ist der Abzug von Werbungskosten bei den Einkünften aus Kapitalvermögen über den Sparer-Pauschbetrag hinaus nach § 20 Abs. 9 S. 1 EStG ausgeschlossen. Der Sparer-Pauschbetrag beträgt 801 EUR, Ehegatten erhalten einen gemeinsamen Sparer-Pauschbetrag von 1.602 EUR. Die verfassungsrechtlichen Bedenken gegen den Ausschluss des Abzuges von Werbungskosten hat der BFH zurückgewiesen.[7]

b) Veranlagungsoption nach § 32d Abs. 2 Nr. 3 EStG bei qualifizierter Beteiligung

14 Unter den Voraussetzungen des § 32d Abs. 2 Nr. 3 EStG kann der Gesellschafter statt der Abgeltungssteuer zum Teileinkünfteverfahren optieren. Die Optionsmöglichkeit besteht, wenn der Steuerpflichtige zu mindestens 25 % an der Kapitalgesellschaft beteiligt ist oder zu weniger als 25 %, aber mindestens 1 % an der Kapitalgesellschaft beteiligt ist und gleichzeitig durch eine berufliche Tätigkeit für die Kapitalgesellschaft maßgeblichen unternehmerischen Einfluss auf diese nehmen kann.[8] Der Antrag ist spätestens zusam-

5 Mit Ausnahme von Zinseinkünften, die tatsächlich nur einer Belastung mit der Abgeltungssteuer unterliegen und damit tatsächlich privilegiert sind.
6 Siehe hierzu auch die untenstehenden Belastungsvergleiche.
7 Vgl. etwa BFH BStBl II 2014, 975; 2015, 387 und 387.
8 So ab dem VZ 2017, vgl. § 52 Abs. 33b EStG. Zuvor musste es sich um eine Tätigkeit von nicht untergeordneter Bedeutung (so: BMF BStBl I 2012, 953), nach der Rechtsprechung genügte auch eine einfache berufliche Tätigkeit (so: BFH DStR 2015, 892).

men mit der Einkommensteuererklärung zu stellen und bindet für den Veranlagungszeitraum und die folgenden vier Veranlagungszeiträume, im Übrigen bis zu einem Widerruf des Steuerpflichtigen. Wird ein einmal gestellter Antrag widerrufen, ist eine erneute Option unzulässig.

Eine solche Option kann sinnvoll sein, wenn der Steuerpflichtige Werbungskosten aus der Beteiligung – vor allem aus Finanzierungsdarlehen für den Beteiligungserwerb – hat, die dann nach dem Teileinkünfteverfahren zu 60 % in Abzug gebracht werden können.[9] 15

Ein weiterer Grund für die Ausübung der Option kann sich ergeben, wenn der Steuerpflichtige über keine wesentlichen anderen Einkünfte oder sogar negative Einkünfte verfügt, aber erhebliche Sonderausgaben, außergewöhnliche Belastungen oder eben ausgleichsfähige Verluste verfügt, die dann von den nach dem Teileinkünfteverfahren ermittelten Einkünften in Abzug gebracht werden können. Verbleibt es dagegen im Abgeltungssteuerverfahren, so kann der Abzug lediglich im Rahmen der Günstigerprüfung nach § 32d Abs. 6 EStG erfolgen. Im Rahmen der Günstigerprüfung ist allerdings eine einheitliche Behandlung aller Einkünfte aus Kapitalvermögen durchzuführen,[10] das Verbot des Abzuges von Werbungskosten bleibt auch im Falle der Veranlagungsoption bestehen.[11] 16

Ob eine Beteiligung von mehr als 25 % vorliegt, ist – ebenso wie im Rahmen des § 17 EStG – nach der Beteiligung am Grund- und Stammkapital zu beurteilen. Auf die Beteiligung am Gewinn kommt es hingegen nicht an.[12] Ebenso ist unerheblich, ob das Stammkapital ganz oder nur teilweise eingezahlt worden ist.[13] Eigene Anteile der GmbH sind mit dem Nennwert vom Stammkapital abzuziehen, so dass es zu einer Beteiligungserhöhung kommen kann.[14] 17

Die Beteiligungshöhe von mehr als 25 % muss nicht während des gesamten Veranlagungszeitraumes, sondern zu irgendeinem Zeitraum innerhalb des 18

9 Vgl. § 3 Nr. 40 EStG, § 3c Abs. 2 EStG.

10 Vgl. Kanzler/Kraft/Bäumel/*Egner/Quinten*, § 32d Abs. 27 ff., wann eine Günstigerprüfung sinnvoll sein kann.

11 Schmidt/*Weber-Grellet*, § 32d EStG Rn 21.

12 Schmidt/*Weber-Grellet*, § 17 EStG Rn 40.

13 Schmidt/*Weber-Grellet*, § 17 EStG Rn 39.

14 Schmidt/*Weber-Grellet*, § 17 EStG Rn 41.

Veranlagungszeitraumes, für den der Antrag erstmalig gestellt wird – oder in dem die Option angewandt werden soll –, bestehen.

19 Sinkt die Beteiligungshöhe unter die 25 %-Quote, so entfällt die Option in demjenigen Veranlagungszeitraum, in dem die Voraussetzungen nicht mehr vorliegen.

20 Die Option ist unabhängig davon, ob tatsächlich Einkünfte aus der Beteiligung in dem konkreten Veranlagungszeitraum erzielt werden. Es reicht aus, dass abstrakt Kapitalerträge vorliegen könnten,[15] so dass die Option auch dazu führen kann, dass lediglich Werbungskosten berücksichtigt werden. Sind allerdings keine Erträge mehr zu erwarten, etwa weil die GmbH wegen eines Insolvenzverfahrens aufgelöst wurde, so soll das Antragsrecht ab diesem Zeitpunkt ausgeschlossen sein.[16]

21 Im Falle einer Beteiligung von mehr als 1 % (aber weniger als 25 %) ist es zusätzliche Voraussetzung, dass der Gesellschafter durch eine berufliche Tätigkeit für die Kapitalgesellschaft maßgeblichen unternehmerischen Einfluss auf diese nehmen kann. Diese muss nicht notwendig in einer Geschäftsführung bestehen, allerdings reicht – entgegen der bisherigen, zu § 32d Abs. 2 Nr. 3 EStG a.F. ergangenen Rechtsprechung[17] – eine einfache Tätigkeit nicht mehr aus. Die Tätigkeit sollte geschäftsführungsähnlich sein oder aber sonst von Bedeutung – etwa wegen einer Forschungs- und Entwicklungstätigkeit – sein. Das gesetzgeberische Leitbild ist wohl die (entgeltlich erworbene) Mitarbeiterbeteiligung nach Art eines Management-Buyout.[18]

22 Auch bei der Ausübung der Option bei einer Beteiligung zwischen 1 % und 25 % sind die oben genannten Restriktionen (Bindungswirkung, Fortbestand der Tatbestandsvoraussetzungen und Verlust der Rückkehr zur Option bei erfolgtem Widerruf) zu beachten.

23 Ist die berufliche Tätigkeit des Gesellschafters eine gewerbliche oder selbstständige Tätigkeit, so kann sich im Einzelfall die Anwendung des Teilein-

15 BMF BStBl I 2016, 85, Tz. 143, zurückhaltender BFH BStBl II 2015, 270.

16 So BFH BStBl II 2015, 270.

17 BFH DStR 2015, 892

18 Wegen der Unbestimmtheit des gesetzlichen Tatbestandes sollte **vor** dem Erwerb von Mitarbeiterbeteiligungen von mehr als 1 % mit der Finanzverwaltung über eine verbindliche Auskunft geklärt werden, ob die Voraussetzungen des § 32d Abs. 2 Nr. 3 EStG vorliegen.

künfteverfahrens auch schon daraus ergeben, dass die Beteiligung zum notwendigen[19] oder gewillkürten Betriebsvermögen[20] bzw. Sonderbetriebsvermögen des Anteilseigners gehört.

2. Besteuerung sonstiger Rechtsverhältnisse zwischen Gesellschafter und Gesellschaft

a) Tätigkeit für die Gesellschaft

Wird der Gesellschafter für die Gesellschaft – vor allem als Geschäftsführer – tätig, so erfolgt dies regelmäßig im Rahmen eines Dienstvertrages. Die hieraus erzielten Einkünfte zählen zu den Einkünften aus nichtselbstständiger Tätigkeit, § 19 EStG. Auf der Ebene der GmbH sind die entsprechenden Aufwendungen als Betriebsausgaben abzugsfähig. **24**

Bei „unüblichen Vergütungsbestandteilen" kann es allerdings zu einer Umqualifizierung kommen. Dann liegen nicht mehr Einkünfte aus nichtselbstständiger Tätigkeit vor, sondern Vermögensminderungen aufgrund gesellschaftsrechtlicher Veranlassung (verdeckte Gewinnausschüttungen, vGA). Diese sind als Einkünfte aus Kapitalvermögen nach § 20 Abs. 1 Nr. 1 EStG zu versteuern; auf Ebene der Kapitalgesellschaft sind diese Aufwendungen nicht als Betriebsausgaben abzugsfähig. **25**

Eine Mehrbelastung der verdeckten Gewinnausschüttung gegenüber einer offenen Gewinnausschüttung besteht im Ergebnis nicht,[21] es kann sich jedoch eine Mehrbelastung durch die „Umqualifizierung" ergeben, hier sind auch und vor allem „Steuerverschiebungen" zwischen Gesellschaft und Gesellschafter denkbar: **26**

> *Hinweis*
> Wird das Geschäftsführergehalt in eine vGA umqualifiziert, so führt dies zu einer Einkommenserhöhung der Kapitalgesellschaft, gleichzeitig muss diese auf die vGA regelmäßig Kapitalertragsteuer abführen. Auf Gesellschafterebene wird die bisherige Versteuerung als Einkünfte aus nicht-

19 Vgl. hierzu Schmidt/*Heinicke*, § 4 EStG Rn 104, 252, Kirchhof/*Bode*, § 4 EStG Rn 40.

20 Schmidt/*Heinicke*, § 4 EStG Rn 105.

21 Eine „scheinbare" Mehrbelastung ergibt sich dadurch, dass die vGA regelmäßig „Bruttoausschüttung" ist, die noch (regelmäßig nachträglich) um die abzuführende Kapitalertragsteuer zu erhöhen ist.

selbstständiger Tätigkeit korrigiert und der nunmehrige Kapitalertrag aus der vGA der Abgeltungssteuer bzw. dem Teileinkünfteverfahren unterworfen. Mit der Mehrbelastung auf Gesellschaftsebene korrespondiert damit eine Minderbelastung auf Gesellschafterebene.

27 Die Rechtsprechung des BFH – insbesondere zur Vergütung von Gesellschaftergeschäftsführer – ist unübersehbar. Grundsätzlich führt zur verdeckten Gewinnausschüttung:[22]

- Die Leistung an den Gesellschafter ist unangemessen bzw. es fehlt eine Gegenleistung des Gesellschafters.
- Im Verhältnis zu einem beherrschenden Gesellschafter wurden nicht von vorneherein klare und eindeutige Vereinbarungen über Leistung und Entgelt getroffen.
- Es liegen zwar angemessene und im Voraus abgefasste klare und eindeutige Vereinbarungen vor, aber die Beteiligten verfahren nicht entsprechend diesen Vereinbarungen.
- Die Vereinbarungen sind im Verhältnis zu einem beherrschenden Gesellschafter zivilrechtlich unwirksam.

28 Die Korrektur einer verdeckten Gewinnausschüttung erfolgt außerhalb der Handelsbilanz. Ein etwaiger Ersatzanspruch der Kapitalgesellschaft entsteht stets „eine logische Sekunde später“,[23] so dass durch entsprechende Satzungsklauseln in der GmbH-Satzung eine Rückgängigmachung einer verdeckten Gewinnausschüttung nicht mit steuerlicher Wirkung möglich ist, ungeachtet der zivilrechtlichen Erstattungspflicht.[24] Wird dann der Erstattungsanspruch geltend gemacht, so bleibt die verdeckte Gewinnausschüttung bestehen, die Rückgewähr ist Einlage,[25] die im Zeitpunkt ihrer Erfüllung im steuerlichen Einlagekonto zu erfassen ist.[26] Anderes gilt hingegen, wenn die Handlung nicht gesellschaftsrechtlich veranlasst ist, sondern eine sonst verbotene Handlung darstellt. Dann ist unmittelbar ein Ersatzanspruch zu aktivieren, der der Annahme einer vGA entgegensteht.[27]

22 *Neumann,* GmbH-Handbuch Rn III Tz. 1046.
23 *Gosch*, KStG § 8 Rn 516, *Neumann*, GmbH-Handbuch Rn III Tz. 1201.
24 BFH GmbHR 1997, 267, zu der Kritik hieran ausführlich *Gosch*, KStG § 8 Rn 517–519.
25 BFH GmbHR 2002, 69.
26 BFH GmbHR 1996, 997 und 1997, 267.
27 Siehe hierzu unten am Beispiel der Darlehensgewährung unter Verstoß gegen § 43a GmbHG.

b) Darlehensüberlassungen von und an den Gesellschafter

Gewährt der Gesellschafter seiner GmbH ein Darlehen, so führen die an den Gesellschafter gezahlten Zinsen, soweit die Darlehensvereinbarung dem Fremdvergleich standhält (siehe hierzu die unter Rdn 27 genannten Kriterien), bei der Gesellschaft zu abzugsfähigem Zinsaufwand und bei dem Gesellschafter zu Einkünften aus Kapitalvermögen im Sinne des § 20 Abs. 1 Nr. 7 EStG. 29

Einkünfte aus Kapitalvermögen nach § 20 Abs. 1 Nr. 7 EStG unterliegen grundsätzlich der Abgeltungssteuer nach § 32d EStG. Da jedoch bei diesen Einkünften eine Vorbelastung auf Ebene der Kapitalgesellschaft nicht vorliegt, kann sich im Einzelfall hierdurch die Möglichkeit steuergünstiger Gestaltungen ergeben. Dieses Missbrauchsrisiko hat der Gesetzgeber gesehen und daher in § 32d Abs. 2 Nr. 1 EStG einen Katalog an Ausnahmen aufgestellt, in denen nicht der Abgeltungssteuertarif, sondern die tarifliche Besteuerung[28] Anwendung finden soll. 30

Nach § 32d Abs. 2 Nr. 1a) EStG ist die Anwendung der Abgeltungssteuer ausgeschlossen, wenn es sich bei Schuldner und Gläubiger um nahestehende Personen im Sinne von § 15 AO oder § 1 Abs. 2 AStG handelt und die Darlehenszinsen beim Schuldner als Betriebsausgaben oder Werbungskosten abgezogen worden sind. Halten die Vereinbarungen allerdings dem Fremdvergleich stand, so ist der Abgeltungssteuertarif anzuwenden, es sei denn es besteht ein (finanzielles) Abhängigkeitsverhältnis.[29] 31

Nach § 32d Abs. 2 Nr. 1b) EStG ist die Anwendung der Abgeltungssteuer ausgeschlossen, wenn der Anteilseigner als Gläubiger an der Kapitalgesellschaft zu mindestens 10 % beteiligt ist oder der Anteilseigner eine nahestehende Person ist, wobei hier der Fremdvergleich nur dann zur Anwendung kommt, wenn der Gläubiger (lediglich) nahestehende Person ist.[30] Ob dies auch dann gilt, wenn lediglich eine mittelbare Beteiligung besteht, ist derzeit ungeklärt.[31] 32

28 Dies kann im Einzelfall auch günstiger sein, da mit dem Wegfall der Abgeltungssteuer auch das Werbungskostenabzugsverbot nach § 20 Abs. 9 EStG keine Anwendung mehr findet: Liegt also ein Refinanzierungsfall vor, kann die Anwendung des § 32d Abs. 2 Nr. 1 EStG im Einzelfall auch günstiger sein.

29 BFH BStBl II 2014, 986; 2014, 990, 2014, 992.

30 BFH BStBl II 2014, 884 (Gesellschafter als Gläubiger); BFH BStBl II 2014, 995 (Angehöriger als Gläubiger).

31 FG Rheinland-Pfalz, EFG 2015, 405 (Rev. unter VIII R 1/15 anhängig).

33 Ferner ist die Anwendung des Abgeltungssteuersatzes nach § 32d Abs. 2 Nr. 1c) EStG im Falle sogenannter „back-to-back"-Finanzierungen ausgeschlossen.[32]

34 Bei Darlehensgewährungen an den Gesellschafter sind die Grundsätze des Fremdvergleiches ebenfalls zu beachten. Genügt die Darlehensvereinbarung nicht dem Fremdvergleich, so liegt eine verdeckte Gewinnausschüttung vor. Entscheidend ist vor allem, ob das Darlehen marktüblich verzinst wird,[33] und ansonsten die Voraussetzungen des formellen Fremdvergleiches erfüllt sind. Die Stellung von Sicherheiten ist – zumindest bislang – nicht notwendig gewesen.[34]

35 Bei der Gewährung von Darlehen an Gesellschafter-Geschäftsführer ist § 43a GmbHG zu beachten. Verstößt der Gesellschafter-Geschäftsführer bei der Darlehensgewährung hiergegen, kann also das Darlehen nicht aus offenen Rücklagen finanziert werden, so kann eine verdeckte Gewinnausschüttung vorliegen. Allerdings liegt es hier näher, der (nach § 43a GmbHG verbotenen) Auszahlung eine entsprechende Erstattungsverpflichtung gegenüber zu stellen, so dass dann letztlich ein „Aktivtausch" und keine vGA vorliegt.[35] Wird allerdings ein Erstattungsanspruch im Falle einer Vermögensverschlechterung durch die Gesellschaftsorgane nicht geltend gemacht, so kann hieraus eine vGA folgen.[36]

c) Nutzungsüberlassungen

36 Werden der GmbH Gegenstände zur Nutzung überlassen, so sind etwaige Miet- und Pachtverhältnisse, soweit sie dem Fremdvergleich standhalten, auch steuerlich beachtlich und führen bei der Kapitalgesellschaft zu Aufwand und bei dem Gesellschafter zu Einkünften aus Vermietung und Verpachtung.

37 Allerdings erfolgt eine Umqualifizierung der von dem Gesellschafter erzielten Einkünfte in Einkünfte aus Gewerbebetrieb, soweit eine Betriebsaufspaltung vorliegt (dazu näher unten Rdn 66). Bei der Betriebsaufspaltung, die auf Rich-

32 Siehe hierzu Schmidt/*Weber-Grellet*, § 32d EStG Rn 10.

33 *Gosch*, KStG § 8 Rn 693.

34 Allerdings verlangt die Finanzverwaltung nunmehr bei Darlehensgewährungen an einen Personengesellschafter die Besicherung, da nur dann die Gewährung dem Fremdvergleich standhalte, siehe OFD Frankfurt DStR 2017, 498, mE unzutreffend, da im Fremdvergleich der Umfang der Sicherheiten die Höhe des Zinssatzes in gewissem Umfang ausgleichen kann und im Übrigen bei guten wirtschaftlichen Verhältnissen die Besicherung entbehrlich sein kann.

35 BFH BStBl II 1992, 532; vgl. hierzu ausführlich *Gosch*, § 8 KStG Rn 692.

36 Vgl. hierzu *Gosch*, KStG § 8 Rn 692 unter Hinweis auf BGH DStR 2009, 234.

terrecht beruht, werden das Betriebsunternehmen (hier: die GmbH) und das Besitzunternehmen (hier: die Vermietung) als einheitliches Unternehmen angesehen, soweit eine enge personelle und sachliche Verflechtung besteht.[37] Die Voraussetzungen einer „sachlichen Verflechtung" sind dabei in der näheren Vergangenheit zunehmend von der Rechtsprechung verschärft worden, es ist nicht (mehr) erforderlich, dass das Gebäude für die Zwecke des Betriebsunternehmens besonders hergerichtet ist.[38]

3. Besteuerung der Anteilsveräußerung

Die Veräußerung der Beteiligung an einer Kapitalgesellschaft unterliegt nach **38**
§ 20 Abs. 2 Nr. 1 EStG der Einkommensteuer. Liegt eine wesentliche Beteiligung im Sinne des § 17 EStG vor, was dann der Fall ist, wenn der Steuerpflichtig unmittelbar oder mittelbar zu mindestens 1 % beteiligt war, so geht die Besteuerung nach § 17 EStG der allgemeineren Vorschrift des § 20 Abs. 2 Nr. 1 EStG vor.

Sind die Voraussetzungen des § 17 EStG nicht gegeben, so ist die Abgeltungs- **39**
steuer anzuwenden, der Veräußerungsgewinn- das ist der Überschuss des Veräußerungserlöses über die Anschaffungskosten (einschließlich Anschaffungsnebenkosten) und Veräußerungskosten – wird mit dem besonderen Steuersatz des § 32d Abs. 1 EStG von 25 % besteuert.

Unterfällt die Veräußerung dem Tatbestand des § 17 EStG, bei der Familien- **40**
GmbH ist dies der Regelfall, so ist – zum Ausgleich der steuerlichen Vorbelastung auf Gesellschaftsebene durch Körperschaftsteuer und Gewerbesteuer – der Gewinn aus der Veräußerung zu 40 % steuerbefreit, es kommt also das Teileinkünfteverfahren nach § 3 Nr. 40 EStG zur Anwendung.

Der Gewinn aus der Veräußerung eines Anteils an einer Kapitalgesellschaft **41**
wird gemäß § 17 Abs. 2 S. 1 EStG als „Gewinnermittlungsvorschrift eigener Art" besteuert. Dementsprechend ist hier Gewinn der Veräußerungspreis unter Abzug der Anschaffungskosten und der Veräußerungskosten. Hat der Gesellschafter beispielsweise der Gesellschaft – durch das Gesellschaftsverhältnis veranlasst – Darlehen gewährt, die bei der Veräußerung nicht zur Rückzah-

37 BFH (GrS) BStBl II 1971, 63.
38 BFH BStBl II 2000, 621; *Schmidt/Wacker*, § 15 EStG Rn 813.

lung gelangen, so kann es sich hierbei um sogenannte nachträgliche Anschaffungskosten handeln.[39] Dies hat vor allem Relevanz in Krisen- und Verlustfällen. Die steuerrechtliche Rechtsprechung orientierte sich hierzu in der Vergangenheit an dem Eigenkapitalersatzrecht, und zwar auch, nachdem das Eigenkaptalersatzrecht durch das MoMiG ab dem 1.11.2008 aufgehoben worden ist. Hierdurch und durch die Erfassung von Veräußerungsgewinnen bei den Einkünften aus Kapitalvermögen (§ 20 Abs. 2 EStG) ist allerdings das Fundament dieser Rechtsprechung ins Wanken geraten.[40]

42 Der Veräußerung gleichgestellte Vorgänge im Zusammenhang mit Kapitalgesellschaften können sein:

- der Tausch von Anteilen
- die verdeckte Einlage in eine Kapitalgesellschaft
- die Einziehung des Anteils
- die Zwangsversteigerung
- der Wegzug ins Ausland nach § 6 AStG
- die Sitzverlegung ins Ausland, soweit dieser Vorgang zu einer Beschränkung oder zu einem Ausschluss des deutschen Besteuerungsrechts führt, § 17 Abs. 5 EStG
- die Auflösung oder Kapitalherabsetzung, § 17 Abs. 4 EStG.

43 Keine Veräußerung ist hingegen die unentgeltliche Übertragung, vor allem im Wege der vorweggenommenen Erbfolge. Im Falle der unentgeltlichen Übertragung führt der Rechtsnachfolger die Anschaffungskosten des Rechtsvorgängers fort.

44 Bei der Einlage in ein Betriebsvermögen sind nach § 6 Abs. 1 Nr. 5 EStG bei Beteiligungen im Sinne des § 17 EStG stets die Anschaffungskosten anzusetzen, und zwar auch dann, wenn der Teilwert die Anschaffungskosten unterschreitet (insoweit gegen den Wortlaut!).[41] Somit kommt es bei der Einlage in ein Betriebsvermögen (nicht: Kapitalgesellschaft!) in keinem Fall zu einer Gewinn- oder Verlustrealisierung.

39 Schmidt/*Weber-Grellet*, § 17 EStG Rn 163, 170.

40 Kritisch hierzu seit jeher Schmidt/*Weber-Grellet*, § 17 EStG Rn 174. Durch den Beschluss des BFH vom 17.1.2017, IX R 36/15 deutet sich auch in der Rechtsprechung eine grundlegende Neuorientierung an.

41 BFH BStBl II 1996, 684.

B. Belastungsvergleich: Kapitalgesellschaft vs. Personengesellschaft

I. Belastungsvergleich in der Grundform: Vollausschüttung und Thesaurierung

Obschon der Gesetzgeber um eine Annäherung der Gesamtsteuerbelastung in der Besteuerung von Kapital- und Personengesellschaften bemüht ist, ergeben sich aus den grundlegenden Systemunterschieden zwischen den Besteuerungsregimen deutliche Unterschiede. In einer idealtypischen Betrachtung – unter Annahme eines Gewerbesteuerhebesatzes von 380 %. 45

GmbH		
steuerrechtlicher Gewinn		1.000,00
./. Gewerbesteuer		
3,5 v.H. Steuermesszahl	35	
x 400 % Hebesatz		./. 140,00
./. Körperschaftsteuer 15 %		./. 150,00
./. Solidaritätszuschlag		./. 8,25
für Ausschüttung zur Verfügung stehend		701,75
Kapitalertragsteuer 25 %		./. 175,43
Solidaritätszuschlag		./. 9,65
Ertrag nach Steuern		**516,67**

46

Personengesellschaft		
steuerrechtlicher Gewinn		1.000,00
./. Gewerbesteuer		
3,5 v.H. Steuermesszahl	35	
x 400 % Hebesatz		./. 140,00
./. Einkommensteuer 45 %		./. 450,00
Gewerbesteueranrechnung		
(höchstens 3,8fach)	+ 133,00	./. 317,00
./. Solidaritätszuschlag		./. 17,43
Ertrag nach Steuern		**525,57**

Die Gesamtsteuerbelastung auf den ausgeschütteten Ertrag beträgt somit in der Körperschaft 48,33 %, in der Personengesellschaft hingegen 47,44 %. 47

48 Ein deutlicher Belastungsvorteil zugunsten der Körperschaft ergibt sich allerdings dann, wenn der Gewinn nicht zur Ausschüttung kommt, sondern thesauriert wird. In diesem Fall entfällt (jedenfalls bis zur Ausschüttung) die Kapitalertragsteuerbelastung, so dass in dem vorgenannten Beispiel die Thesaurierungsbelastung lediglich 29,825 % beträgt, während bei der Personengesellschaft – vorbehaltlich der Inanspruchnahme der Thesaurierungsvergünstigungen nach § 34a EStG – das Einkommen unabhängig davon versteuert wird, ob eine Ausschüttung vorliegt oder nicht. Selbst unter Inanspruchnahme der Thesaurierungsvergünstigung nach § 34a EStG ist die Personengesellschaft in der Steuerbelastung thesaurierter Gewinne deutlich höher. Die Entnahme nur der auf den Gewinnanteil entfallenden Steuern (einschließlich der Gewerbesteuer) berücksichtigend und im Übrigen den Gewinn thesaurierend, ergibt sich in der Personengesellschaftsvariante eine Steuerbelastung von 36,16 %, bei nachfolgender Vollausschüttung eine Belastung von 47,98 %.[42] Es verbleibt somit ein Belastungsnachteil in der Thesaurierungsvariante von 6,33 %-Punkten bezogen auf den vor Steuern erzielten Gewinn.

II. Bedeutung der Gewerbesteuer

49 Zunehmende Bedeutung für die Rechtsformwahl nimmt die Gewerbesteuer ein. Da die Gemeinden den Gewerbesteuerhebesatz selbstständig festsetzen, ergeben sich in der Praxis erhebliche Unterschiede.

50 Liegt der Gewerbesteuerhebesatz der jeweiligen Gemeinde unter 380 %, so sinkt bei der GmbH die Steuerbelastung auf der Gesellschaftsebene, dementsprechend erhöht sich das Ausschüttungsvolumen, dementsprechend sinkt die Gesamtsteuerbelastung. Bei der Personengesellschaft hingegen erfolgt die Gewerbesteuerentlastung nach § 35 EStG durch Anrechnung auf die Einkommensteuerschuld, dabei ist aber lediglich der 3,8-fache Gewerbesteuermessbetrag, höchstens die tatsächlich zu zahlende Gewerbesteuer in Anrechnung zu bringen. Liegt somit die zu zahlende Gewerbesteuer unter der Anrechnungsgrenze nach § 35 EStG, so kommt es zu keiner weiteren Entlastung,

42 Siehe hierzu Herrmann/Heuer/Raupach/*Stein*, § 34a EStG Rn 8.

d.h. ein niedrigerer Gewerbesteuerhebesatz als 380 % wirkt sich auf die Steuerbelastung der Personengesellschaft nicht aus.

Liegt der Gewerbesteuerhebesatz über 400 %, so nähern sich Kapital- und Personengesellschaft in der Belastungswirkung an. Ab einem Gewerbesteuerhebesatz von 500 % wird die Steuerbelastung der Kapitalgesellschaft im Vergleich zur Personengesellschaft geringer, da die höhere Gewerbesteuerbelastung das Ausschüttungsvolumen und damit die Kapitalertragsteuer mindert, während bei der Personengesellschaft die höhere Gewerbesteuerbelastung keine weitere Steuerminderung zur Folge hat. 51

Die Gewerbesteuer als maßgebendes Kriterium für die Rechtsformwahl hat eine starke Bedeutung dort, wo der Gewerbeertrag von dem (körperschaftsteuerlichen bzw. einkommensteuerlichen) Gewinn abweicht. Die gewerbesteuerlichen Hinzurechnungen – vor allem von Mieten und Finanzierungsentgelten nach § 8 Nr. 1 GewStG – führt bei Kapitalgesellschaften, die hohe Mietaufwendungen oder Darlehenslasten zu tragen haben – zu deutlichen Belastungsnachteilen, da die Gewerbesteuerbelastung auf diese Aufwendungen bei der Kapitalgesellschaft keine weitere Steuerermäßigung zur Folge hat. Bei der Personengesellschaft hingegen sind auch solche Steuerlasten in die Anrechnung der Gewerbesteuer nach § 35 EStG einzubeziehen, so dass hier eine vollständige Gewerbesteuerentlastung eintritt, soweit der Gewerbesteuerhebesatz nicht über 402 % beträgt. 52

Umgekehrt hat die Kapitalgesellschaft deutliche Belastungsvorteile, soweit eine Gewerbesteuerbefreiung eingreift. Denn in diesem Fall läuft die Gewerbesteueranrechnung nach § 35 EStG leer und kann keine Entlastungswirkung herstellen. Praktisch bedeutsam sind die Gewerbesteuerbefreiungen für Krankenhäuser, Altenheime und Pflegeeinrichtungen (§ 3 Nr. 20 GewStG) sowie die erweiterte Kürzung für Grundstücksunternehmen nach § 9 Nr. 1 S. 2 GewStG. Hier beträgt die Thesaurierungsbelastung lediglich 15,825 %, die Vollausschüttungsbelastung lediglich 38,02 %. 53

III. Einflussfaktoren für die Rechtsformwahl

Die Betrachtung allein einer idealtypischen Belastung des Unternehmens wird allerdings in der Regel den Besteuerungsunterschieden nicht gerecht. Viel- 54 mehr sollten in einen Belastungsvergleich unternehmensspezifische Faktoren einhergehen, die sich in eine schematische Betrachtung kaum einfügen lassen:

1. Abschirmwirkung in Bezug auf Steuerzahlungen

55 Bedeutsam für die Rechtsformwahl und wesentlicher Nachteil einer Personengesellschaft können Steuerentnahmerechte bzw. die Verpflichtung zur Leistung der Einkommensteuerzahlung aus dem Privatvermögen sein. Bei der GmbH ist die Veranlagung der Körperschaft unabhängig von der Besteuerung der Gesellschaft, die Gesellschafter können, außer im Fall von (offenen und verdeckten Gewinn-) Ausschüttungen, nicht mit Steuern auf den Gewinn der GmbH belastet werden.

56 Demgegenüber erfolgt die Einkommensbesteuerung bei der Personengesellschaft ausschließlich auf der Gesellschafterebene. Dementsprechend muss bei der Personengesellschaft sichergestellt werden, dass Entnahmen für private (Einkommens-)Steuern auch tatsächlich getätigt werden können. Insbesondere in Krisenzeiten ist dies nicht gewährleistet und kann in Insolvenzfällen zu einem erheblichen Einstandsrisiko des privaten Vermögens trotz – zumindest bei Kommanditisten – ansonsten beschränkter Haftung führen.

2. Bedeutung niedriger Einkommensteuerbelastung

57 Da die Besteuerung der Kapitalgesellschaft unabhängig von der Besteuerung ihrer Gesellschafter ist, ergibt sich durch die Vorbelastung auf der Gesellschaftsebene dann eine höhere Steuerbelastung, wenn die übrigen Einkünfte des Gesellschafters den Grenzsteuersatz von 42 % bzw. 45 % nicht erreichen. Wird bei der Besteuerung der Ausschüttungen das Wahlrecht zugunsten der tariflichen Besteuerung ausgeübt, erfolgt keine Berücksichtigung der Vorbelastung mit Körperschaftsteuer und Gewerbesteuer, die Abgeltungssteuer führt zu einer Gesamtsteuerbelastung in Höhe des Grenzsteuersatzes. Dementsprechend ist bei der Rechtsformwahl zugunsten der Kapitalgesellschaft zu berücksichtigen, ob der Gesellschafter anderweitige Einkünfte – auch aus nichtselbstständiger Tätigkeit für diese – erzielt, um das steuerfreie Existenzminimum, die Proportionalzone und zur Berücksichtigung von Sonderausgaben und die außergewöhnlichen Belastungen, sowie eventuelle Verluste abzudecken.

3. Verlustsituationen

Als Konsequenz der Steuersubjektfähigkeit der Kapitalgesellschaft und der auch steuerlichen Abschirmwirkung ergibt sich, dass in Verlustsituationen ein Verlustausgleich mit anderen positiven Einkünftequellen nicht möglich ist. Dies führt dazu, dass zwar einerseits in Verlustfällen eine Liquiditätsentlastung durch die Verlustverrechnung nicht eintritt und somit zunächst ein Nachteil eintritt. 58

Andererseits kann die Abschirmwirkung auch vorteilhaft sein, wenn die übrigen Einkünftequellen nicht so hoch sind, dass gewährleistet ist, dass sich Sonderausgaben, außergewöhnliche Belastungen und vor allem Anrechnungspotentiale aus der Gewerbesteuer nach § 35 EStG nicht mehr auswirken. 59

4. Finanzierungsfragen

Von erheblicher Bedeutung sind auch Finanzierungsfragen. Bei dem Erwerb eines Unternehmens in der Rechtsform der Kapitalgesellschaft (share deal) sind Abschreibungen auf das erworbene Unternehmen (die Kapitalgesellschaft) nicht möglich, so dass Tilgungen auf Finanzierungsdarlehen aus den Nachsteuergewinnen zu finanzieren sind. Bei der Personengesellschaft hingegen liegt ertragsteuerlich auch bei einem share deal ein Erwerb der anteiligen Wirtschaftsgüter vor mit der Folge, dass Abschreibungen auf diese zulässig sind, die sodann die für Tilgung von Finanzierungsdarlehen notwendige Liquidität erhöhen. 60

Der Finanzierungsvorteil der Personengesellschaft setzt sich fort in der Behandlung von Finanzierungszinsen. Diese sind bei dem Erwerb von Anteilen an Kapitalgesellschaften allenfalls in Höhe von 60 % abzugsfähig, soweit die Anteile entweder zu einem ertragsteuerlichen Betriebsvermögen gehören oder aber das Antragsrecht des § 32d Abs. 2 Nr. 3 EStG bei Vorliegen der entsprechenden Voraussetzungen – Beteiligung zu mehr als 25 % oder Beteiligung zu mindestens 1 % bei beruflicher Tätigkeit für die Gesellschaft – zugunsten des Teileinkünfteverfahrens ausgeübt wird. 61

Kommt es hingegen nicht zu einer Außenfinanzierung, sondern zu einer Innenfinanzierung, also über die GmbH selbst, so ist die GmbH wiederum in der Belastungsrechnung deutlich günstiger, da hier die niedrigere Thesaurierungsbelastung auf Kapitalgesellschaftsebene höhere Tilgungsquoten ermöglicht. 62

C. Kapitalgesellschaft vs. Privatvermögen

63 Der Einsatz einer GmbH kann auch bei vermögensverwaltenden Tätigkeiten, vor allem bei der Vermietung von Grundbesitz, sinnvoll sein. Dies bietet sich vor dem Hintergrund der erweiterten Kürzung für Grundbesitzunternehmen nach § 9 Nr. 1 S. 2 GewStG an.

64 Die Gewährung der erweiterten Kürzung führt bei einer GmbH dazu, dass auf der Ebene der Kapitalgesellschaft lediglich Körperschaftsteuer erhoben wird, somit die Thesaurierungsbelastung lediglich 15,825 % beträgt (einschließlich Solidaritätszuschlag). Wird die Grundbesitz-GmbH in hohem Maße im Wege der Innenfinanzierung finanziert, so ergeben sich deutliche Finanzierungsvorteile, da der höhere thesaurierte Gewinn (zuzüglich etwaiger Abschreibungen) – gegenüber der Investition im Privatvermögen – für Tilgungszwecke verwandt werden kann. Dies geht freilich einher mit einer steuerlichen Verstrickung auch über den Zehnjahreszeitraum des § 23 EStG hinaus, so dass im Einzelfall sorgfältig zwischen den verschiedenen Varianten abzuwägen ist.

65 Weitere Vorteile einer grundbesitzhaltenden GmbH können sich auch bei der Erbschaft- und Schenkungsteuer ergeben. Während bei zu Wohnzwecken vermieteten Grundstücken im Privatvermögen lediglich die 10 %ige Steuerbefreiung nach § 13d ErbStG (früher § 13c ErbStG) zu gewähren ist, können wegen der Befreiungsfähigkeit von Wohnungsunternehmen für eine solche GmbH auch die vollständigen oder weitgehenden Steuerbefreiungen für Betriebsvermögen nach den §§ 13a-13c ErbStG gewährt werden. Die Finanzverwaltung nahm für das bis zum 30.6.2016 geltende Recht an, dass ein Wohnungsunternehmen regelmäßig erst dann vorliege, wenn insgesamt 300 Wohnungen vermietet werden.[43] Der BFH hat sich zu dieser Frage allerdings noch nicht geäußert.[44]

43 Abschnitt E 13b.13 Abs. 3 S. 2 ErbStR

44 FG Düsseldorf EFG 2015, 1621, Rev. beim BFH anhängig unter II R 44/15.

D. Brennpunkte bei der GmbH

I. Betriebsaufspaltung

66 Als Gefahrenquelle bei der GmbH erweist sich häufig das Bestehen einer (unerkannten) Betriebsaufspaltung.[45] Eine Betriebsaufspaltung entsteht, wenn ein Betriebsunternehmen (hier: die GmbH) und ein Besitzunternehmen (hier: die Vermietung) als einheitliches Unternehmen angesehen werden, da eine enge personelle und sachliche Verflechtung besteht.[46] Es kommt darauf an, dass das Betriebsunternehmen ohne Überlassung dieser wesentlichen Betriebsgrundlage seinen Betrieb in der Form, wie es ihn unter Nutzung der wesentlichen Betriebsgrundlage führt, nicht führen könnte. Dadurch, so der BFH, kann das Besitzunternehmen durch die Nutzungsüberlassung seinen beherrschenden Einfluss auf das Unternehmen ausüben.[47]

67 Die Gefahr einer Betriebsaufspaltung besteht darin, dass bei einer (unbeabsichtigten) Beendigung der Betriebsaufspaltung durch Auflösung der sachlichen oder personellen Verflechtung es zu einer Zwangsentnahme in das Privatvermögen kommt. Es sind dann die stillen Reserven sowohl in dem Betriebsunternehmen als auch in der Besitz-GmbH aufzulösen und zu versteuern, obwohl regelmäßig – mangels einer tatsächlichen Veräußerung – ein entsprechender Liquiditätszufluss nicht vorliegt.

1. Sachliche Verflechtung

68 Eine sachliche Verflechtung besteht, wenn ein Wirtschaftsgut für die Fortführung des Betriebs des Betriebsunternehmens bedeutsam ist, was nach dem Gesamtbild der tatsächlichen und auch beabsichtigten Nutzung im jeweiligen Einzelfall zu beurteilen ist.[48] Die Voraussetzungen einer „sachlichen Verflechtung" sind dabei in der näheren Vergangenheit zunehmend von der Rechtsprechung verschärft worden, es ist nicht (mehr) erforderlich, dass das Gebäude für die Zwecke des Betriebsunternehmens besonders hergerichtet ist.[49]

45 Unter den verschiedenen Erscheinungsformen der Betriebsaufspaltung wird hier nur diejenige erörtert, bei der die GmbH als Betriebsunternehmen fungiert.
46 BFH (GrS) BStBl II 1971, 63.
47 BFH BStBl II 1993, 245.
48 BFH BStBl II 1981, 39; *Dehmer*, Betriebsaufspaltung § 3 Rn 1.
49 BFH BStBl II 2000, 621; *Schmidt/Wacker*, § 15 EStG Rn 813.

69 Bei der weitgehend kasuistischen Rechtsprechung ist zu beachten, dass insbesondere bei der Überlassung von Immobilien die Rechtsprechung ihre Auffassung zunehmend verschärft hat. Während nach früherer Rechtsprechung[50] Standardimmobilien, insbesondere Bürogebäude regelmäßig keine wesentliche Betriebsgrundlage waren, hat sich dies nunmehr geändert: Ein Bürogebäude ist immer dann wesentliche Betriebsgrundlage, wenn es den räumlichen und funktionalen Mittelpunkt der Geschäftstätigkeit des Betriebsunternehmens bildet.[51] Eine besondere Herrichtung ist hierzu nicht erforderlich. Dies kann so weit gehen, dass auch das (einzige) Büro, welches sich im Einfamilienhaus des Gesellschafters befindet, eine wesentliche Betriebsgrundlage darstellen kann.[52] Dabei muss nicht das gesamte Gebäude für Zwecke der GmbH genutzt werden, auch einzelne Gebäudeteile können eine wesentliche Betriebsgrundlage sein und damit eine Betriebsaufspaltung begründen.

2. Personelle Verflechtung

70 Angesichts der zunehmend strengeren Rechtsprechung zur sachlichen Verflechtung ist daher in der Praxis, soweit die Annahme einer Betriebsaufspaltung vermieden werden soll, Vorsorge zu treffen, dass eine personelle Verflechtung vermieden wird.

71 Besteht zwischen dem Besitzunternehmen und der Betriebs-GmbH Beteiligungsidentität, so ist der einheitliche geschäftliche Betätigungswille stets vorhanden. Dies gilt auch für Personengruppen, wenn diese gemeinsam in der Lage sind, ihren Willen in Betriebs- und Besitzunternehmen durchzusetzen, und zwar auch bei konträren Beteiligungsverhältnissen.[53] Grenzen ergeben sich für diese „Personengruppentheorie" jedoch dann, wenn in beiden Unternehmen „extrem konträre" Beteiligungsverhältnisse ergeben.[54]

72 An einem einheitlichen Betätigungswillen fehlt es aber dann, wenn ein Nur-Besitzgesellschafter entweder eine Mehrheit hat oder aber aufgrund einer Ein-

50 BFH BStBl, II 1971, 61.
51 BFH BStBl II 2000, 621.
52 BFH/NV 2013, 1100.
53 BFH BStBl II 2000, 417: Besitzgesellschaft 40:60, Betriebsgesellschaft 60:40; BFH/NV 2002, 185 Besitzgesellschaft 80:20, Betriebsgesellschaft 20:80.
54 BFH BStBl II 1972, 796: Besitzgesellschaft 10:90, Betriebsgesellschaft 90:10; BFH BStBl II 1994, 466: Besitzgesellschaft 50:50, Betriebsgesellschaft 99:1.

stimmigkeitsabrede eine Beherrschung des Doppelgesellschafters sowohl im Besitz- als auch im Betriebsunternehmen verhindern kann.[55] Diese muss sich aber auch auf die Geschäfte des täglichen Lebens in Form der laufenden Verwaltung des vermieteten Vermögens beziehen.

Diese Grundsätze wendet die Finanzverwaltung in der Praxis auch dann an, wenn ein Nur-Betriebsgesellschafter über eine Einstimmigkeitsabrede die Beherrschung durch den Doppel-Gesellschafter verhindern kann. 73

Für die Annahme einer personellen Verflechtung sind Ehegatten und Kinder nicht aufgrund einer Vermutung gleichgerichteter Interessen als Personengruppe zu betrachten, wie das BVerfG entschieden hat.[56] So liegt auch bei dem sogenannten Wiesbadener Modell, in dem die Ehegatten jeweils ausschließlich Besitz- oder Betriebsgesellschafter sind, eine personelle Verflechtung nicht vor.[57] Eine Zurechnung wäre nur dann möglich, wenn die konkreten Umstände des Einzelfalles es rechtfertigen, dass eine Zurechnung an den anderen Ehegatten – aufgrund von Dauervollmacht, Stimmrechtsbindungsvertrag oder unwiderruflicher Stimmrechtsvollmacht – erfolgt.[58] 74

75

Praxistipp

Liegt ein Fall vor, in dem durch die Beteiligung von Ehegatten oder Kindern die Annahme einer personellen Verflechtung vermieden werden soll, so sollte bei der Nachfolgeplanung darauf geachtet werden, dass nicht durch den Tod eines Beteiligten und Übergang des Anteils am Betriebs- oder Besitzunternehmen auf die Nachfolger eine personelle Verflechtung begründet wird. Ist eine personelle Verflechtung einmal begründet, so ist eine ertragsteuerlich neutrale Entflechtung nicht mehr möglich.

76

Praxistipp

Liegt bereits eine Betriebsaufspaltung vor, so ist bei der Nachfolgeplanung darauf zu achten, dass es nicht zu einer Entflechtung kommt. Ist das Besitzunternehmen eine Personengesellschaft, so kann durch die Begründung ei-

55 BFH BStBl II 2002, 771.
56 BVerfG BStBl II 1985, 475.
57 BFH BStBl II 1989, 155.
58 BFH/NV 1990, 99.

ner Einheitsbetriebsaufspaltung, in der die Besitzpersonengesellschaft Alleingesellschafterin der Betriebs-GmbH wird, die Gefahr der Entflechtung im Erbfall vermieden werden.

II. Umsatzsteuerliche Organschaft

77 Oftmals mit der Betriebsaufspaltung einher geht die Annahme einer umsatzsteuerlichen Organschaft, § 2 Abs. 2 Nr. 2 UStG. Die Anforderungen an eine umsatzsteuerliche Organschaft sind nicht identisch und nicht vergleichbar mit der körperschaftsteuerlichen oder gewerbesteuerlichen Organschaft. Eine umsatzsteuerliche Organschaft liegt vor, wenn eine Organgesellschaft – also die Betriebs-GmbH – nach dem Gesamtbild der tatsächlichen Verhältnisse finanziell, wirtschaftlich und organisatorisch in das Unternehmen des Organträgers eingegliedert ist.

78 Hierbei ist die finanzielle Eingliederung die kapitalmäßige Beteiligung, die es dem Organträger (= Gesellschafter) ermöglicht, im Rahmen der Willensbildung der Gesellschaft durch Mehrheitsbeschlüsse den eigenen Willen durchzusetzen.[59] Die wirtschaftliche Eingliederung ergibt sich daraus, dass zwischen dem Organträger und der Organgesellschaft ein wirtschaftlicher Zusammenhang im Sinne einer wirtschaftlichen Einheit oder Kooperation gegeben ist.[60] Die organisatorische Eingliederung erfordert es schließlich, dass der Organträger die durch die finanzielle Eigliederung vermittelte Beherrschungsmöglichkeit in der laufenden Geschäftsführung dadurch wahrnimmt, in dem er die Organgesellschaft durch die Art und Weise der Geschäftsführung beherrscht,[61] entweder in Personalunion oder durch (leitende) Mitarbeiter des Organträgers. Entscheidend für die Annahme einer Organschaft ist stets das Gesamtbild der Verhältnisse. Zwar müssen alle drei Merkmale gegeben sein, jedoch kann die Eingliederung in einzelnen Merkmalen unterschiedlich stark ausgeprägt sein.

79 Rechtsfolge der umsatzsteuerliche Organschaft ist, dass beide Unternehmen, sowohl die Organgesellschaft (die GmbH) als auch der Organträger (der Gesellschafter, regelmäßig als Besitzunternehmer) als ein Unternehmen im Sinne des Umsatzsteuergesetzes gelten und lediglich der Organträger (der Gesellschaft-

59 Rau/Dürrwächter/*Stadie*, § 2 UStG Rn 863 ff.
60 Rau/Dürrwächter/*Stadie*, § 2 UStG Rn 881 ff.
61 Rau/Dürrwächter/*Stadie*, § 2 UStG Rn 892.1 ff.

Besitzunternehmer) verpflichtet ist, die Umsatzsteuer sowohl für das eigene Unternehmen als auch für die Organgesellschaft abzuführen. Im Ergebnis führt dies dazu, dass die Haftungsbegrenzung der GmbH zumindest für die Umsatzsteuer leer läuft. Wird die umsatzsteuerliche Organschaft erst zu einem späteren Zeitpunkt – vor allem in der Insolvenz – erkannt, so kann dies bei Erstattung der von der GmbH zu Unrecht gezahlten Umsatzsteuer bei gleichzeitiger Nachforderung gegenüber dem Organträger zu einer Existenzgefährdung auch des Gesellschafters führen.

Eine umsatzsteuerliche Organschaft entsteht bei der Betriebsaufspaltung **80**
dann, wenn ein GmbH-Gesellschafter als Besitzunternehmer an die GmbH Grundstücke, Räume oder Inventar von nicht nur untergeordneter Bedeutung verpachtet.[62]

III. Selbstgenutztes Wohneigentum

In der Vergangenheit war es, insbesondere zur Vermeidung einer höheren aus- **81**
ländischen Erbschaftsteuer oder zur Vermeidung von Grunderwerbsteuern, ein Gestaltungsmodell, dass Ferienwohnungen, aber auch selbst genutzte Einfamilienhäuser, durch eine GmbH erworben wurden, die diese dann an die Gesellschafter vermietete.

Solche Gestaltungen sind jedoch durch die neuere Rechtsprechung des BFH aus **82**
steuerlicher Sicht unattraktiv geworden: Denn hiernach[63] ist ein ordentlicher und gewissenhafter Geschäftsleiter einer Kapitalgesellschaft nur dann bereit, die laufenden Aufwendungen für den Ankauf, den Ausbau und die Unterhaltung eines Einfamilienhauses zu (privaten) Wohnzwecken – also im privaten Interesse – eines Gesellschafters der Kapitalgesellschaft zu tragen, wenn der Gesellschaft diese Aufwendungen in voller Höhe erstattet werden und sie zudem einen angemessenen Gewinnaufschlag erhält. Eine Vermietung zu marktüblichen, aber nicht kostendeckenden Bedingungen würde er (ausnahmsweise) in Betracht ziehen, wenn er bezogen auf den jeweils zu beurteilenden Veranlagungszeitraum bereits von der Erzielbarkeit einer angemessenen Rendite ausgehen kann.

62 *Müller/Stöcker/Lieber*, Organschaft, Rn 1258; Rau/Dürrwächter/*Stadie* § 2 UStG Rn 889.
63 BFH DStR 2016, 2649.

83 Dies bedeutet, dass nach Auffassung des BFH auch eine ortsübliche Miete nicht ausreichend ist, sondern dass – gegebenenfalls auch über die Kostenmiete hinaus – ein Aufschlag vorzunehmen ist, der der Kapitalgesellschaft eine angemessene Rendite vermittelt. Bleibt die vereinbarte Miete dahinter zurück, so liegt eine verdeckte Gewinnausschüttung vor, und zwar auch dann, wenn es sich um eine ausländische Ferienimmobilie handelt.[64]

IV. Bewertungsabschlag für Familienunternehmen, § 13a Abs. 9 ErbStG

84 Die jüngste Erbschaftsteuerreform hat neben der Begrenzung des Begünstigungsvolumens auf einen Betrag von 26.000.000 € eine besondere Befreiungsmöglichkeit für das begünstigte (Betriebs-)vermögen (im Sinne von § 13b Abs. 2 ErbStG) von Familienunternehmen gebracht. Eine Begünstigungshöchstgrenze ist für diesen Abschlag nicht vorgesehen, so dass es sich insbesondere bei großen Familiengesellschaften anbieten kann, die Gesellschaftssatzung entsprechend anzupassen.

85 Satzungsmäßige Voraussetzung für die Gewährung dieses Abschlages, der bis zu 30% auf den Wert des Gesellschaftsanteils betragen kann, bilden drei Einschränkungen, die jeweils in der Satzung – nicht in Gesellschafterbeschlüssen oder in Poolvereinbarungen – vorhanden sein müssen:

- Ausschüttungsbeschränkungen
  Es dürfen höchstens 37,5% des um die auf den Gewinnanteil oder die Ausschüttungen aus der Gesellschaft entfallenden Steuern vom Einkommen gekürzten Betrages des steuerrechtlichen Gewinns ausgeschüttet werden.
- Verfügungsbeschränkungen
  Verfügungen müssen auf Mitgesellschafter, auf Angehörige im Sinne des § 15 der Abgabenordnung und Familienstiftungen (§ 1 Abs. 1 Nr. 4 ErbStG) beschränkt sein.
- Abfindungsbeschränkungen
  Für den Fall des Ausscheidens muss eine Abfindung vorgesehen sein, die unter dem gemeinen Wert des Anteils liegt.

64 So schon BFH DStR 2013, 2100.

Das Maß der Begünstigung ergibt sich nach demjenigen Wert, um die der Abfindungsanspruch unter dem gemeinen Wert liegt, höchstens jedoch bei 30 %. 86

Die Vergünstigung wird allerdings nur dann gewährt, wenn die satzungsmäßigen Bestimmungen zwei Jahre vor dem Besteuerungszeitpunkt vorliegen und zwanzig Jahre nach dem Besteuerungszeitpunkt weiter eingehalten werden und die Bestimmungen den tatsächlichen Verhältnissen entsprechen.[65]

Da auch aus dem Koord. Ländererlass vom 22.6.2017[66] keine weitergehenden 87
wesentlichen Konkretisierungen ableitbar sind, empfiehlt es sich, in Fällen, in denen dieser Abschlag in Anspruch genommen werden soll, den Wortlaut des § 13a Abs. 9 ErbStG möglichst wortgetreu zu übernehmen.

65 Vgl. hierzu *Thouet*, Reform der Erbschaftsteuer, Rn 51 ff.
66 BStBl. I 2017, 902, dort Abschnitt 13a.19.

E. Steuerliche Hinweise zur Satzungsgestaltung

I. Gründung unter Beteiligung von Minderjährigen

88 Verträge zwischen nahen Angehörigen werden durch die Finanzverwaltung seit jeher besonders geprüft. Zwar gilt der steuerrechtliche, in § 41 AO niedergelegte Grundsatz, dass auch ein unwirksames Rechtsgeschäft der Besteuerung zugrunde gelegt werden kann, so lange die Beteiligten das wirtschaftliche Ergebnis des (unwirksamen Rechtsgeschäfts eintreten lassen wollen, auch bei Angehörigen Verträgen, jedoch trägt die Rechtsprechung dem fehlenden Interessensgegensatz in Familienkonstellationen Rechnung.

89 In einem jüngeren Urteil hat der BFH hierzu ausgeführt:[67]

> *Allgemeines Erfordernis der steuerrechtlichen Berücksichtigung von Vereinbarungen zwischen Familienangehörigen ist es, dass die Vereinbarungen, die Grundlage der Besteuerung werden sollen, ernsthaft gemeint sind und damit die Gewähr ihrer tatsächlichen Durchführung für die Zeitdauer ihrer Gültigkeit bieten. Die Ernsthaftigkeit der Vereinbarung, beispielsweise der Abschluss eines Gesellschaftsvertrags zwischen Familienangehörigen, wird damit zum Element des auf einer solchen Vereinbarung aufbauenden steuerrechtlichen Tatbestandes. Der Abschluss der Vereinbarung in einer Form, die keine Zweifel an ihrer zivilrechtlichen Wirksamkeit aufkommen lässt, ist insoweit ein maßgebliches Beweisanzeichen für die Ernsthaftigkeit der Vereinbarung (vgl. BFH-Urteile vom 19. September 1974 IV R 95/73, BFHE 113, 558, BStBl II 1975, 141, und in BFHE 246, 349).*
>
> *Die Nichtbeachtung zivilrechtlicher Formerfordernisse bei Abschluss einer solchen Vereinbarung stellt demgegenüber ein Indiz dafür dar, dass die Vereinbarung nicht ernsthaft gemeint und nicht dem steuerrechtlich relevanten Bereich zuzuordnen ist. Dies gilt im verstärkten Maße dort, wo die Nichtbeachtung der Formerfordernisse den Vertragspartnern angelastet werden kann. Ein Versäumnis dieser Art ist insbesondere dort anzunehmen, wo sich das nicht beachtete Formerfordernis aus der klaren Lage des Zivilrechts ergibt (vgl. BFH-Urteile vom 13. Juli 1999 VIII R 29/97, BFHE 191, 250, BStBl II 2000, 386; vom 22. Februar*

67 BFH, Urteil vom 12.5.2016, IV R 27/13.

2007 IX R 45/06, BFHE 217, 409, BStBl II 2011, 20; vom 23. April 2009 IV R 24/08, BFH/NV 2009, 1427, und vom 11. Mai 2010 IX R 19/09, BFHE 229, 301, BStBl II 2010, 823).

Dementsprechend ist ein „Formfehler" nur dann unbeachtlich, wenn er nicht **90** den Parteien anzulasten ist. Bei der Gründung einer Familien-GmbH sollten daher die Vorschiften über die Bestellung eines Ergänzungspflegers (vgl. § 1 Rdn 6) bzw. notwendige familiengerichtliche Genehmigungen (vgl. § 1 Rdn 11) dringend beachtet werden.

Bestellt das Familiengericht für mehrere Kinder einen gemeinsamen Ergän- **91** zungspfleger, so kann allerdings das Finanzamt im Nachhinein nicht einwenden, es wäre für jedes Kind ein eigener Ergänzungspfleger notwendig gewesen. Die Eltern sind vor den obigen Ausführungen nicht gehalten, familiengerichtliche Entscheidungen auf ihre Wirksamkeit hin zu überprüfen und gegebenenfalls Rechtsmittel einzulegen.

II. Übliche Satzungsbestandteile

1. Unternehmensgegenstand

Bei einer rein vermögensverwaltenden GmbH empfiehlt es sich, den Gegen- **92** stand des Unternehmens entsprechend genau zu bezeichnen (vgl. Muster in § 2 Rdn 14) Dies ist schon im Hinblick auf die Rechtsfolgen des Verlustes der erweiterten Kürzung nach § 9 Nr. 1 S. 2 GewStG (siehe Rdn 64) zur Erfüllung einer Warnfunktion anzuraten.

2. Vinkulierungsklauseln

a) § 13a Abs. 9 ErbStG (Bewertungsabschlag für Familienunternehmen)

Vinkulierungsklauseln können vor dem Hintergrund des § 13a Abs. 9 ErbStG **93** (gesonderter Bewertungsabschlag für Familienunternehmen) steuerlich von Bedeutung sein. Soll durch Vinkulierungsklauseln erreicht werden, dass dieser Abschlag gewährt wird, so sollte sich die entsprechende Satzungsklausel möglichst eng an den Wortlaut des § 13a Abs. 9 ErbStG halten und in etwa in Ergänzung zu Muster in § 2 Rdn 18 wie folgt lauten:

> *Formulierungsbeispiel:*
> Verfügungen sind nur zugunsten von Mitgesellschaftern, Angehörigen im Sinne des § 15 der Abgabenordnung sowie auf eine Familiengesellschaft (§ 1 Abs. 1 Nr. 4 ErbStG) zulässig, § 13a Abs. 9 Nr. 2 ErbStG.

94 Ob ein Gesellschafterbeschluss, nach dem die Zustimmung zu einer Veräußerung nur dann zu erteilen ist, wenn die Verfügung zugunsten des in § 13a Abs. 9 ErbStG genannten Personenkreises erfolgt, muss bezweifelt werden,[68] wie insgesamt eine „rechtssichere Ausgestaltung“ von Gesellschaftsverträgen nach wie vor kaum möglich ist.[69]

b) Weiterübertragungsverpflichtungen

95 Ist der Erbe eines GmbH-Anteils verpflichtet, seinen Anteil auf einen anderen qualifizierten Erwerber zu übertragen, (Abtretungsklausel, § 5 Rdn 21) so hat dieser Erbe seine Abfindung als Erwerb von Todes wegen zu versteuern, ohne dass er in den Genuss der Vergünstigungen nach §§ 13a, 13b ErbStG kommt. Stattdessen kann derjenige, der den Anteil letztlich aufgrund der Weitergabeverpflichtung erwirbt, die Betriebsvermögensvergünstigungen in Anspruch nehmen, soweit er die für die Verschonung zu erfüllenden Auflagen einhält.[70]

c) Verlustabzugsbeschränkungen

96 Auch bei Übertragungen innerhalb einer Familie kann sich ein Verlust vorhandener Verlustabzüge ergeben.[71] Bei unentgeltlichen Übertragungen im Wege der vorweggenommenen Erbfolge sieht das BMF-Schreiben vom 4.7.2008[72] allerdings vor, dass solche Vorgänge nicht von § 8c KStG erfasst sind. Hat eine Übertragung von Anteilen zur Folge, dass Verlustabzüge untergehen, so kann eine Zustimmung an einen Nachteilsausgleich durch den übertragenden Gesellschafter gekoppelt werden:

68 So auch Abschnitt 13a.19 Abs. 2 Nr. 2 des Koord. Länder-Erlass vom 22.6.2017, BStBl. I 2017, 902.
69 So schon Fischer/Pahlke/*Wachter* § 13a ErbStG Rn 725. Durch den Koord. Länder-Erlass vom 22.6.2017, BStBl. II 2017, 902 dürfte sich an diesem Befund wenig geändert haben.
70 § 13a Abs. 5 ErbStG, siehe hierzu Fischer/Pahlke/Wachter/*Wachter,* § 13a ErbStG Rn 391 ff.
71 Vgl. § 8c KStG, hierzu allerdings BVerfG, DStR 2017, 1094: § 8c KStG teilweise für verfassungswidrig.
72 BStBl. I 2008, 736, dort Tz. 4.

Formulierungsbeispiel: Nachteilsausgleich
Führt die Verfügung über den Gesellschaftsanteil für die Gesellschaft zu erheblichen Nachteilen, etwa durch einen Wegfall steuerlicher Verlustvorträge, so kann die Zustimmung zu der Verfügung davon abhängig gemacht werden, dass der Gesellschafter der GmbH den ihr entstanden Nachteil ausgleicht.

3. Ausschluss und Einziehungsklauseln

a) Steuerliche Folgen der Einziehung von Gesellschaftsanteilen

Wird der Gesellschaftsanteil eingezogen, so erzielt der ausscheidende Gesell- 97
schafter einen Veräußerungsgewinn, der nach allgemeinen Grundsätzen ermittelt wird. Veräußerungsgewinn ist der Überschuss des Einziehungsentgeltes über die Anschaffungskosten und Veräußerungskosten (vgl. § 3 Rdn 38).

Bleibt das Einziehungsentgelt hinter dem gemeinen Wert des Anteils zurück, so gilt nach der Fiktion des § 7 Abs. 7 S. 2 ErbStG die Werterhöhung der Anteile der verbleibenden Gesellschafter als Schenkung zugunsten dieser Gesellschafter.[73] Eine solche (fiktive) Schenkung kann allerdings begünstigt im Sinne der §§ 13a, 13b ErbStG sein.[74]

b) Abfindungsklauseln

Bei der Gestaltung der Abfindungsklausel sollte – soweit von der Vergüns- 98
tigung nach § 13a Abs. 9 ErbStG Gebrauch gemacht werden soll, mit Blick auf eine möglichst enge Bindung an den Wortlaut des § 13a Abs. 9 ErbStG der prozentuale Abschlag – der maximal 30 % betragen darf – ausdrücklich genannt werden. Dies ist erforderlich, da sich bei divergierenden Entwicklungen zwischen Abfindungswert und dem steuerlich maßgebenden gemeinen Wert im Lauf der Zeit Wertverschiebungen ergeben können oder – rein praktisch – das Maß des Abschlages nicht mehr leicht ermittelbar ist und daher die Gewährung des Abschlages in der Praxis schwieriger durchzusetzen ist.

73 Vgl. hierzu ausführlich Fischer/Pahlke/Wachter/*Fischer*, § 7 ErbStG Rn 540–548 zu der Notwendigkeit der Einschränkung dieser Vorschrift.

74 Vgl. Abschnitt 13b.2 Abs. 1 Nr. 7 Koord. Länder-Erl. vom 22.6.2017, BStBl. II 2017, 902.

Formulierungsbeispiel:
Von dem ermittelten Unternehmenswert ist zusätzlich ein Abschlag von 30 % vorzunehmen.
Ist eine Abfindung in Raten auszuzahlen, so sollte der Gesellschaftsvertrag eine Verzinsung der Raten vorsehen. Ist dies nicht der Fall, so liegt steuerlich eine unverzinsliche Verbindlichkeit vor, der Zinsanteil ist dann vom Erwerber zu versteuern, aber bei dem Abfindenden möglicherweise nicht als Erwerbsaufwand abzugsfähig.[75]

75 Ergänzend, siehe hierzu Muster 2.19 § 2 Rdn 68.

§ 5 Nachfolgeklauseln für Gesellschaften mit beschränkter Haftung

A. Einführung

I. Übersicht

Bei Gesellschaften mit beschränkter Haftung können Geschäftsanteile gemäß 1
§ 15 Abs. 1 GmbHG veräußert und vererbt werden.[1] Dies unterscheidet die GmbH wesentlich von einer Personengesellschaft, bei der gemäß der §§ 717 und 719 BGB die Beteiligung grundsätzlich nicht vererblich und übertragbar ist. Ein GmbH-Anteil kann auf mehrere Erben in gesamthänderischer Bindung als Erbengemeinschaft übergehen. Konstellationen der Sondererbfolge, wie bei Personengesellschaftsanteilen gibt es nicht. Es erfolgt keine Splittung der Anteile nach Erbquoten auf die einzelnen Miterben, vergleichbar einer Kommanditgesellschaft.

II. Vertretung der Erbengemeinschaft am GmbH-Anteil

Mehrere Miterben müssen ihre Gesellschafterrechte aus der Beteiligung an ei- 2
ner GmbH in Erbengemeinschaft gemäß § 18 Abs. 1 GmbHG gemeinschaftlich ausüben. Sie können alle gemeinschaftlich agieren oder sich von einem gewillkürten Bevollmächtigten vertreten lassen.

Die Festlegung, dass für einen in Erbengemeinschaft gehaltenen GmbH-An- 3
teil ein Vertreter für die Wahrnehmung der Aufgaben des Gesellschafters, insbesondere in der Gesellschafterversammlung zu bestellen ist, kann und sollte Gegenstand einer Nachfolgeklausel sein. Eine Vertretung durch einen nach dem Erbfall durch die Erben zu bestimmenden Vertreter scheidet indes wegen fehlender vollständiger Geschäftsfähigkeit durch Minderjährige im Rahmen einer Familien-GmbH aus. Hierfür ist bereits erbrechtlich Vorsorge zu treffen.

Der Erblasser, der die Erwartung hat oder die Möglichkeit erkennt, dass seine 4
Erben und damit die Nachfolger innerhalb der GmbH zum Zeitpunkt des Erbfalls minderjährig sein könnten, hat im Kern drei Möglichkeiten:

1 *Ivo*, ZEV 2006, 252.

1. Er kann noch zu Lebzeiten eine trans- oder postmortale Vollmacht erteilen, die möglicherweise auf sämtliche Erklärungen und Rechtshandlungen rund um den GmbH-Anteil beschränkt ist, es dem Bevollmächtigten indes erlaubt die Rechte des minderjährigen Erben in der Gesellschaft wahrzunehmen.[2]
2. Er kann Testamentsvollstreckung für den minderjährigen Erben und ebenfalls möglicherweise beschränkt auf die Handlungen in Bezug auf die GmbH-Beteiligung anordnen.[3]
3. Es kann zu einer Kombination von Vollmacht mit Wirkung über den Tod hinaus und Testamentsvollstreckung kommen.

1. Vollmachtslösung

5 Der Nachteil der Vollmachtslösung ist die jederzeitige Möglichkeit des Widerrufs der Vollmacht durch den Erben bzw. im Fall des minderjährigen Erben durch seine gesetzlichen Vertreter. In diesem Fall führt der Widerruf zu einer Aushöhlung der Vollmacht und kann effektiv dann verhindert werden, wenn der Bevollmächtigte seinerseits gleichzeitig gesetzlicher Vertreter ist. Eine weitere Möglichkeit wäre die Erbschaft des GmbH-Anteils an die Aufrechterhaltung der Vollmacht zu knüpfen. Dies kann im Einzelfall zu Spannungen führen, die der Gesamtsituation innerhalb der GmbH unter Umständen nicht zuträglich sind.

2. Anordnung von Testamentsvollstreckung

6 Die Anordnung einer Testamentsvollstreckung ist ein bewährtes Mittel um die effektive Verwaltung der GmbH-Beteiligung auch dann sicherzustellen, wenn innerhalb der Erbengemeinschaft oder allein ein minderjähriger Erbe besteht. Testamentsvollstreckung an einem GmbH-Anteil begegnet anders als bei Anteilen an einer Personengesellschaft keinen durchgreifenden rechtlichen Bedenken. Insbesondere das Haftungsregime ist bei einer GmbH dergestalt, dass es mit den Befugnissen und der Haftung eines Testamentsvollstreckers

2 Vgl. allg. zu den Möglichkeiten der trans- und postmortalen Vollmacht: *Mensch*, ZNotP 2013, 171; *ders.*, ZEV 2016, 423; *ders.*, BWNotZ 2016, 104 mit jew. w. N.

3 *Mensch*, NotBZ 2013, 420; *Priester*, in: FS Stimpel 1985, 463; *Rehmann*, BB 1985, 297.

in Einklang gebracht werden kann. Die Testamentsvollstreckung kann sachlich und zeitlich beschränkt werden. Es besteht gemäß § 2216 Abs. 2 BGB die Möglichkeit als Erblasser für den Testamentsvollstrecker Anordnungen zu hinterlassen und damit über den Tod hinaus im gewissen Umfang Einfluss auf die Handlungen innerhalb der GmbH, insbesondere im Rahmen von Gesellschafterversammlungen auszuüben. Die Testamentsvollstreckung kann auch zur Sicherung der gewünschten Nachfolge gegenüber den Gläubigern der nicht nachfolgeberechtigten Erben mit ihrer haftungsbeschränkenden Wirkung nützlich sein.

3. Testamentsvollstreckung und Vollmacht

a) Allgemeines zur Kombination von Testamentsvollstreckung und Vollmacht

Eine Kombination aus Testamentsvollstreckung und Vollmacht ist möglich und 7
unter gewissen Umständen auch sinnvoll. So kann es geboten sein, dem Testamentsvollstrecker seinerseits noch Vollmacht zu geben, damit dieser nicht an die Beschränkungen der Testamentsvollstreckung gebunden ist. Nach der hier vertretenen Ansicht bestehen keine Bedenken dagegen, dass der Testamentsvollstrecker gleichzeitig Generalbevollmächtigter ist. Dies entspricht dann ausdrücklich dem Willen des Vollmachtgebers und Testierers.

Fraglich ist, ob mit der Vereinigung von Vollmacht und Testamentsvollstre- 8
ckung in einer Person eine Einschränkung der Vollmacht in den Rahmen der Testamentsvollstreckung oder eine Erweiterung der Testamentsvollstreckung um die Befugnisse der Generalvollmacht verbunden ist.

Im Ergebnis gilt hier ebenso wie bei personenverschiedenen Bevollmächtigten und Testamentsvollstrecker, dass die Bevollmächtigung durch die Testamentsvollstreckung nicht eingeschränkt wird. Der Testamentsvollstrecker kann demnach als Bevollmächtigter weitergehende Befugnisse nutzen.

b) Vorteile der Kombination von Testamentsvollstreckung und Vollmacht

Eine Generalvollmacht zugunsten des Testamentsvollstreckers kann aus mehre- 9
ren Gesichtspunkten heraus geboten sein. Es ist dem Bevollmächtigten möglich, bereits vor der Annahme des Amts als Testamentsvollstrecker Handlungen

bezogen auf den Nachlass vorzunehmen. Der Erblasser schafft damit eine durchgehende Handlungsbefugnis in sein Vermögen. Des Weiteren können durch die Bevollmächtigung über den Tod hinaus oder mit Wirkung ab dem Tod auch die bestehenden Schwierigkeiten im Gesellschaftsrecht, insbesondere bei Personengesellschaften, zur Verfügungsbefugnis des Testamentsvollstreckers umgangen werden. Gerade im zuletzt genannten Bereich kann es gewünscht sein, keine Generalvollmacht zu erteilen, sondern eine Spezialvollmacht mit Beschränkung auf das Unternehmen. Dies ist vor allem dann anzunehmen, wenn der Bevollmächtigte im Zusammenhang zu dem Unternehmen als Rechts- oder Steuerberater aktiv ist und gerade nur ein Absicherungsbedürfnis für das Unternehmen besteht, welches unabhängig vom lebzeitigen Interesse der Vorsorge besteht. Eine Vorsorgevollmacht an Angehörige sollte in diesem Fall auch in ihren Wirkungen über den Tod hinaus, bezogen auf das Unternehmen, beschränkt werden.

B. Vorsorge vor unerwünschter Nachfolge in den GmbH-Anteil

I. Lebzeitige Abtretung von GmbH-Anteilen

Fraglich ist, inwiefern bereits innerhalb der Satzung der GmbH Vorsorge gegen eine unerwünschte Nachfolge in einen GmbH-Anteil getroffen werden kann. Das GmbHG erschwert die lebzeitige Übertragung von GmbH-Anteilen nur insoweit, dass notarielle Beurkundung vorgeschrieben ist. Weitere gesetzliche Beschränkungen bestehen nicht. Im Rahmen des Gesellschaftsvertrages kann nach § 15 Abs. 5 GmbHG die Abtretung von GmbH-Anteilen erschwert und nach herrschender Meinung auch ausgeschlossen werden.[4] So ist es z.B. möglich, die Abtretung von der Zustimmung der anderen Gesellschafter abhängig zu machen. Dies verfolgt ausdrücklich das Ziel, die Gesellschafter fester an die Gesellschaft zu binden und trägt der berechtigten Annahme Rechnung, dass die Gesellschafter einer GmbH, anders als bei der Aktiengesellschaft, keine reinen shareholderinteressen verfolgen, sondern persönlich mitwirken. 10

Vinkulierungen können stets nur die Verfügung über den Geschäftsanteil betreffen. Das Verpflichtungsgeschäft ist hiervon unberührt. Die häufig anzutreffende vorbehaltende Genehmigung durch die Gesellschaft wird in der Regel durch den Geschäftsführer geprüft und erklärt. Insoweit kann dem Geschäftsführer intern eine Beschränkung auferlegt werden, falls ein Gesellschafterbeschluss angestrebt ist. 11

Neben dem Vorbehalt der Zustimmung der Gesellschaft sind verschiedene andere Beschränkungen und Erschwerungen möglich. Hierzu gehören die Genehmigung durch Dritte, gesellschaftsvertragliche festgeschriebene Anforderungen an den Erwerber, Vorkaufs- und Vorerwerbsrechte.[5] 12

II. Vererbung des GmbH-Anteils

Die Vererblichkeit eines GmbH-Anteils kann nicht mit unmittelbarer dinglicher Wirkung ausgeschlossen oder zum Beispiel durch die Festlegung eines Genehmigungserfordernisses durch die übrigen Gesellschafter auch nur er- 13

4 *Nieder/Kössinger*, Handbuch der Testamentsgestaltung, 5. Aufl. 2015, Rn 69; RGZ 80, 179.
5 *Roth/Altmeppen*, GmbHG, § 15 Rn 94 ff.

schwert werden.[6] Die in Gesellschaftsverträgen von Personengesellschaften zu findenden Fortsetzungsklauseln, einfache und qualifizierte Nachfolgeklauseln oder Eintrittsklauseln[7] sind daher nur sehr eingeschränkt auf den Bereich der Nachfolge innerhalb einer GmbH anwendbar. Sie müssen durch die bestehenden Vorschriften des GmbHG ergänzt werden.

1. Gängige Klauseln aus der Praxis

14 Für die GmbH kann eine Steuerung der Nachfolge in den Gesellschaftsanteil wie folgt erreicht werden:

1. Einem Erben oder einem Dritten wird ein Eintrittsrecht gewährt und ergänzend der Gesellschaft ein Einziehungsrecht – sog. **Einziehungsklausel**.
2. Der Kreis der Nachfolger wird dahingehend eingeschränkt, dass nicht nachfolgeberechtigte Erben (schuldrechtlich) zur Abtretung ihres ererbten Gesellschaftsanteils verpflichtet sind – sog. **Abtretungsklausel**.
3. Wahlweise Einziehung oder Abtretung verlangt werden kann, wenn nicht zuvor festgelegte Personen Erben des Erblassers werden – sog. **qualifizierte Nachfolgeklausel.**

2. Alternative: Kaduzierungsverfahren

15 Zu überlegen ist auch, dass die Gesellschafter für den Tod eines Gesellschafters in den Gesellschaftsverträgen dahingehend Vorsorge treffen, dass generell eine Zwangseinziehung, gemäß dem Kaduzierungsverfahren der §§ 21 bis 25 GmbHG vorgesehen wird.[8] Voraussetzung ist, dass der Erbe laut Satzung nicht nachfolgeberechtigt ist. Dies hat sich in der Praxis indes nicht durchgesetzt, da die Möglichkeit der beschlussweisen Einziehung die flexiblere Handhabung mit den tatsächlich eintretenden Erben bietet. Außerdem ist das Kaduzierungsverfahren grundsätzlich der zwangsweisen Einziehung bei ausstehender Leistung auf den Geschäftsanteil vorbehalten.

6 *Westermann*, ZIP 1985, 1249.

7 Vgl. zu den Nachfolgeklauseln bei Personengesellschaften und deren steuerliche Bedeutung *Mensch*, BWNotZ 2007, 140.

8 *Nieder/Kössinger*, Handbuch der Testamentsgestaltung, 5. Aufl. 2015, Rn 73.

3. Die klassische Einziehungsklausel

Die Vererblichkeit des GmbH-Anteil bringt einen unmittelbaren Eintritt möglicherweise nicht gewünschter Nachfolger in die GmbH mit sich. Ein probates Mittel hiergegen ist die Möglichkeit einer Einziehung des oder der Anteile der (ungewünschten) Erben nach § 34 GmbHG zu schaffen. Für die Einziehung ist die Schaffung einer Grundlage im Gesellschaftsvertrag erforderlich. Fehlt es an einer ausreichenden Satzungsgrundlage, ist der Einziehungsbeschluss nach herrschender Ansicht unwirksam.[9] 16

Formulierungsbeispiel für eine allgemeine Einziehungsklausel:

1. Gesellschaftsanteile können jederzeit ganz oder teilweise eingezogen werden, wenn der betroffene Gesellschafter zustimmt.
2. Der Gesellschaftsanteil eines Gesellschafters kann im Falle des Todes des Gesellschafters ganz oder teilweise auch ohne dessen Zustimmung eingezogen werden. Der Entschluss über die Einziehung muss in der ersten auf die Kenntniserlangung über den Todesfall folgenden ordentlichen Gesellschafterversammlung gefasst werden. Die Stimm- und Verwaltungsrechte der Erben des verstorbenen Erblassers ruhen, bis ein Entschluss über die Einziehung gefasst ist.
3. Der Gesellschafter, dessen Anteil eingezogen wird, scheidet bereits vor der Zahlung der Abfindung aus der Gesellschaft aus.

Auf den einzuziehenden Geschäftsanteil muss die Einlage voll eingezahlt sein. Ist dies nicht der Fall, scheitert die Einziehung bereits an § 19 Abs. 2 S. 1 GmbHG. In diesem Fall kann möglicherweise über eine Kaduzierung nach den §§ 21–25 GmbHG nachgedacht werden. 17

Die bis 2012 bekannte „Bedingungslehre“, wonach dem ausscheidenden Gesellschafter die Rechte und die Stellung als Gesellschafter erst nach vollständiger Zahlung der Abfindung abhandenkommen dürfen, ist mittlerweile obsolet.[10] Der Einziehungsbeschluss wirkt, vorbehaltlich, dass er nicht nichtig ist, bereits mit Bekanntgabe an den betroffenen Gesellschafter. Die verbleibenden Gesellschafter haften subsidiär persönlich für die Erfüllung der Abfindung. 18

9 BGH NJW 1999, 3779 m.w.N.
10 BGH NZG 2012, 259.

Die Haftung besteht einerseits unbeschränkt und andererseits pro rata in Bezug auf Beteiligung eines jeden Mitgesellschafters.

4. Einziehungsklausel bei qualifizierte Nachfolge

19 Neben der Möglichkeit den Eintritt aller Erben in gesamthänderischer Bindung als Erbengemeinschaft zu verhindern, kann auch ein behalten dürfen für bestimmte Erben oder bestimmte Erbgruppen vorgesehen werden.

> *Formulierungsbeispiel für eine Einziehungsklausel bei qualifizierter Nachfolge:*
> 1. Gesellschaftsanteile können jederzeit ganz oder teilweise eingezogen werden, wenn der betroffene Gesellschafter zustimmt.
> 2. Der Gesellschaftsanteil eines Gesellschafters kann im Falle des Todes des Gesellschafters ganz oder teilweise auch ohne dessen Zustimmung eingezogen werden, **sofern der Gesellschafter nicht durch einen leiblichen Abkömmling allein beerbt wird**. Der Entschluss über die Einziehung muss in der ersten auf die Kenntniserlangung über den Todesfall folgenden ordentlichen Gesellschafterversammlung gefasst werden. Die Stimm- und Verwaltungsrechte der Erben des verstorbenen Erblassers ruhen, bis ein Entschluss über die Einziehung gefasst ist.

20 Denkbar ist auch der Fall, dass bei einer bestehenden Familien-GmbH ausgeschlossen werden soll, dass das minderjährige Kind durch beide Elternteile gemeinschaftlich in Bezug auf den Anteil an der Gesellschaft beerbt wird. Gewollt ist möglicherweise nur ein Eintritt des verwandten Elternteils. Dann kann die qualifizierte Nachfolgeklausel auch dahingehend formuliert werden, dass der angeheiratete Elternteil im Wege einer negativen Abgrenzung ausgeschlossen ist und ggf. verpflichtet zur Abtretung an den verwandten Elternteil oder dass positiv nur der verwandte Elternteil eintrittsberechtigt ist und die Anteile, die anderen Personen zufallen sollten, eingezogen werden.[11]

11 *Reimann*, ZEV 2002, 47.

5. Die allgemeine Abtretungsklausel

> *Formulierungsbeispiel für eine allg. Abtretungsklausel:* 21
> Beim Tode eines Gesellschafters sind die Erben, die nicht Familienmitglieder im Sinne der Satzung sind, dazu verpflichtet, den Geschäftsanteil innerhalb von zwei Monaten nach dem Eintritt des Todesfalles auf die Mitgesellschafter zu übertragen. Den Erben ist von den jeweiligen Gesellschaftern eine Abfindung in durch die Satzung festgelegter Höhe zu gewähren.

Die Abtretung des GmbH-Anteils erfolgt gemäß § 15 Abs. 3, 4 GmbHG in no- 22
tariell beurkundeter Form. Ist zusätzlich im Gesellschaftsvertrag verankert, dass die Übertragung eines GmbH-Anteils der Zustimmung der Gesellschafter bedarf, so ist zu überlegen, ob diese Zustimmung durch den gefassten Beschluss zur Abtretung bereits konsumiert ist. Hierbei ist allerdings zu bedenken, dass die konkrete Ausgestaltung der Abtretungsurkunde zum Zeitpunkt des Beschlusses über die zu erfolgende Abtretung unbekannt ist. Daher erscheint es denkbar unter Bezugnahme der sichersten Vorgehensweise, dass auch die konkrete Abtretung dem Genehmigungserfordernis der Gesellschafterversammlung unterliegt.

6. Abtretungsklausel mit Einziehungsoption

> *Formulierungsbeispiel für eine allg. Abtretungsklausel mit Einziehungs-* 23
> *option:*
> 1. Beim Tode eines Gesellschafters sind die Erben, die nicht Familienmitglieder im Sinne der Satzung sind, dazu verpflichtet, den Geschäftsanteil innerhalb von zwei Monaten nach dem Eintritt des Todesfalles auf die Mitgesellschafter zu übertragen. Den Erben ist von den jeweiligen Gesellschaftern eine Abfindung in durch die Satzung festgelegter Höhe zu gewähren.
> 2. Erfolgt die Abtretung nicht innerhalb von drei Monaten nach dem Tod des Gesellschafters, so kann der Geschäftsanteil eingezogen werden, ohne dass es der Zustimmung der Erben bedarf.

Sollte die Ursprungssatzung der GmbH keine Bestimmung zur Einziehung oder Abtretung enthalten, so kann dies durch eine Satzungsanpassung auch später eingefügt werden.[12] Gerade für die Konstellation der Familien-GmbH empfiehlt sich die unbedingte Vorsorge und Berücksichtigung aller denkbaren Eventualitäten. Es liegt der Familien-GmbH immanent der Wille zugrunde, den Kreis der Gesellschafter zu kontrollieren und zu begrenzen. Ein Recht, die Einziehung oder Abtretung zu verlangen und bei der Beschlussfassung der Gesellschafterversammlung die Erben des Gesellschafters auszuschließen, kann auch im Wege einer Vertragsänderung nachträglich geschaffen werden. Hierbei kommt es auf die ursprünglich im Gesellschaftsvertrag enthaltenden Bestimmungen zur Art und Anzahl der zulässigen Erben nicht an.[13]

24 Dinglich wirkende Vererbungsbeschränkungen sind im Falle der Familien-GmbH ausgeschlossen. Die zulässigen Beschränkungen betreffen die Möglichkeit der Erben auf schuldrechtlicher Ebene den Anteil halten zu dürfen. Hiermit ist keine automatische Einziehung des Anteils verknüpft. Vielmehr sind die Erben gemäß der Beschlusslage der Gesellschaft nach Eintritt des Erbfalls unter Umständen zur Aufgabe in der Form der Einziehung oder in der Form der Abtretung des Gesellschaftsanteils verpflichtet.[14]

12 *Götte*, DNotZ 1988, 603.

13 *Ivo*, ZEV 2006, 252.

14 *Nieder/Kössinger*, Handbuch der Testamentsgestaltung, 5. Aufl. 2015, Rn 72; *Lessmann*, GmbHR 1986, 409.

C. Abfindung

I. Kurze Einführung

Für den Fall der (zwangsweisen) Abtretung oder Einziehung des ererbten GmbH-Anteils kann die Satzung die Abfindung regeln.[15] Fehlt eine satzungsmäßige Bestimmung zur Abfindungshöhe, ist grundsätzlich der Verkehrswert abzufinden. Eine Beschränkung oder ein Ausschluss der Abfindung erscheint unter einschränkenden Voraussetzungen ebenfalls möglich.[16] Kernvoraussetzung wäre, dass eine Klausel zur Einziehung oder Abtretung im Falle des Todes unter Zugrundelegung einer Minderabfindung oder eines Abfindungsausschlusses für alle Gesellschafter gleichermaßen gilt, die Gesellschafter ihrerseits vergleichbare Ausgangsbedingungen repräsentieren und alle Gesellschafter der Beschränkung zugestimmt haben.[17] Im Falle der klassischen Familien-GmbH scheidet damit ein Vorbehalt einer anderen Regelung für bestimmte Familienmitglieder aus. Bestehen, wie anzunehmen im Rahmen einer Familie, signifikante Altersunterschiede im Gesellschafterkreis, stößt eine Beschränkung oder ein Ausschluss der statuarischen Abfindungshöhe für den Fall des Todes eines Gesellschafters ebenfalls auf massive rechtliche Bedenken. Dem Kautelarjuristen ist hiervon abzuraten. 25

Eine Abfindungsregelung der Gesellschafter ist grundsätzlich Ausfluss der Privatautonomie. Allerdings stößt diese im Falle eines groben Missverhältnisses zwischen Wert der Beteiligung und Höhe der vereinbarten Abfindung unter Umständen an die Grenzen von § 138 BGB. Dies kann insbesondere dann der Fall sein, wenn zum Zeitpunkt der Vereinbarung nicht gleiche Voraussetzungen bei den Gesellschaftern bestanden oder wenn die verbleibenden Gesellschafter das Ausscheiden des Abzufindenden zu vertreten haben. Letzteres selbstverständlich beim Ausscheiden unter Lebenden. 26

Eine zunächst gültige Abfindungsregelung wird nicht dadurch nichtig, dass es im Zeitraum des Bestands der Regelung zu einer Spreizung von potentieller Abfindungshöhe und tatsächlichen Wertverhältnissen gekommen ist.[18] Ein- 27

15 *Leitzen*, RNotZ 2009, 315; *Caspar/Altgen*, DStR 2008, 2319; *Engel*, NJW 1986, 345.

16 BGH NJW 1977, 2316; *Eckardt*, notar 2015, 347; *Haibt*, MittRhNotK 1998, 261; *Harst*, GmbHR 1987, 183; *Gessler*, GmbHR 1984, 29.

17 BGH NJW 1992, 892; OLG Naumburg GmbHR 2014, 714; *Bacher/Spieth*, GmbHR 2003, 517.

18 *Roth/Altmeppen*, GmbHG, 8. Aufl. 2015, § 34 Rn 53.

zelfallspezifisch kann in solchen Fällen eine ergänzende Vertragsauslegung zu einem dezidierteren Ergebnis führen und die Abfindungsregelung so an die realen Verhältnisse angleichen.

II. Buchwertklausel

28 Bewertungsstichtag ist der Tag des Wirksamwerdens der Einziehung. Dies ist der Tag der Bekanntgabe an den betroffenen Gesellschafter. Zu diesem Zeitpunkt sind dann die Buchwerte bilanziell zu bestimmen.

> *Formulierungsbeispiel einfache Buchwertklausel:*
> Wird ein Gesellschaftsanteil gemäß der Bestimmung in § (…) dieses Gesellschaftsvertrages eingezogen, ist die Gesellschaft verpflichtet diesen Anteil zu vergüten. Die Höhe der Vergütung (Abfindung) richtet sich nach der Höhe der Einzahlung auf das Stammkapital abzüglich oder zuzüglich der für den Gesellschafter bestehenden Salden auf seinen Konten bei der Gesellschaft. Hinzuzurechnen ist der Anteil des Gesellschafters an dem anteiligen Bilanzgewinn bzw. Jahresüberschuss, an den anteiligen Gewinn- und Kapitalrücklagen und den anteiligen Gewinnvorträgen. In Abzug gebracht wird ein Anteil am Bilanzverlust bzw. Jahresfehlbetrag und etwaig bestehender Verlustvorträge. An dem seit der letzten Feststellung des Jahresabschlusses im aktuellen Geschäftsjahr entstanden Gewinn oder Verlust nimmt der Gesellschafter nur anteilig pro rata temporis bis zu seinem Ausscheiden teil. Für die Feststellung der Vergütung bleiben ein möglicherweise bestehender Firmenwert und stille Reserven im Aktivvermögen der Gesellschaft außer Ansatz.[19]

III. Nennwertklausel

29 Ein Nennwert lässt sich regelmäßig dann einfach bestimmen, wenn ein funktionsfähiger Markt für die Anteile besteht. Davon kann im Regelfall für GmbH-Beteiligungen nicht ausgegangen werden, so dass sämtliche Bewertungsmethoden, insbesondere zur Ermittlung des Nennwertes, nur eine Annäherung an den tatsächlichen Verkehrswert mit sich bringen.

19 *Gessler*, GmbHR 1984, 29.

Formulierungsbeispiel für eine Nennwertklausel:
Wird ein Gesellschaftsanteil gemäß der Bestimmung in § (...) dieses Gesellschaftsvertrages eingezogen, ist die Gesellschaft verpflichtet diesen Anteil zu vergüten. Die Höhe der Vergütung (Abfindung) richtet sich nach der Einzahlung des Gesellschafters auf sein Stammkapital abzüglich bzw. zuzüglich der Salden auf seinen Konten bei der Gesellschaft. Bei der Ermittlung der Vergütung bleiben Kapital- und Gewinnrücklagen, Gewinnvorträge und der Jahresüberschuss bzw. Bilanzgewinn ebenso wie ein etwaiger Jahresfehlbetrag bzw. Bilanzverlust und bestehende Verlustvorträge außer Ansatz.

IV. Einfache Ertragswertklausel

Nach dem Ertragswertgedanken sind die anteiligen zukünftig zu erwartenden **30**
Gewinne wertprägend für die Beteiligung.[20] Durch die Prognose zukünftiger Erträge unter Zugrundelegung vergangener Gewinne, kann auch diese Methode nur einen Annäherungswert erreichen. Die Darlegungs- und Beweislast hinsichtlich der Höhe der Abfindung trägt primär der Abzufindende und sekundär die verbleibenden Gesellschafter.

Formulierungsbeispiel für eine einfache Ertragswertklausel:
Wird ein Gesellschaftsanteil gemäß der Bestimmung in § (...) dieses Gesellschaftsvertrages eingezogen, ist die Gesellschaft verpflichtet diesen Anteil zu vergüten. Die Höhe der Vergütung (Abfindung) richtet sich nach dem prozentualen Anteil des betroffenen Gesellschafters am haftenden Stammkapital der Gesellschaft und dem daraus folgenden Anteil am Wert des Unternehmens der Gesellschaft, der nach den Grundsätzen ordnungsgemäßer Unternehmensbewertung des IDW (Institut der Wirtschaftsprüfer in Deutschland e.V.) S1 Ertragswertverfahren zu ermitteln ist. Der Buchwert der Beteiligung des Gesellschafters darf nicht unterschritten werden. Sofern es die Liquiditätslage der Gesellschaft zulässt, ist der Vergütungsanspruch in drei gleichen Jahresraten, jeweils zum Jahresersten[21] zu entrichten. Andernfalls kann die Zahlung auf fünf gleiche Jahresraten,

20 *Roth/Altmeppen*, GmbHG, 8. Aufl. 2015, § 34 Rn 48.
21 Zur erleichterten Kenntnis vom Jahresüberschuss oder Fehlbetrag bzw. zur erleichterten Abwicklung kann auch ein Termin in der Jahresmitte, z.B. der 30.06. gewählt werden.

ebenfalls zum Jahresersten verteilt werden. Die Gesellschaft ist berechtigt, die offene Vergütung in einem Betrag an den Gesellschafter auszukehren. Die noch offene Vergütung ist vom Tag des Ausscheidens an mit zwei vom Hundert jährlich über dem jeweiligen Basiszinssatz der Europäischen Zentralbank zu verzinsen.
Wird zwischen dem ausscheidenden Gesellschafter und der Gesellschaft keine Einigung über die Höhe der zu leistenden Vergütung erzielt, verpflichten sich beide Parteien an der Einsetzung eines Sachverständigen, vorgeschlagen vom örtlichen Präsidenten der Industrie- und Handwerkskammer, mitzuwirken und das von ihm ermittelte Ergebnis zu akzeptieren. Weitere Ansprüche des ausgeschiedenen Gesellschafters bestehen nicht. Der ausscheidende Gesellschafter nimmt nicht am Gewinn- oder Verlust von zum Zeitpunkt seines Ausscheidens noch nicht abgeschlossenen Geschäften teil.

D. Testamentarische Gestaltung

Neben der Schwierigkeit eine konforme Abfindungsregelung in die Satzung zu implementieren, stellt sich für den geschäftsfähigen Gesellschafter die Frage, wie er seine Nachfolge satzungskonform gestalten kann.[22] Es besteht regelmäßig die Notwendigkeit einer testamentarischen Bestimmung des Erben des GmbH-Anteils.[23] 31

Der Kautelarjurist ist gehalten bei der Gestaltung von letztwilligen Verfügungen nicht nur die Frage nach Anteilen an Personengesellschaften zu implementieren, sondern diese Frage auf generelle gesellschaftsrechtliche Beteiligungen zu erweitern. Auch Beteiligungen an Aktiengesellschaften mit entsprechender Beteiligungshöhe und unter Berücksichtigung einer angenommen quantitativ übersichtlichen Struktur der Gesellschafter kann die Notwendigkeit einer satzungskonformen Testamentsgestaltung mit sich bringen.

Hierfür bieten sich Teilungsanordnungen und Vermächtnisse an. Beide Varianten begegnen bei der GmbH keinen steuerlichen Einwänden. Der Vollzug von Teilungsanordnung und Vermächtnis sollte zeitlich begrenzt werden, um eine zu lange Schwebefrist mit der Erbengemeinschaft zu vermeiden. Nicht nachfolgeberechtigte Erben sollten zeitnah aus der Gesellschaft ausgeschlossen oder zur Abtretung an nachfolgeberechtigte Erben gezwungen sein. 32

In diesem Fall bedarf die Erfüllung der Vermächtnis- oder der Teilungsanordnung der Zustimmung der übrigen Gesellschafter, sofern grundsätzlich ein Genehmigungserfordernis für die Übertragung von GmbH-Anteilen in der Satzung verankert ist.

Daneben besteht auch die Möglichkeit, dass der Altgesellschafter bereits mit dem Neugesellschafter eine aufschiebend bedingte Abtretung vereinbart. Aufschiebende Bedingungen sind zum einen der Tod des Abtretenden und das Erleben desselben durch den Abtretungsempfänger. Hier ist indes die Festlegung auf einen Empfänger und dessen Mitwirkung an der Abtretung zwingend. 33

22 *Gassen*, RNotZ 2004, 423.
23 *Brox*, JA 1980, 561; *Flick*, DStR 1987, 41.

§ 6 Erbrechtliche Gestaltungen

A. Einführung

1 Der Erhalt und die Sicherung des Privat- und Betriebsvermögens stehen im Mittelpunkt der gestalterischen Umsetzung des Unternehmertestaments. Hierbei hat der Gestalter sowohl die rechtlichen Rahmenbedingungen als auch die persönlichen Zielvorstellungen des Testierers zu beachten und eine tragfähige Lösung zu erarbeiten. In rechtlicher Hinsicht muss hierbei auch eruiert werden, ob das Unternehmen in Zukunft fortgeführt werden soll oder nicht. Auch sind bereits bei Errichtung des Testaments geplante Umstrukturierungen zu berücksichtigen und entsprechende Regelungen im Testament aufzunehmen. Im persönlichen Bereich spielt häufig die Frage, ob ein geeigneter Unternehmensnachfolger vorhanden ist oder nicht eine große Rolle. Ebenfalls ist die Absicherung des überlebenden Ehegatten eine häufige Zielvorgabe des Testierers, wobei gleichzeitig kein Mittelabfluss aus dem Unternehmen erfolgen soll.[1] Ferner sollte im Vorfeld einer jeden Nachfolgeplanung die vorzugswürdige lebzeitige Übertragung angesprochen werden.[2]

2 Nachstehend wird dargestellt wie ein sicherer Übergang des Familienvermögens in gestalterischer Hinsicht umgesetzt werden kann. Es werden auf die Besonderheiten bei der Familien-GmbH als auch auf die Notwendigkeit der Abstimmung des Gesellschaftsvertrages mit der letztwilligen Verfügung des Unternehmers eingegangen. In diesem Zusammenhang erfolgt auch eine Darstellung, inwiefern durch Mitwirkung eines oder mehrerer Testamentsvollstrecker ein geordneter Übergang des Vermögens des Unternehmers und die zukunftsgerichtete Fortführung des Unternehmens sichergestellt werden kann. Ebenso werden die Auswirkungen einer angeordneten Vor- und Nacherbfolge auf die Gesellschaftsbeteiligung erläutert und auch die Problematik der Pflichtteilsberechtigung. Ebenfalls findet sich eine kurze Darstellung der Thematik bei geschiedenen Ehegatten und Regelungen zum Ausschluss des Verwaltungsrechts des geschiedenen Ehegatten.

1 *Langenfeld/Fröhler*, Testamentsgestaltung, 5. Auflage, 7. Kap. Rn 16.
2 *Langenfeld/Fröhler*, Testamentsgestaltung, 5. Auflage, 7. Kap. Rn 1.

3 Ausgangspunkt der Betrachtung sind die gesetzlichen Grundlagen. Daher ist zunächst festzustellen, dass GmbH-Anteile frei vererblich sind, § 15 Abs. 1 GmbHG; insbesondere findet auch keine Sondererbfolge wie bei Personengesellschaften statt.[3] Die Mitgliedschaft geht in demselben Umfang über, wie sie auch beim Erblasser bestand, d.h. einschließlich ggf. bestehender Sonderrechte und Nebenleistungspflichten, soweit diese nicht höchstpersönlich sind.[4] Daher kann auch eine Erbengemeinschaft Inhaber eines GmbH-Anteils werden, mitsamt der damit verbundenen Problematiken wie z.B. gemeinschaftliche Vertretung aller Erben § 18 GmbHG, § 2040 Abs. 1 BGB, der ggf. schwierigen internen Willensbildung § 2038 Abs. 1 BGB i.V.m. § 745 Abs. 1, 3 BGB und dem jederzeitigen Anspruch auf Erbauseinandersetzung eines jeden Erben. Ohne eine vorsorgende Regelung in Testament oder Gesellschaftsvertrag kann es daher zu Blockadesituationen in der GmbH kommen. Insbesondere bei Familien-GmbHs, bei denen sich verschiedene Stämme und damit auch Interessen gegenüber stehen können, kann dies zu erheblichen Verzögerungen und damit auch Einbußen bei der Gesellschaft führen.

4 Bei solch widerstreitenden Interessen ist die Herbeiführung einer gemeinschaftlichen Lösung nur in wenigen Fällen einfach zu erreichen.

Im Gesellschaftsvertrag können für die Vererblichkeit Regelungen getroffen werden, wobei ein genereller Ausschluss der Vererblichkeit nicht möglich ist.[5]

Auch die Anordnung von Testamentsvollstreckung an einem GmbH-Geschäftsanteil ist zulässig.[6] Ebenso kann der Anteil der Vor- und Nacherbfolge unterliegen.[7]

5 Bei der Gestaltung des Testaments als auch des Gesellschaftsvertrages sind ebenso internationalprivatrechtliche Aspekte zu beachten. Art. 1 Abs. 2 Buchstabe h EuErbVO nimmt ausdrücklich Fragen des Gesellschaftsrechts vom Anwendungsbereich der EuErbVO aus. Dennoch ergibt sich insbeson-

3 Baumbach/Hueck/*Fastrich*, GmbHG § 15 Rn 9–11.
4 Baumbach/Hueck/*Fastrich*, GmbHG § 15 Rn 9–11.
5 Baumbach/Hueck/*Fastrich*, GmbHG § 15 Rn 12–14.
6 Mayer/Bonefeld/*Weidlich*, Testamentsvollstreckung 4. Auflage 2015 § 19 Rn 49 ff.
7 *Iden*, Der Vorerbe im Unternehmen 4.2.1 S. 136; *Wachter*, GmbH-Geschäftsanteile im Erbfall S. 65.

dere in Hinblick auf die Abfassung des Testaments hierzu ein Regelungsbedarf. Damit nicht nur das auf das Statut der Gesellschaft anwendbare Recht deutsches Recht ist, muss auch sichergestellt sein, dass das Erbstatut deutschem Recht unterliegt. Für die Gestaltung bedeutet dies, dass der Unternehmer/Gesellschafter eine Rechtswahl zum deutschen Recht im Testament treffen sollte.[8]

8 Näher hierzu *Reimann*, Unternehmertestament und Gesellschaftsvertrag: Neue Risiken, neuer Gestaltungsbedarf, ZEV 2014, 521 (526).

B. Analyse der Gestaltungsmittel

I. Erbeinsetzung

6 Die einfachste Möglichkeit den Übergang des Unternehmens sicherzustellen, ist den vorgesehen Unternehmensnachfolger in einer Verfügung von Todes wegen auf den Tod des Unternehmers zu dessen Alleinerben einzusetzen. Vorteil hiervon ist, dass sämtliche Aktiva und Passiva des Unternehmens im Wege der Universalsukzession auf den Unternehmensnachfolger übergehen. Gerade im Bereich eines Unternehmens kann es beispielsweise aus steuerlichen Gründen zu unterschiedlichen Konstruktionen kommen (z.B. Betriebsaufspaltung), bei denen es erforderlich ist, dass die Beteiligung an der Besitz- und der Betriebsgesellschaft im selben Verhältnis und zum selben Zeitpunkt auf den Unternehmensnachfolger übergeht.

Als Ausgleich hierzu, sind jedoch die Absicherung eines eventuellen Ehegatten bzw. Lebenspartners und ggf. weichende Pflichtteilsberechtigte durch entsprechende Gestaltungen wie Vermächtnisse zu berücksichtigen.

Die Gestaltung einer solchen Verfügung von Todes wegen bedarf daher keiner besonderen Gestaltungsmittel, außer den üblichen Kautelen. Eine klassische Lösung wäre hier z.B. die Alleinerbeinsetzung des Unternehmers, verbunden mit umfangreichen Vermächtnissen zugunsten des überlebenden Ehegatten (z.B. umfangreiches Herausgabevermächtnis mit Ausnahme der auf den Unternehmensnachfolger übergehenden Beteiligungen) und Sicherstellung der Erfüllung durch Vermächtnisvollstreckung.

7 ▼

6.1

Muster 6.1: Alleinerbeinsetzung

§ 1 Erbeinsetzung auf den Tod des

Ich setze zu meinem Alleinerben ein:

Ersatzerben sind

§ 2 Vermächtnis zugunsten des Ehegatten

Im Wege des Vermächtnisses wende ich sämtliche Nachlassgegenstände meiner Ehefrau zu, mit Ausnahme der zur Zeit meines Todes in meinem Eigentum stehenden Geschäftsanteile an der GmbH und Gesellschaftsanteile an der KG/GbR.[9]

Zugleich ernenne ich meine Ehefrau zur Testamentsvollstreckerin. Einzige Aufgabe des Testamentsvollstreckers ist die Erfüllung des vorstehenden Vermächtnisses. Von den Beschränkungen des § 181 BGB ist der Testamentsvollstrecker befreit. Eine Vergütung steht dem Testamentsvollstrecker nicht zu. Er kann jedoch den Ersatz seiner Auslagen verlangen. Ersatztestamentsvollstrecker werden nicht ernannt.

Das Vermächtnis fällt an mit meinem Tod und ist innerhalb von Monaten ab dem Erbfall zur Erfüllung fällig. Der Vermächtnisnehmer kann keine Sicherheitsleistungen zwischen Anfall und Fälligkeit von dem Erben verlangen. Eine Kürzung des Vermächtnisses nach § 2318 Abs. 1 BGB ist zulässig/nicht zulässig. Diese Vermächtnisanordnung stellt hinsichtlich jedes Nachlassgegenstandes ein selbstständiges Vermächtnis dar, so dass jedes Vermächtnis selbstständig angenommen oder ausgeschlagen werden kann. Ersatzvermächtnisnehmer werden nicht bestimmt.

Das Vermächtnis kann durch schriftliche Erklärung gegenüber den Erben innerhalb einer Frist von Monaten ab dem Erbfall angenommen oder ausgeschlagen werden. Erfolgt eine solche Erklärung innerhalb der vorstehenden Frist nicht, so hat der Erben den Vermächtnisnehmer erneut unter Setzung einer Frist von Monaten aufzufordern sich über die Annahme oder Ausschlagung zu erklären. Verstreicht auch diese Frist erfolglos, so entfällt das Vermächtnis insgesamt ersatzlos.

▲

Die größte Hürde für diese Lösung sind die Schranken des Pflichtteilsrechts, insbesondere die des Ehegatten und der weiteren Abkömmlinge. Zur Absicherung dieser Gestaltung ist es daher anzuraten, dass der Unternehmer bereits zu Lebzeiten mit den weiteren Pflichtteilsberechtigten einen Pflichtteilsverzichtsvertrag abschließt.

Sollen mehrere Personen als Unternehmensnachfolger und Erben eingesetzt werden, so ist zunächst an eine lebzeitige Planung des Erblassers zu denken.

9 Sofern Gegenstände des Privatvermögens, welche aufgrund steuerrechtlicher Erfordernisse ebenfalls von dem Vermächtnis ausgenommen sein sollen, sind diese ebenfalls konkret zu bezeichnen.

Dieser kann durch Teilung oder Vereinigung von Geschäftsanteilen die erforderlichen Beteiligungsverhältnisse herstellen, die dann später durch Teilungsanordnung[10] oder Vorausvermächtnisse[11] den jeweiligen designierten Nachfolgern durch Verfügung von Todes wegen zugewiesen werden. In der Satzung der Familien-GmbH sollte zur Frage der Teilung und Vereinigung von Geschäftsanteilen eine Regelung aufgenommen werden.[12]

8 ▼

6.2

Muster 6.2: Teilungsanordnung

Ich bestimme für die Teilung des Nachlasses zwischen den Erben in Form einer Teilungsanordnung (ggf. ergänzen: und bezüglich des über den Erbteil hinausgehenden Wertes als Vorausvermächtnis) Folgendes:

___ erhält im Wege der Teilungsanordnung meinen Geschäftsanteil ___ an der ___ GmbH mit Sitz in ___ eingetragen im Handelsregister des Amtsgericht ___ Nr. ___ samt allen dazugehörigen Nebenrechten und ___.

___ erhält im Wege der Teilungsanordnung meinen Geschäftsanteil ___ an der ___ GmbH mit Sitz in ___ eingetragen im Handelsregister des Amtsgericht ___ Nr. ___ samt allen dazugehörigen Nebenrechten und ___.

Ggf. zu streichen: Falls einer der eingesetzten Erben dadurch wertmäßig mehr erhält, als es seiner Erbquote entspricht, so ist dieser Überschuss als Vorausvermächtnis angeordnet, so dass ein Ausgleich insofern nicht stattfindet. Das Vorausvermächtnis wird unter der Bedingung der Annahme der Erbschaft angeordnet und fällt erst bei Auseinandersetzung des Nachlasses an. Ersatzvermächtnisnehmer sind die Abkömmlinge des eingesetzten Vermächtnisnehmers nach den Regeln der gesetzlichen Erbfolge. Sicherheitsleistungen zwischen Anfall und Fälligkeit kann der Vermächtnisnehmer nicht verlangen.

Für den Fall, dass der im Wege der Teilungsanordnung einem Miterben zugewiesene Nachlassgegenstand zur Zeit des Eintritts des Erbfalls nicht mehr ge-

10 Zur Abgrenzung Vorausvermächtnis und Teilungsanordnung und deren Rechtsfolgen BeckOK BGB/*Lohmann*, 42. Ed. 1.2.2017, BGB § 2048 Rn 3–4; MüKo-BGB/*Ann*, 7. Aufl. 2017, BGB § 2048 Rn 17–18.

11 Je nachdem, ob der Erblasser die Nachfolger entsprechend ihren Erbquoten bedenken möchte, oder einen der Nachfolger bevorzugt behandeln möchte.

12 Baumbach/Hueck/*Noack/Zöllner*, 21. Aufl. 2017, GmbHG § 46 Rn 31–31d.

genständlich im Nachlass vorhanden ist, gelten die §§ 2111, 2041 BGB entsprechend mit der Maßgabe, dass dem Miterben, welcher den Nachlassgegenstand aufgrund vorstehender Teilungsanordnung erhalten hätte, das Surrogat oder weitere Surrogat dieses Gegenstandes im Wege der Teilungsanordnung zugewiesen wird.

Die Teilungsanordnung gilt auch im Ersatzerbfall für die Ersatzerben.

▲

II. Vor- und Nacherbfolge

1. Zweck

Die Anordnung von Vor-und Nacherbfolge kann als Gestaltungsmittel zur 9
Versorgung des Unternehmerehegatten gewählt werden. Hierdurch verbleiben diesem die Erträge und gleichzeitig sind die Nacherben vor unentgeltlichen Verfügungen geschützt.[13] Ferner wird dies auch dann ein probates Gestaltungsmittel sein, wenn der überlebende Ehegatte einseitige Kinder hat, die nicht wertmäßig am Vermögen des Unternehmerehegatten partizipieren sollen, auch wenn dies nur im Rahmen des Pflichtteils der Fall wäre. Häufig wird jedoch diese Gestaltung gewählt, damit der eigentliche Unternehmensnachfolger noch Zeit hat sich auf die Unternehmensleitung vorzubereiten bzw. der Erblasser den Verbleib der Unternehmensführung innerhalb der Familie sicherstellen möchte.[14] Ein weiteres klassisches Gestaltungsziel stellt auch hier wiederum die postmortale Festlegung der Vermögensnachfolge, ggf. über mehrere Generationen, dar.

Die Nutzungen des Nachlasses[15] zwischen Erb- und Nacherbfall stehen dem Vorerben als dessen Inhaber kraft eigenen Rechts zu.[16] Dem Vorerben gebühren daher als Nutzungen auch die laufenden Gewinne, welche auf seine Beteiligung an der Gesellschaft entfallen.[17] Sollte der Erblasser den Gestaltungs-

13 Zu den Rechtsfolgen bei einer unwirksamen Verfügung siehe näher BeckOK BGB/*Litzenburger*, 42. Ed. 1.2.2017, BGB § 2113 Rn 22; MüKo-BGB/*Grunsky*, 7. Aufl. 2017, BGB § 2113 Rn 40.

14 *Iden*, Der Vorerbe im Unternehmen, Seite 24; *Kössinger*, in Nieder/Kössinger, Handbuch der Testamentsgestaltung, 5. Auflage 2015, § 22 Rn 19.

15 §§ 99, 100 BGB.

16 BeckOK-BGB/*Litzenburger*, 41. Ed. 1.11.2016, BGB § 2111 Rn 10.

17 BeckOK-BGB/*Litzenburger*, 41. Ed. 1.11.2016, BGB § 2111 Rn 11.

wunsch haben, dass dem Vorerben nicht die gesamten Erträge verbleiben, so kann dies im Rahmen der Gestaltung der Verfügung von Todes wegen ebenso umgesetzt werden.[18] Es ist hierbei genau zu definieren, welche Erträge und in welcher Höhe dem Vorerben verbleiben sollen. Ferner sollte auch die Absicht des Erblassers zum Ausdruck kommen, ob er durch die Anordnung der Vor- und Nacherbfolge vorrangig den Lebensunterhalt des Vorerben sichern oder das Unternehmen für den Nacherben erhalten wollte. Dies hat entscheidende Bedeutung für die Frage, ob dem Vorerben auch bei einem defizitären Unternehmen, stets ein Entnahmerecht in Höhe eines angemessenen Geschäftsführer- oder Unternehmerlohns zusteht oder nicht.

2. Problemfälle

10 Für den Vorerben kann sich daraus, dass er zur ordnungsgemäßen Verwaltung des Nachlasses gemäß § 2130 Abs. 1 S. 1 BGB verpflichtet ist, ein erhebliches Haftungsrisiko ergeben. Zunächst ist es für den Vorerben schwierig zu beurteilen, ob bei unternehmerischen Maßnahmen immer eine ordnungsgemäße Verwaltung vorliegt oder nicht. Anhaltspunkte für die Frage, ob im unternehmerischen Bereich eine ordnungsgemäße Verwaltung vorliegt, können hierbei die Beachtung zwingender gesetzlicher Regelungen,[19] gesellschaftliche Treuepflichten, Beachtung des Gesellschaftsvertrages und allgemeine Verhaltensregeln[20] sein.[21] Insbesondere aus dem Umstand, dass der Vorerbe nicht immer alleiniger Gesellschafter und zugleich Geschäftsführer ist, kann sich die Problematik ergeben, dass auch gegen seine Stimme Maßnahmen durchgeführt werden, die nicht einer ordnungsgemäßen Verwaltung entsprechen oder aber er aufgrund der gesellschaftsrechtlichen Treuepflicht zur Zustimmung verpflichtet ist. Verstößt er gegen § 2130 Abs. 1 S. 1 BGB, so ist er unter Umständen nach § 280 Abs. 1 BGB dem Nacherben zum Schadensersatz verpflichtet. Insbesondere stellt sich die Frage, ob der freiwillige Austritt des Vorerben aus der GmbH oder aber auch die Übertragung des GmbH-Anteils einen Verstoß gegen § 2130 Abs. 1 S. 1 BGB darstellt.[22]

18 Siehe hierzu OLG München, Schlussurteil vom 2. 9. 2009 – 20 U 2151/09.
19 Z.B. Wettbewerbsverbot, Insolvenzantragspflicht oder Buchführungspflichten.
20 Business Judgement Rule, § 93 Abs. 2 S. 2 AktG.
21 *Iden*, Der Vorerbe im Unternehmen, Seite 180 ff.
22 Siehe hierzu ausführlich *Iden*, Der Vorerbe im Unternehmen, Seite 139 ff., 169 ff.

Als **Zwischenfazit** lässt sich daher festhalten, dass die Vor- und Nacherbfolge als Gestaltungsmittel der Unternehmensnachfolge erhebliche Unsicherheiten und Haftungsgefahren für den Vorerben beinhaltet. Dies kann zwar durch Befreiung des Erblassers von den Verpflichtungen zur ordnungsgemäßen Verwaltung ausgeschlossen werden,[23] jedoch stellt sich dann die Frage, ob die Vor- und Nacherbfolge dann zur Umsetzung des Erblasserwillens immer noch das richtige Gestaltungsmittel ist. 11

Des Weiteren ergeben sich für den Vorerben häufig Abgrenzungsschwierigkeiten bei der Frage, ob er unentgeltlich handelt oder nicht. Unentgeltlich ist eine solche Verfügung nach der Rechtsprechung des BGB, wenn der Verfügungsgegenstand einen wirtschaftlichen Wert hat, ihm objektiv kein wirtschaftlich vollwertiges Entgelt gegenübersteht und der Vorerbe diese Ungleichwertigkeit subjektiv entweder kennt oder bei ordnungsgemäßer Verwaltung i.S.d. § 2120 BGB hätte erkennen müssen.[24] Unentgeltliche Verfügungen des Vorerben sind mit Eintritt des Nacherbfalls gegenüber den Nacherben unwirksam.[25] Im unternehmerischen Bereich ergeben sich daher insbesondere bei Umstrukturierungsmaßnahmen, Satzungsänderungen und Grundlagengeschäften erhebliche Unsicherheiten.[26] Die fehlende Befreiungsmöglichkeit von § 2113 Abs. 2 BGB und die sich an die Unwirksamkeit ergebenden erheblichen Unsicherheiten führen zu dem Ergebnis, dass die Vor- und Nacherbfolge im Unternehmensbereich kein taugliches Gestaltungsmittel darstellt. Der BGH hat hierzu entschieden, dass im Rahmen des § 2113 Abs. 2 BGB eine Entgeltlichkeit nicht verneint werden kann, wenn der Vorerbe von ihr nach Lage der Dinge unter Berücksichtigung seiner Pflicht den Nachlass ordnungsgemäß zu verwalten, überzeugt sein durfte. Bei der Verwaltung eines Gesellschaftsanteils darf er in diesem Zusammenhang auch darauf Rücksicht nehmen, was sich aufgrund des Gesellschaftsverhältnisses als wirtschaftlich notwendig oder zweckmäßig erweist.[27] 12

23 § 2136 BGB.

24 BGH NJW 1991, 842, 843; NJW 1984, 366, 367; NJW 1952, 698; BeckOK BGB/*Litzenburger*, 41. Ed. 1.11.2016, BGB § 2113 Rn 15, MüKo-BGB/*Grunsky*, 7. Aufl. 2017, BGB § 2113 Rn 25.

25 § 2113 Abs. 2 BGB; ein gutgläubiger Erwerb des Geschäftsanteils kommt nicht in Betracht, da Verfügungsbeschränkungen von § 16 Abs. 1 GmbHG nicht erfasst sind; hierzu Roth/Altmeppen/*Altmeppen*, 8. Aufl. 2015, GmbHG § 16 Rn 26–26a.

26 Mit Beispielen hierzu MüKo-BGB/*Grunsky*, 7. Aufl. 2017, BGB § 2113 Rn 26–28.

27 BGH vom 6.10.1980, NJW 1981,115; hierzu ausführlich *Wachter*, GmbH-Geschäftsanteile im Erbfall, Seite 70, Rn 219.

13 Sollte der Erblasser dennoch die Vor- und Nacherbfolge als Gestaltungsmittel wünschen, so ist dringend zu empfehlen, dass der Erblasser von der Befreiungsmöglichkeit nach § 2136 BGB Gebrauch macht und zusätzlich den Vorerben zum Nacherbentestamentsvollstrecker nach § 2222 BGB ernennt. Ob zusätzlich der Erblasser die Rechtsstellung des Vorerben in der Weise stärken kann, dass der Nacherbe im Wege des Vermächtnisses oder der Auflage verpflichtet wird auch unentgeltlichen Verfügungen des Vorerben zuzustimmen, ist in der Literatur umstritten.[28]

3. GmbH

14 Zu beachten ist, dass es im Gesellschaftsvertrag der GmbH keiner besonderen Regelung bedarf, wonach der Geschäftsanteil vererblich ist. Ob Alleinerbe, Miterbe oder Vorerbe spielt für die freie Vererblichkeit des Geschäftsanteils keine Rolle. Jedoch besteht in allen Fällen die Möglichkeit in die Satzung eine Regelung zur Einziehung oder Abtretung des Geschäftsanteils aufzunehmen um aus Sicht der Gesellschafter ungewünschte Unternehmensnachfolger auszuschließen.[29] Im Fall der Einziehung des Geschäftsanteils tritt an die Stelle des Geschäftsanteils das Abfindungsguthaben bzw. im Fall Abtretung die Gegenleistung als Surrogat gemäß § 2111 BGB.[30] Sofern der Vorerbe mit Nachlassmitteln einen GmbH-Geschäftsanteil erwirbt, findet ebenfalls eine Surrogation statt.

4. Formulierungsvorschlag

15 ▼

6.3 **Muster 6.3: Vor- und Nacherbfolge**

§ Erbeinsetzung auf den Tod des

Ich setze zu meinem alleinigen Vorerben meinen Sohn ein.

Nacherben sind dessen Abkömmlinge jeweils mit einem Erbteil von .

28 *Iden,* mit weiteren Nachweisen, Seite 210 ff.

29 Baumbach/Hueck/*Fastrich*, 21. Aufl. 2017, GmbHG § 15 Rn 12–14.

30 Zur Möglichkeit abweichender Anordnungen durch den Erblasser BeckOK-BGB/*Litzenburger*, 42. Ed. 1.2.2017, BGB § 2111 Rn 18.

Die Nacherbfolge tritt ein mit dem Tod des Vorerben.

Der Vorerbe ist von allen Beschränkungen in weitestmöglichen Umfang befreit, insbesondere hinsichtlich meines Unternehmens/Geschäftsanteils Nr. 1 an ______ GmbH, eingetragen im Handelsregister des Amtsgerichts ______ unter HRB Nr. ______, ______ auch von der Pflicht die Erbschaft in dem Zustand herauszugeben, der sich bei einer bis zur Herausgabe fortgesetzten ordnungsmäßigen Verwaltung ergibt.

Die Nacherben werden mit folgender Auflage/Vermächtnis beschwert:

Soweit der Vorerbe im Rahmen der ordnungsgemäßen Verwaltung hinsichtlich meines vorstehenden Unternehmens bzw. meiner vorstehenden Unternehmensbeteiligung als Gesellschafter beim Abschluss einer Änderung der Satzung, bei einer Kapitalmaßnahme und/oder einem die Grundlage des Unternehmens betreffenden Geschäfts mitwirkt, wird der Nacherbe in der Weise beschwert, dass er dieser Verfügung zuzustimmen hat. Dasselbe gilt für den Fall, dass der Vorerbe aus dem Unternehmen gegen Zahlung einer Abfindung, welche unterhalb des Verkehrswerts liegt ausscheidet und die entsprechend Abfindungsregelung im Gesellschaftsvertrag zur Zeit des Ausscheidens auch für alle anderen Gesellschafter gilt. Ferner wird der Nacherbe damit beschwert, dass er in den vorgenannten Fällen gegenüber dem Vorerben keine Regressansprüche geltend macht.[31]

Ich ordne Nacherbentestamentsvollstreckung gemäß § 2222 BGB an. Zum Nacherbentestamentsvollstrecker ernenne ich ______. Dieser hat die Rechte der Nacherben bis zum Eintritt des Nacherbfalls wahrzunehmen.[32]

▲

III. Vermächtnis

Der Geschäftsanteil an der GmbH kann auch im Wege des Vermächtnisses dem 16
Unternehmensnachfolger zugewendet werden. Das Vermächtnis bezieht sich grundsätzlich auf den Geschäftsanteil an sich, als auch auf sämtliche damit ver-

31 In Anlehnung an *Riedel,* in Notarformulare Testamente, 5. Auflage § 22 Rn 131.

32 Unserer Ansicht nach ist es nicht zulässig zugleich Testamentsvollstreckung in der Weise anzuordnen, dass der Testamentsvollstreckung sämtliche Rechte und Ansprüche des Nacherben gegen den Vorerben unterliegen, da diese in der Person des Nacherben mit Eintritt des Nacherbfalls entstehen und damit nicht Nachlassbestandteil sind.

bundenen Mitgliedschaftsrechte.[33] Nicht erfasst sind rein schuldrechtliche Ansprüche des Erblassers gegen die Gesellschaft, z.B. Ansprüche aus einem Gesellschafterdarlehen oder/und einem Miet- und Pachtverhältnis mit der Gesellschaft. Es muss daher darauf Wert gelegt werden, dass der zuzuwendende GmbH-Geschäftsanteil, als auch alle weiteren Rechte und Pflichten, die der Erblasser als zuzuwendende Rechtseinheit versteht, so genau wie möglich zu bezeichnen sind[34] und der Fall geregelt werden sollte, dass dieser nicht mehr oder nicht mehr in der genannten Form (z.B. durch Umwandlungsvorgänge oder Erhöhungen des Anteils bzw. weitere Anteile) im Nachlass vorhanden ist. Hierbei ist insbesondere bei Betriebsaufspaltungen darauf zu achten, dass die jeweiligen Beteiligungen zeitgleich auf den Nachfolger übergehen. Deshalb sollte – sowohl bei Ausgestaltung des Testaments, als auch bei der späteren Erfüllung des Vermächtnisses – der Steuerberater des Unternehmens beigezogen werden, um negative steuerliche Folgen zu vermeiden.

17 Im Rahmen der Testamentsgestaltung sind auch die sich aus den §§ 2151 bis 2157 BGB ergebenden Gestaltungsoptionen zu beachten. Insbesondere kann durch den Beschwerten oder einen Dritten gem. § 2151 BGB die Person des Vermächtnisnehmers bestimmt werden, ohne dass gegen § 2065 Abs. 2 BGB verstoßen wird.[35] Für den Unternehmer besteht hierdurch die Möglichkeit die Auswahl des Unternehmensnachfolgers einem Dritten zu überlassen. Vor allem in den Fällen, in welchen zur Zeit der Testamentserrichtung mehrere Abkömmlinge als Nachfolger in der Familien-GmbH in Betracht kommen, kann dies ein sinnvolles Gestaltungsinstrument darstellen.

18 Der Erblasser hat die Möglichkeit die Entscheidung über die Unternehmensnachfolge auf einen geschäftserfahrenen und vertrauenswürdigen Dritten zu übertragen. Dritter kann hierbei insbesondere ein Testamentsvollstrecker oder auch bspw. der überlebende Ehegatte sein.[36] Für die Testamentsgestaltung ist hierbei die Abgrenzung zwischen § 2151 BGB und § 2152 BGB zu beachten. Im Gegensatz zu § 2151 BGB sind die Personen im Fall des § 2152 BGB kon-

33 Baumbach/Hueck/*Fastrich*, 21. Aufl. 2017, GmbHG § 14 Rn 11–12; *Wachter*, GmbH-Geschäftsanteile im Erbfall, Rn 248.

34 So auch *Wachter*, GmbH-Geschäftsanteile im Erbfall, Rn 244.

35 BeckOK-BGB/*Müller-Christmann*, 42. Ed. 1.2.2017, BGB § 2151 Rn 1–7.

36 BeckOK-BGB/*Müller-Christmann*, 42. Ed. 1.2.2017, BGB § 2151 Rn 3–3.2; MüKo-BGB/*Rudy*, 7. Aufl. 2017, BGB § 2151 Rn 8–10.

kret bezeichnet und nicht nach Gattungsmerkmalen bestimmt.[37] Im Rahmen des § 2152 BGB steht das Wahlrecht ferner nur dem Beschwerten zu, so dass der Testamentsgestalter auf die genaue Formulierung achten muss (z.B. die Formulierung „meine Abkömmlinge“ anstelle „entweder A oder B“).

Die Erfüllung des lediglich schuldrechtlichen Anspruchs auf Übertragung des Geschäftsanteils bedarf der notariellen Beurkundung § 15 Abs. 3 GmbHG.[38] Darüber hinaus wird die Einreichung zweier Gesellschafterlisten benötigt, einmal durch den Geschäftsführer wegen des Erbfalls auf den/die Erben und sodann durch den beurkundenden Notar anlässlich der Übertragung.[39] Hierbei wird die Vorlage des Erbnachweises benötigt, so dass zwischen Tod des Erblassers und dem Erfüllungsakt regelmäßig mehrere Wochen Zeit benötigt werden. Dies sollte im Rahmen der Testamentsberatung den Beteiligten erläutert werden. Ebenfalls von Bedeutung ist der Zeitpunkt des Vermächtnisanfalls, welcher regelmäßig mit Eintritt des Erbfalls stattfindet § 2176 BGB. Ab diesem Zeitpunkt hat der Vermächtnisnehmer Anspruch auf die seit dem Anfall gezogenen Früchte sowie auf das sonst aufgrund des vermachten Rechts Erlangte § 2184 S. 1 BGB.[40] Will der Erblasser, dass dem Vermächtnisnehmer auch Ansprüche auf Gewinnausschüttung zustehen, über die vor dem Tod des Erblassers Beschluss gefasst worden ist, jedoch noch keine Ausschüttung vorgenommen worden ist, so ist dies entsprechend zu regeln.[41] 19

Sollte der Unternehmensnachfolger gleichzeitig Miterbe sein, so ist eindeutig zu regeln, ob es sich um ein Vorausvermächtnis § 2150 BGB oder eine Teilungsanordnung nach § 2048 BGB handelt. Hierbei ist die Willensrichtung des Erblassers zu ermitteln und zu erfragen, ob dem Miterben der GmbH-Geschäftsanteil zusätzlich zu seinem Erbteil zugewendet werden soll oder ein Ausgleich zwischen den Erben stattzufinden hat. Dabei ist auch darauf hinzuweisen, dass nur bei einem Vermächtnis eine getrennte Annahme von Erbteil und Vermächtnis möglich ist.[42] 20

37 BeckOK-BGB/*Müller-Christmann*, 42. Ed. 1.2.2017, BGB § 2152 Rn 1.
38 Roth/Altmeppen/*Altmeppen*, 8. Aufl. 2015, GmbHG § 15 Rn 38.
39 So auch *Wachter*, GmbH-Geschäftsanteile im Erbfall, Rn 293.
40 Hierzu MüKo-BGB/*Rudy*, 7. Aufl. 2017, BGB § 2184 Rn 1–7.
41 *Wachter*, GmbH-Geschäftsanteile im Erbfall, Rn 253–259.
42 Ob der bedachte Miterbe seinerseits auch beschwert ist, richtet sich nach § 2147 S. 2 BGB; näher hierzu MüKo-BGB/*Rudy*, 7. Aufl. 2017, BGB § 2150 Rn 5.

21 Problematisch ist, dass die Beteiligung im Wege der Universalsukzession zunächst auf den oder die Erben übergeht. Daher ist zur Sicherstellung einer zügigen Erfüllung des Vermächtnisses die Anordnung einer Testamentsvollstreckung oder/und einer transmortalen Vollmacht dringend zu empfehlen. Im Rahmen der Testamentsvollstreckung oder/und Vollmacht sollte auch die Geschäftsführung bzw. Befugnis zur Bestellung eines neuen Geschäftsführers angesprochen werden, da sich ansonsten Situationen ergeben können, wonach die Erben über die Person eines ihnen günstig eingestellten Geschäftsführers bestimmen können und der vorgesehene Unternehmensnachfolger noch nicht zu Entscheidungen berechtigt ist. Ebenso sollte flankierend bei der Abfassung des Gesellschaftsvertrages darauf geachtet werden, dass eine ggf. vorhandene Vinkulierungsklausel auf die Vermächtniserfüllung abgestimmt wird.

22 Regelmäßig wünscht der Erblasser auch, den überlebenden Ehegatten nach seinem Tode finanziell abzusichern. Häufig wird dies durch Anordnung eines Nießbrauchsvermächtnisses am GmbH-Geschäftsanteil sichergestellt. Zunächst ist hierbei zu prüfen, ob dies der Gesellschaftsvertrag zulässt. Der Nießbrauch kann als vollumfassender Nießbrauch, als reiner Ertragsnießbrauch oder auch als Quotennießbrauch gestaltet werden. Bei einem solchen Nießbrauch handelt es sich um einen Rechtsnießbrauch gem. § 1068 ff. BGB, dessen Bestellung nach § 15 Abs. 3 GmbHG der notariellen Beurkundung bedarf. Hierbei verbleiben die Herrschafts- und Mitverwaltungsrechte aufgrund des Abspaltungsverbots beim Gesellschafter.[43] Soll dem Nießbraucher eine stärkere Stellung eingeräumt werden, so ist z.B. an eine Vollmacht an den Nießbraucher oder aber an eine schuldrechtliche Bindung des Unternehmensnachfolgers hinsichtlich des Stimmrechts an die Zustimmung des Nießbrauchers zu denken.[44] Bei der Abfassung ist sorgfältig zu formulieren, in welcher Höhe Gewinne dem Nießbraucher zustehen und diese vor einer Thesaurierung zu seinen Lasten geschützt werden können. Auch für den Fall der Liquidation, der Veräußerung des Geschäftsanteils oder dessen Einziehung empfiehlt sich eine genaue Regelung. Ohne eine solche verbleibt es gem. § 1077 BGB dabei, dass das Entgelt hierfür an Nießbraucher und Gesellschafter gemeinschaftlich auszuzahlen ist und der

43 *Nieder/Kössinger,* Handbuch der Testamentsgestaltung, 5. Auflage 2015 Rn 183.
44 *Nieder/Kössinger,* Handbuch der Testamentsgestaltung, 5. Auflage 2015, Rn 184.

Nießbraucher die Art der Anlegung bestimmt § 1079 BGB. Auch der Fall der Kapitalerhöhung aus Gesellschaftsmitteln ist zu regeln.[45]

Alternativ zu einem Nießbrauch am GmbH-Geschäftsanteil, kann der über- 23
lebende Ehegatte auch durch Einräumung eines Rentenvermächtnisses abgesichert werden.[46]

▼

Muster 6.4: Vermächtnisanordnung

§ Vermächtnis

Mein Sohn erhält im Wege des (Voraus-)Vermächtnisses meinen Geschäftsanteil Nr. über EUR bzw. alle zur Zeit meines Todes in meinem Nachlass vorhandenen Geschäftsanteile an der unter HRB des Amtsgerichts eingetragenen GmbH unter der Firma . Für das Vermächtnis gelten die Vorschriften der §§ 2041, 2111 BGB entsprechend, so dass auch ein etwaiges Surrogat oder weiteres Surrogat des bzw. der Geschäftsanteile an vorstehender GmbH vermacht ist bzw. vermacht sind. Für den Fall dass sich der Vermächtnisgegenstand oder ein Surrogat zur Zeit meines Todes nicht mehr in meinem Nachlass befindet, so entfällt das Vermächtnis ersatzlos. Mitvermacht sind sämtliche Ansprüche, die ich gegen die Gesellschaft habe, insbesondere bestehende oder künftige Ansprüche aus Darlehen, die ich der Gesellschaft gewährt habe oder etwaige Mietverhältnisse. (Ggf. individuell anpassen). Dem Vermächtnisnehmer stehen sämtliche auf die Geschäftsanteile entfallenden Gewinne und Ansprüche auf Gewinnausschüttungen zu. Dies gilt unabhängig davon, ob die Beschlussfassung über die Gewinnverwendung vor oder nach Eintritt des Erbfalls erfolgt ist.

Das Vermächtnis fällt an mit meinem Tod und ist innerhalb von Wochen nach Testamentseröffnung zur Erfüllung fällig. Das Vermächtnis kann innerhalb einer Frist von Wochen nach Testamentseröffnung durch schriftliche Erklärung gegenüber den Erben angenommen oder ausgeschlagen werden. Erfolgt innerhalb von Wochen eine Annahmeerklärung nicht, so haben die Erben den Vermächtnisnehmer unter Setzung einer weiteren Frist von Wochen aufzufordern, sich hierüber zu erklären. Verstreicht auch diese Frist, so entfällt das Vermächtnis ersatzlos. Eine teilweise Annahme oder Ausschlagung des Vermächtnisses ist nicht zulässig.

45 Näher hierzu *Nieder/Kössinger,* Handbuch der Testamentsgestaltung, 5. Auflage 2015, Rn 186.
46 Hierzu ausführlich *Riedel,* in Notarformulare Testamente, 5. Auflage 2015, Rn 117.

Ersatzvermächtnisnehmer sind die Abkömmlinge des Vermächtnisnehmers entsprechend der ersten gesetzlichen Erbfolgeordnung.

Handelt es sich bei dem Vermächtnisnehmer zugleich um einen Erben, so ist der Wert des Vermächtnisses nicht auf seinen Erbteil anzurechnen.

Eine Kürzung des Vermächtnisses nach § 2318 Abs. 2 BGB schließe ich aus.

Der Vermächtnisnehmer wird zugleich zum Testamentsvollstrecker bestellt. Dessen einzige Aufgabe ist die Erfüllung des zu seinen Gunsten angeordneten Vermächtnisses. Eine Vergütung steht diesem nicht zu, Ersatz seiner Auslagen kann er verlangen. Einen Ersatztestamentsvollstrecker bestimme ich nicht und richte auch kein Ersuchen an das Nachlassgericht auf Ernennung eines solchen.

Darüber hinaus bevollmächtige ich den Vermächtnisnehmer – einzeln vertretungsberechtigt und unter Befreiung von den Beschränkungen des § 181 BGB – den Vermächtnisgegenstand an sich zu übertragen und alle in diesem Zusammenhang stehenden Erklärungen abzugeben. Dies umfasst insbesondere auch die Befugnis zur Bestellung eines neuen Geschäftsführers nach meinem Tod und die Vertretung bei der hierzu erforderlichen Beschlussfassung. Die Vollmacht wird wirksam mit meinem Tod. Im Innenverhältnis ist der Vermächtnisnehmer nur berechtigt von dieser Gebrauch zu machen, nachdem er das vorstehende Vermächtnis angenommen hat.

▲

24 ▼

6.5

Muster 6.5: Nießbrauchsvermächtnis

Ich vermache meinem Ehegatten … den lebenslänglichen unentgeltlichen Nießbrauch an meinem vorstehend näher bezeichneten Geschäftsanteil Nr. … an der … GmbH mit Sitz in … . Die Gesellschafterrechte, insbesondere die Stimmrechte verbleiben beim Gesellschafter. Der Gesellschafter hat sämtliche Handlungen zu unterlassen, die den Nießbrauch zugunsten des Ehegatten beeinträchtigen oder vereiteln könnten. Der Gesellschafter ist dem Nießbraucher zur Auskunft über die Lage und Angelegenheit der Gesellschaft verpflichtet. Der auf den Geschäftsanteil entfallende ausgeschüttete Gewinnanteil steht dem Nießbraucher zu. Der Nießbrauch ist an einem etwa an die Stelle des Geschäftsanteils tretenden Abfindungsguthabens oder an dem aufgrund Kapitalerhöhung aus Gesellschaftsmitteln erhöhten Geschäftsanteil ebenfalls zu bestellen.

Alternative:

Der Gesellschafter hat bei Ausübung seines Stimmrechts [ggf. einschränken, z.B. nur auf Grundlagengeschäfte oder Kapitalmaßnahmen) vorab die Zustimmung des Nießbrauchsberechtigten einzuholen.

▲

IV. Testamentsvollstreckung

Die Anordnung von Testamentsvollstreckung kann im Rahmen der Gestaltung des Testaments eine sinnvolle und wichtige Maßnahme zur Unternehmensfortführung darstellen. Insbesondere bei einer Familien-GmbH kann es einerseits zu erheblichen Konfliktpotential bei mehreren Erben kommen als auch bei minderjährigen Nachfolgern eine Absicherung der Übergangszeit bis zum Erreichen der Volljährigkeit erforderlich sein. Hierbei bedarf es einer Abstimmung zwischen der gesellschaftsvertraglichen Regelung und dem Testament. Die Anordnung einer Auseinandersetzungsvollstreckung ist bei mehreren Erben unstreitig zulässig[47] und ist insbesondere bei gegebenem Konfliktpotential zwischen den Erben auch sinnvoll. Ferner ist die Anordnung einer Verwaltungsvollstreckung durch einen oder mehrere Testamentsvollstrecker grundsätzlich zulässig.[48] Der Erblasser kann hierbei einzelnen oder mehreren Testamentsvollstreckern einzelne Aufgabenkreise zur alleinigen Erfüllung zuweisen und diesen für den jeweiligen Aufgabenkreis ein Einzelvertretungsrecht einräumen. Dies könnte ein probates Mittel zur Vermögensnachfolge nach Familienstämmen darstellen um Konfliktpotential zwischen den Stämmen zu vermeiden oder interne Konflikte der Stämme nicht auf Ebene der GmbH auszutragen.[49] Bei der Testamentsgestaltung ist jedoch zu beachten, dass die Satzung die Ausübung von Verwaltungsrechten durch Dritte wirksam beschränken oder gar gänzlich ausschließen kann.[50] Im Rahmen der Verwaltungsvollstreckung gehören zu den vom Testamentsvollstre- 25

47 Mayer/Bonefeld/*Weidlich*, Testamentsvollstreckung, 4. Auflage 2014, § 19 Rn 49.

48 Siehe hierzu *Nieder/Kössinger*, Handbuch der Testamentsgestaltung, 4. Auflage, Rn 144; Mayer/Bonefeld/*Weidlich,* Testamentsvollstreckung, 4. Auflage 2014, § 19 Rn 50.

49 Hierzu detailliert *Schürnbrand,* NZG 2016, 241 ff.

50 MüKo-BGB/*Zimmermann*, BGB § 2205 Rn 50–52; *Lutz*, NotBZ 2016, 16–26; nach *Reichert/Weller,* in: MüKo GmbHG § 15 Rn 486 ist es jedoch unzulässig, dass die Wahrnehmung der Vermögensrechte dem Testamentsvollstrecker aufgrund einer Satzungsregelung untersagt werden.

cker wahrzunehmenden Rechten, insbesondere die Ausübung des Stimmrechts, der Informationsrechte sowie die Mitwirkung bei Satzungsänderungen der Gesellschaft.[51] Nicht erfasst vom Aufgabenbereich des Testamentsvollstreckers sind höchstpersönliche Gesellschafterrechte, wobei hier eine Einschränkung dahingehend geboten ist, dass es sich nur um solche handelt, welche mit der Person des Gesellschafters verknüpft sind. Wie auch im Rahmen der Anordnung von Vor- und Nacherbfolge ergibt sich bei der Testamentsvollstreckung das Problem der Abgrenzung bei unentgeltlichen Verfügungen. Der Testamentsvollstrecker kann aufgrund § 2205 S. 3 BGB keine unentgeltlichen Verfügungen treffen. Insbesondere ist er somit nicht zur Kündigung der Mitgliedschaft ohne angemessene Abfindung berechtigt.[52] Der Erblasser kann hiervon den Testamentsvollstrecker auch nicht befreien, jedoch kann er diesem eine Vollmacht erteilen und im Innenverhältnis regeln zu welchen Bedingungen eine Kündigung der Mitgliedschaft erfolgen kann.[53] Ebenfalls sollte bei der Gestaltung berücksichtigt werden, dass der Testamentsvollstrecker die Erben nach § 2206 Abs. 1 S. 1 nicht persönlich verpflichten kann, was wiederum bei zwingend erforderlichen Kapitalmaßnahmen in der GmbH ein Problem darstellen kann, sofern diese nicht aus Gesellschaftsmitteln erfolgen.[54] Vielfach dürfte ferner der Erblasser bei minderjährigen Unternehmensnachfolgern ein Interesse daran haben, dass ein fachlich geeigneter Testamentsvollstrecker auch die Geschäftsführung übernimmt. An seiner Wahl kann der Testamentsvollstrecker nur dann mitwirken, wenn er von § 181 BGB befreit ist.[55]

26 Zu beachten ist auch, dass die Eintragung eines Testamentsvollstreckervermerks in die Gesellschafterliste nicht zulässig ist,[56] so dass sich hieraus zunächst für einen Dritten keine Einschränkung der Verfügungsbefugnis des Gesellschafters ergibt.

51 Sie hierzu ausführlich *Weidlich*, in Mayer/Bonefeld, Testamentsvollstreckung, 4. Auflage 2014 § 19 Rn 51. Zu Einschränkungen durch die Kernbereichslehre siehe *Weidlich*, in Mayer/Bonefeld, Testamentsvollstreckung, 4. Auflage 2014 § 19 Rn 66.

52 MüKo-BGB/*Zimmermann*, 7. Aufl. 2017, BGB § 2205 Rn 50–52.

53 MüKo-BGB/*Zimmermann*, BGB § 2205 Rn 70–81.

54 Ausführlich hierzu *Weidlich*, in Mayer/Bonefeld, Testamentsvollstreckung, 4. Auflage 2014 § 19 Rn 56 ff.

55 *Weidlich*, in Mayer/Bonefeld, Testamentsvollstreckung, 4. Auflage 2014 § 19 Rn 63.

56 BGH, *Beschl. v.* 24.2.2015 – II ZB 17/14, DNotZ 2015, 456.

Im Regelfall wird der Unternehmer neben der testamentarischen Vorsorge auch eine General- und Vorsorgevollmacht erteilen oder bereits erteilt haben. Um Unklarheiten wegen der Vertretungsbefugnis zu vermeiden, empfiehlt sich grundsätzlich eine ausdrückliche Regelung im Testament und der Vollmacht.[57]

▼

Muster 6.6: Anordnung Testamentsvollstreckung 6.6

Ich ordne Testamentsvollstreckung an, die jedoch auf meinen Geschäftsanteil Nr. an der vorstehend bezeichneten Gesellschaft beschränkt ist. Soweit eine trans- oder postmortale Vollmacht erteilt ist, wird dies durch die Anordnung der Testamentsvollstreckung nicht berührt.

Zum Testamentsvollstrecker ernenne ich .

Aufgabe des Testamentsvollstreckers ist die Verwaltung des vorstehenden Geschäftsanteils und Wahrnehmung der Gesellschafterrechte in weitestmöglichem Umfang bis zur Erreichung des Lebensjahres des Erben.

Ggf. ist noch aufzunehmen:

Der Testamentsvollstrecker ist jedoch nicht berechtigt ohne Zustimmung des betreffenden Gesellschaftererben Gesellschafterrechte auszuüben, die in den Kernbereich des Gesellschaftererben eingreifen. Er bedarf daher bei folgenden Maßnahmen der Zustimmung des Gesellschaftererben:

Dieser ist von den Beschränkungen des § 181 BGB befreit und in der Eingehung von Verbindlichkeiten für den seiner Verwaltung unterliegenden Geschäftsanteil nicht beschränkt.

Für den Fall, dass der ernannte Testamentsvollstrecker sein Amt nicht annehmen kann oder will, wird für diesen als Ersatztestamentsvollstrecker mit demselben Aufgabenkreis und denselben Befugnissen ernannt .

Für den Fall, dass ein Testamentsvollstrecker das Amt nicht annehmen kann oder will, so ist er befugt als Dritter im Sinne von § 2198 BGB einen Testamentsvollstrecker zu bestimmen. Er ist nach Amtsantritt auch ermächtigt, gemäß § 2199 BGB einen Nachfolger zu ernennen. Erfolgt eine solche Bestim-

57 Hierzu z.B. BeckOK GBO/*Zeiser*, 28. Ed. 1.11.2016, GBO § 52 Rn 21 ff.; zur Fortgeltung einer transmortalen Vollmacht bei Testamentsvollstreckung siehe OLG München, Beschl. v. 15.11.2011 – 34 Wx 388/11 = MittBayNot 2012, 227 (m. Anm. *Reimann*).

mung nach § 2198 BGB nicht oder wird kein Nachfolger gemäß § 2199 BGB ernannt, wird das zuständige Nachlassgericht ersucht einen geeigneten und zur Übernahme bereiten Testamentsvollstrecker zu ernennen.[58] Der Testamentsvollstrecker erhält für seine Tätigkeit eine Vergütung, welche sich nach der Vergütungsempfehlung des Deutschen Notarvereins für Testamentsvollstrecker in der Fassung zur Zeit meines Todes richtet. Hierbei steht dem Testamentsvollstrecker neben seiner Vergütung auch der Ersatz seiner Auslagen zu. Ebenfalls ist er berechtigt die auf seine Vergütung samt Auslagen entfallende Umsatzsteuer aus dem Nachlass zu entnehmen, wie auch die Kosten für eine von diesem ggf. abzuschließende Haftpflichtversicherung.

▲

V. Familienrechtliche Anordnungen

27 Im Rahmen der Testamentsgestaltung kann der Wunsch des Erblassers aufkommen, dass der geschiedene Ehegatte bei minderjährigen Kindern keinerlei Zugriff auf das unternehmerische und weitere Vermögen haben soll. Hierbei ist dann insbesondere an die Beschränkung der Vermögenssorge nach § 1638[59] BGB zu denken, wie auch an die Möglichkeit der Benennung eines Vormunds nach §§ 1776, 1777 BGB.[60] Die Vormundbenennung kann hierbei nur in einer Verfügung von Todes wegen angeordnet werden. Voraussetzung ist, dass dem Anordnenden zur Zeit seines Todes die elterliche Sorge alleine oder gemeinsam für das minderjährige Kind zusteht.[61]

VI. Auflage

28 Als weiteres Gestaltungsmittel kommt die Anordnung einer Auflage nach § 1940 BGB in Betracht. Mit der Auflage kann dem Beschwerten ein Tun oder Unterlassen jeglicher Art auferlegt werden.[62] Hierbei kommt im Rahmen

58 Im Regelfall wird dies bei der Unternehmensnachfolge nicht gewünscht sein, so dass ein Ersuchen an das Nachlassgericht grundsätzlich nicht aufgenommen werden sollte. Es empfiehlt sich hier einen Ersatztestamentsvollstrecker durch den Erblasser bestimmen zu lassen.

59 BeckOK-GB/*Veit*, 41. Ed. 1.5.2016, BGB § 1638 Rn 2–5, MüKo-BGB/*Huber*, 6. Aufl. 2012, BGB § 1638 Rn 1–23.

60 Mit Formulierungsbeispielen *Ott*, BWNotZ, 2014, 138 ff. Siehe auch *Horndasch*, Notarformulare Kindschaftsrecht, § 6 Rn 315–316.

61 BeckOK BGB/*Bettin*, 42. Ed. 1.2.2017, BGB § 1777 Rn 2–3.

62 MüKo-BGB/*Leipold*, 7. Aufl. 2017, BGB § 1940 Rn 4.

der Familien-GmbH insbesondere in Betracht Anweisungen zur Geschäftsführung, die Auflage zur Erteilung einer Vollmacht, der Einholung von Zustimmungserklärungen zu bestimmten gesellschaftsrechtlichen Vorgängen oder auch die Verpflichtung eine bestimmte Person nicht zum Prokuristen zu bestellen.[63] Ferner kann im Wege der Auflage durch den Erblasser angeordnet werden, dass der Gesellschaftererbe für einen bestimmten Zeitraum nicht über einen Geschäftsanteil zu verfügen berechtigt ist.[64] Jedoch liegt die Schwäche der Auflage darin, dass der Auflagenbegünstigte keinen selbstständigen Anspruch auf Vollziehung der Auflage gegenüber dem Erben hat. Darüber hinaus sind die vollziehungsberechtigten Personen nicht verpflichtet den Vollziehungsanspruch geltend zu machen.[65] Legt der Erblasser Wert auf die Durchsetzung einer Auflage, so muss ein Testamentsvollstrecker ernannt werden, da dieser wiederum verpflichtet ist, die Vollziehung der Auflage gegenüber dem Beschwerten durchzusetzen.[66]

▼

Muster 6.7: Anordnung einer Auflage 6.7

Im Wege der Auflage nach § 1940 BGB beschwere ich meinen Erben damit, den vorstehend näher bezeichneten Geschäftsanteil Nr. ___ für einen Zeitraum von ___ Jahren ab dem Erbfall nicht zu veräußern. Vollziehungsberechtigte der Auflage sind ___ (bspw. Testamentsvollstrecker). Für den Fall, dass der Erbe gegen die angeordnete Auflage verstößt, hat der Erbe im Wege des Vermächtnisses das aufgrund der Veräußerung Erlangte (Kaufpreis oder anderes Surrogat) an ___ herauszugeben. Das Vermächtnis fällt mit meinem Tod an ___ und ist am ___ fällig.

Sofern der Erbe unentgeltlich über den vorstehenden Geschäftsanteil verfügt, hat er dem Vermächtnisnehmer den zur Zeit der Verfügung bestehenden Wert des Geschäftsanteils in Geld herauszugeben. Der Wert bemisst sich hierbei nach dem Verkehrswert, welcher von einem vereidigten Wirtschaftsprüfer/ Steuerberater ___ auf Kosten des Nachlasses festgestellt werden muss. Dieser wird durch den Vermächtnisnehmer bestimmt. Sicherheitsleistungen

63 Tanck/Krug/*Riedel*, NotarFormulareTestamente, 5. Auflage, § 22 Rn 140.

64 *Nieder/Kössinger*, Handbuch der Testamentsgestaltung, 5. Auflage 2015, § 9 Rn. 103; MüKo-BGB/*Leipold*, 7. Aufl. 2017, BGB § 1940 Rn 6–7.

65 *Nieder/Kössinger*, Handbuch der Testamentgestaltung, 5. Auflage 2015, § 9 Rn 124.

66 BeckOK-BGB/*Müller-Christmann*, 41. Ed. 1.5.2016, BGB § 2194 Rn 3.

kann der Vermächtnisnehmer zwischen dem Anfall und der Fälligkeit des Vermächtnisses nicht verlangen. Die Kosten der Vermächtniserfüllung trägt der Nachlass. Ersatzvermächtnisnehmer sind .

▲

VII. Pflichtteilsverzicht

29 Bei der Nachfolgeplanung ist im Zuge der Beratung auch die Problematik von Pflichtteilsrechten des Ehegatten und von Abkömmlingen anzusprechen und zu regeln. Grundsätzlich liegt es im Interesse des Erblassers, dass die Familien-GmbH bzw. die Beteiligung hieran ohne Mittelabfluss aus dem Gesellschaftsvermögen erfolgt. Gerade im Zusammenhang mit den Pflichtteilsrechten von Ehegatten und weiteren Abkömmlingen besteht hier ein Risiko des Liquiditätsabflusses bei dem Unternehmen. Ferner kann es auch zum Streit über die Bewertung der Familienunternehmens bzw. der Beteiligung hieran kommen.[67]

30 Eine zielführende Absicherung der geordneten Unternehmensnachfolge innerhalb der Familien-GmbH stellt daher der Abschluss eines auf das Unternehmen bzw. die Unternehmensbeteiligung beschränkten Pflichtteilsverzichts dar.[68] In diesem Zusammenhang sollte dann auch abgeklärt werden, ob bei Bestehen einer Betriebsaufspaltung auch weitere Vermögenswerte neben der Unternehmensbeteiligung von dem Pflichtteilsverzicht erfasst werden sollen oder nicht. Letztlich muss hierbei immer im Vorfeld geklärt werden, ob der Ehegatte und die weiteren Abkömmlinge bereit sind, hieran mitzuwirken. Eine gewisse Bereitschaft zur Mitwirkung kann hierbei durch die Leistung einer Abfindung für den Pflichtteilsverzicht bzw. Einräumung einer stillen Beteiligung erreicht werden.[69]

31 Zu beachten ist, dass der gegenständlich beschränkte Pflichtteilsverzicht die Erstreckung auf Abkömmlinge des Verzichtenden nach § 2349 BGB zu enthalten hat. Ferner sollte bei der Gestaltung des Pflichtteilsverzichtsvertrages berücksichtigt werden, ob es den Verzichtenden darauf ankommt, dass ein

67 Hierzu und zu den Bewertungsmethoden *Winkler*, ZEV 2005, 89 ff.

68 Näher hierzu BeckOK-BGB/*Litzenburger*, 42. Ed. 1.2.2017, BGB § 2346 Rn 16–17; MüKo-BGB/*Wegerhoff*, 7. Aufl. 2017, BGB § 2346 Rn 19–20.

69 *Nieder/Kössinger*, Handbuch der Testamentsgestaltung, 5. Auflage 2015, § 22 Rn 17.

ganz bestimmter Abkömmling die Unternehmensnachfolge antritt. In diesem Fall ist daran zu denken, dass der Pflichtteilsverzicht dadurch auflösend bedingt ist, dass das Familienunternehmen bzw. die Beteiligung zu Lebzeiten oder im Erbfall auf den bestimmten Unternehmensnachfolger übergeht.

Der Abschluss eines Erbverzichts ist hingegen regelmäßig nicht erforderlich 32
und auch nicht empfehlenswert, da sich hierdurch die Pflichtteilsquoten der weiteren Pflichtteilsberechtigten erhöhen.[70]

Ebenso muss ein möglicher Mittelabfluss im Zusammenhang mit dem Ausgleich des Zugewinns angesprochen werden. Es ist daher auch die güterrechtliche Komponente durch Ehevertrag zu regeln. Empfehlenswert ist hierbei die zwischen den Ehegatten bestehende Zugewinngemeinschaft dahingehend zu modifizieren, dass das Unternehmen bzw. die Unternehmensbeteiligung vom Zugewinnausgleich gänzlich herausgenommen wird.[71]

Für die Bestandskraft des Pflichtteilsverzichts nach deutschem Recht sollte 33
unbedingt auch die durch die EU-Erbrechtsverordnung eingetretene Anknüpfung der Rechtsnachfolge von Todes wegen an den letzten gewöhnlichen Aufenthalt des Erblassers zur Zeit seines Todes[72] berücksichtigt werden. In diesem Zusammenhang kann eine Rechtswahl zum deutschen Recht durch den Erblasser getroffen werden.[73]

▼

Muster 6.8: Pflichtteilsverzicht 6.8

Der/Die Verzichtende(n) verzichtet/verzichten hiermit gegenüber dem Erblasser auf alle ihm/ihnen zustehenden Pflichtteils- und Pflichtteilsergänzungsansprüche auf den Tod des Erblassers.

Diese/Dieser Pflichtteilsverzicht(e) sind/ist jedoch beschränkt auf die Beteiligung des Erblassers an der ___ GmbH sowie auf ___ (Im Fall der Betriebsaufspaltung sind hier ggf. weitere Vermögenswerte aufzuführen), sowie auf alle zukünftigen Unternehmensbeteiligungen des Erblassers an der vorstehenden GmbH bzw. deren Gesamtrechtsnachfolgerin im Fall der Umwandlung

70 § 2346 Abs. 1 S. 2 BGB, 2310 S. 2 BGB.
71 Hierzu *Münch*, Ehebezogene Rechtsgeschäfte, 4. Auflage 2015, Teil 9, Rn 4384.
72 Art. 21 EuErbVO.
73 Hierzu *Müller-Lukoschek*, Die neue EU-Erbrechtsverordnung, 2. Auflage, § 5 Rn 21; *Everts*, ZEV 2013, 124,126.

nach dem UmwG oder durch Einbringung in eine andere Gesellschaft, einschließlich aller mit den Beteiligungen verbundenen Nebenrechte und Sonderansprüchen.

Der/Die Pflichtteilsverzicht(e) erstreckt(en) sich auf die Abkömmlinge des Verzichtenden/der Verzichtenden.

Die Pflichtteilsverzichte werden jeweils unabhängig voneinander abgegeben. Die Unwirksamkeit oder Aufhebung eines Pflichtteilsverzichts hätte somit keine Auswirkungen auf die Wirksamkeit der anderen.

Für die Pflichtteilsverzichte sind keine Gegenleistungen/folgende Gegenleistungen zu erbringen.

Eine etwaige Änderung der Vermögensverhältnisse des Erblasser oder der Bewertung des vom Verzicht erfassten Unternehmens bzw. der Beteiligung hat keinen Einfluss auf die Höhe der Abfindung. Eine Anpassung nach § 313 BGB findet nicht statt.

Der/Die Pflichtteilsverzicht(e) ist/sind auflösend bedingt. Die auflösende Bedingung tritt ein, falls das vorstehende Familienunternehmen bzw. die Beteiligung hieran oder das Nachfolgeunternehmen/die Nachfolgebeteiligung im Fall der Umwandlung nach dem UmwG oder Einbringung in eine andere Gesellschaft weder zu Lebzeiten noch im Erbfall auf ______ übergeht.

▲

VIII. Postmortale Vollmacht

34 Die Erteilung einer post- oder transmortalen Vollmacht stellt für sich isoliert selbstredend kein taugliches Instrument der Unternehmensnachfolge dar. Eine solche Vollmacht sollte lediglich als flankierendes Instrument zur Schaffung einer Vertretungsbefugnis des Unternehmensnachfolgers gegenüber den Erben angesehen werden. Dies gilt insbesondere in den Bereichen, in denen kraft gesetzlicher Regelung (z.B. Vor- und Nacherbfolge und Testamentsvollstreckung) Schranken in der Verfügungs- oder Vertretungsbefugnis bestehen.

Noch nicht abschließend geklärt ist, ob eine Vollmacht an den Alleinerben infolge Konfusion des Auftragsverhältnisses mit dem Tod des Erblassers erlischt. Aufgrund der derzeit in der Rechtsprechung im Vordringen befindlichen Auffassung,[74] dass eine solche Vollmacht erlischt, kann je nach Sachverhalt die Vollmacht derzeit nicht als rechtlich sicheres Hilfsmittel bezeichnet werden.[75]

Eine solche Vollmacht kann grundsätzlich von jedem einzelnen Erben für sich widerrufen werden, da das Widerrufsrecht als Gestaltungsrecht jedem Erben alleine zusteht. In Folge dessen kann der Bevollmächtigte dann auch nur noch als Vertreter der übrigen Erben zusammen mit diesem Erben handeln. Daher empfiehlt es sich solche flankierenden Vollmachten unwiderruflich auszugestalten, wobei selbstverständlich das Widerrufsrecht aus wichtigem Grund nicht ausgeschlossen werden kann.[76] Ein Ausschluss des Widerrufsrechts allein zu Lasten der Erben gilt aber als unvereinbar mit dem Grundsatz der Universalsukzession,[77] so dass dies ebenfalls eine Grenze bei der Gestaltung darstellt.[78] Zur Absicherung der Vollmacht können die Erben im Wege der Auflage verpflichtet werden, eine solche nicht zu widerrufen oder gar eine solche zu erteilen.[79] 35

IX. EU-ErbVO

Nach der EU-ErbVO richtet sich die Rechtsnachfolge von Todes wegen nach dem letzten gewöhnlichen Aufenthalt zum Zeitpunkt seines Todes Art. 21 EU-ErbVO. Besteht das Risiko, dass dieser seinen gewöhnlichen Aufenthalt im Ausland haben könnte, so ist die Aufnahme einer Rechtswahl nach Art. 22, 24 und 25 EU-ErbVO zu empfehlen.[80] Dies ist gerade dann erforderlich, wenn strittig ist, wo sich der gewöhnliche Aufenthalt (z.B. das vielfach zitierte Beispiel des Mallorca-Rentners) des Erblassers befindet. 36

74 Z.B. OLG München, *Beschl. v.* 31.8.2016 – Aktenzeichen 34 Wx 273/16.
75 *Lutz*, BWNotZ 6/2013 S. 171 ff.
76 MüKo-BGB/*Schubert*, 7. Aufl. 2015, BGB § 168 Rn 53–56.
77 MüKo-BGB/*Schubert*, 7. Aufl. 2015, BGB § 168 a.a.O.
78 Ausführlich mit Muster *Jocher*, notar Heft 1/2014, 3 ff.
79 *Riedel*, in: NotarFormulare Testamente 5. Aufl. § 22 Rn 140.
80 Mit Formulierungsbeispielen *Odersky*, in: notar 2013, S. 3 ff.

X. Bindende Verfügungen von Todes wegen

37 Werden die Regelungen zur Unternehmensnachfolge in einem Erbvertrag oder gemeinschaftlichen Testament aufgenommen, so sollten diese Regelungen grundsätzlich nicht wechselbezüglich und/oder vertragsmäßig bindend angeordnet werden, sofern es dem Unternehmer auf eine einseitige Abänderungsmöglichkeit ankommt. Alternativ hierzu kann auch ein Änderungsvorbehalt vorgesehen werden.[81]

81 Zur Zulässigkeit eine Abänderungsvorbehalts und dem Verbot eines Totalabänderungsvorbehalts siehe *Nieder/Kössinger* Handbuch der Testamentsgestaltung, 5. Auflage 2015, § 11 Rn 84.

§ 7 Notarkosten für Gesellschaften mit beschränkter Haftung nach dem GNotKG

A. Grundlagen und Allgemeines

I. Einführung

Das neue Gerichts- und Notarkostenrecht ist am 1.8.2013 in Kraft getreten. Durch das neue Kostenrecht sollte eine größere Transparenz geschaffen werden; die notwendig gewordenen Regelungen im Bereich des elektronischen Rechtsverkehrs wurden in das Gesetz aufgenommen. Im Bereich des notariellen Beurkundungsverfahrens erfolgte eine grundlegende Änderung dahingehend, dass anstelle der einzelnen notariellen Tätigkeiten, die bislang einzelne Gebührentatbestände ausgelöst haben, nunmehr eine einzelne Verfahrensgebühr angesetzt wird. Diese einheitliche Verfahrensgebühr wird prinzipiell auch im Bereich der Vollzugs- und Betreuungsgebühren fortgesetzt und sorgt so für eine grundsätzliche Vereinfachung der Gebührenberechnung. 1

Das GNotKG besteht aus einem Paragraphenteil und einem Kostenverzeichnis, wobei das Kostenverzeichnis eine Anlage zum Paragraphenteil darstellt. Im Kostenverzeichnis werden sämtliche Gebühren im gerichtlichen und notariellen Bereich abschließend beschrieben. 2

Bei der Neufassung des Kostengesetzes wurde der Grundsatz des sozialen Gesetzes beibehalten,[1] d.h. dass sich die Gebühren im Regelfall nicht nach dem Arbeitsaufwand berechnen, sondern nach dem Geschäftswert abzurechnen sind. Deshalb subventionieren Tätigkeiten mit höherem Geschäftswert, Tätigkeiten mit einem geringeren Geschäftswert, auch wenn diese möglicherweise einen höheren Aufwand verursachen. 3

Hierdurch soll es ermöglicht werden, dass grundsätzlich jeder die Tätigkeit eines Notars in Anspruch nehmen kann.

Der Paragraphenteil des Gesetzes umfasst 136 Vorschriften und vier Kapitel. Die Hauptkapitel lauten wie folgt: 4

1 Korintenberg/*Otto*, 20. Aufl. 2017, Einführung zum GNotKG Rn 20.

1. Vorschriften für Gerichte und Notare § 1 bis § 54 GNotKG;
2. Gerichtskosten § 55 bis § 84 GNotKG;
3. Notarkosten § 85 bis § 131 GNotKG;
4. Schluss- und Übergangsvorschriften § 132 bis § 136 GNotKG.

5 Die Hauptkapitel sind in weitere Abschnitte und Unterabschnitte gegliedert. Bei der Arbeit mit dem Gesetz ist daher darauf zu achten, welcher Tätigkeit der zu subsumierende Kostentatbestand zuzuordnen ist. So können z.B. Geschäftswertvorschriften, welche in einem gerichtlichen Abschnitt des Gesetzes enthalten sind nicht auf die notarielle Tätigkeit übertragen werden.

6 Es ist besonders darauf hinzuweisen, dass in der KostO üblicherweise Aktgebühren enthalten waren (z.B. § 147 Abs. 2 KostO für die Überwachung von Treuhandauflagen), nunmehr jedoch Verfahrensgebühren als prägendes Stilelement gewählt wurden.

II. Gebührentatbestände

7 In § 1 Abs. 1 GNotKG ist der Kodifikationsgrundsatz des Kostenrechts geregelt.[2] Gebühren und Auslagen können demnach ausschließlich nach den Bestimmungen des GNotKG erhoben werden. Sieht das Gesetz im Kostenverzeichnis keinen Gebührentatbestand vor, können auch keine Kosten angesetzt werden. Kosten sind nach der Legaldefinition des § 1 Abs. 1 GNotKG Gebühren und Auslagen. Eine dem § 147 Abs. 2 KostO vergleichbare Auffangvorschrift kennt das GNotKG nicht.

8 Im Bereich des GmbH-Kostenrechts sind insbesondere folgende Tatbestände von Relevanz:

Gründung		**Satzungsänderungen und Beschlüsse**	**Registeranmeldungen**	**Anteilsübertragungen**
Mehrpersonen-Gesellschaft	**Einmann-Gesellschaft**			
21100 KV GNotKG	21200 KV GNotKG	21100 KV GNotKG	24102, 21201 KV GNotKG	21100 KV GNotKG

2 Korintenberg/*Otto*, 20. Aufl. 2017, GNotKG § 1 Rn 26–28.

Darüber hinaus sind die 22110 ff. KV und 22200 KV GNotKG als Vollzugs- und Betreuungsgebühren von besonderer Relevanz.

III. Geschäftswertermittlung

1. Geschäftswertvorschriften

Ausgangspunkt für die Geschäftswertermittlung ist § 36 GNotKG.[3] Dieser regelt den Geschäftswert allgemein (Grundnorm der Geschäftswertbestimmung) und ist daher grundsätzlich auf alle Sachverhalte anwendbar. Die zahlreich vorhandenen speziellen Geschäftswertvorschriften sind jedoch vorrangig anzuwenden. § 36 Abs. 1 GNotKG kann insbesondere dann anwendbar sein, wenn der Geschäftswert einer zu übertragenden Beteiligung, z.B. aufgrund mangelnder Bereitschaft der Beteiligten zur Vorlage einer Bilanz, nicht auf Grundlage des § 54 GNotKG ermittelt werden kann. 9

§ 97 Abs. 1 GNotKG bestimmt insbesondere für Gesellschaftsverträge, dass der Geschäftswert der Wert des Beurkundungsgegenstands ist. § 97 Abs. 3 GNotKG ist im Rahmen der Gründung nicht anwendbar, da es sich hierbei um keinen Austauschvertrag handelt, sondern auf die Vereinigung von Leistungen der Gesellschafter gerichtet ist.[4] Maßgeblicher Geschäftswert ist der Wert der Leistung. Ist der Wert von Leistung und Gegenleistung verschieden, so ist der höhere Wert maßgeblich. Für die Abänderung bestehender Gesellschaftsverträge gilt § 97 Abs. 2 GNotKG.[5] 10

In § 107 GNotKG ist der Geschäftswert für die Beurkundung eines Gesellschaftsvertrages geregelt. Dieser beträgt mindestens 30.000 EUR höchstens jedoch 10 Millionen EUR. § 107 Abs. 1 GNotKG gibt jedoch nur den Rahmen für den Geschäftswert nach § 97 Abs. 1 GNotKG vor. 11

In § 108 GNotKG[6] ist der Geschäftswert für Organbeschlüsse enthalten. Hat der Gegenstand des Geschäfts keinen bestimmten Geldwert, so findet § 105 Abs. 4 12

3 Korintenberg/*Bormann*, 20. Aufl. 2017, GNotKG § 36 Rn 1–4.
4 Fackelmann/Heinemann/*Fackelmann*, 1. Auflage 2013, § 97 Rn 18, Korintenberg/*Bengel*, 20. Aufl. 2017, GNotKG § 97 Rn 79–79e.
5 Fackelmann/Heinemann/*Fackelmann*, § 97 Rn 35.
6 Ausführlich zur Geschäftswertermittlung bei Beschlüssen mit und ohne bestimmten Geldwert Korintenberg/*Tiedtke*, 20. Aufl. 2017, GNotKG § 108 Rn 36–65.

und 6 GNotKG entsprechende Anwendung. Auf die Bestimmungen wird anhand von Fallbeispielen näher eingegangen. Bei Zustimmungsbeschlüssen zu einem bestimmten Rechtsgeschäft ist gemäß § 108 Abs. 2 GNotKG der Geschäftswert wie bei der Beurkundung des Geschäfts zu bestimmen, auf das sich der Zustimmungsbeschluss bezieht. Zu beachten ist, dass nach § 108 Abs. 5 GNotKG ein Höchstgeschäftswert in Höhe von 5 Millionen EUR normiert ist, auch wenn mehrere Beschlüsse in einer Urkunde zusammengefasst werden.

13 Der Geschäftswert für Handelsregisteranmeldungen ergibt sich aus § 105 GNotKG. Wegen des Umfangs der Vorschrift wird auf die Einzeldarstellungen verwiesen. Zu beachten ist, dass der Höchstgeschäftswert bei Anmeldungen zum Handelsregister gemäß § 106 GNotKG 1 Million EUR beträgt. Dies gilt auch dann, wenn mehrere Anmeldungen in einer Urkunde zusammengefasst werden.

2. Bewertungsvorschriften

14 Die maßgebliche Bewertungsvorschrift für die Bewertung von Beteiligungen an Kapitalgesellschaften ist in § 54 GNotKG enthalten. Hierbei ist der anteilige Wert am Eigenkapital im Sinne von § 266 Abs. 3 HGB maßgeblich, sofern keine Anhaltspunkte für einen höheren Wert vorhanden sind. Zu beachten ist die Sonderregelung für vermögensverwaltende Gesellschaften in § 54 S. 2 GNotKG.[7] Befinden sich im Gesellschaftsvermögen Grundstücke und/oder grundstücksgleiche Rechte, so ist der Buchwert dieser Vermögensgegenstände vom Eigenkapital in Abzug zu bringen und zu dieser Differenz der Verkehrswert der Grundstücke und/oder grundstücksgleichen Rechte zu addieren.[8] Die §§ 46 ff. GNotKG sind nicht anwendbar, da es sich bei Geschäftsanteilen nicht um eine Sache handelt.

IV. Gegenstandsgleichheit und -verschiedenheit

15 Bei Beurkundungen im Bereich der GmbH kommt es aufgrund der §§ 110, 111 GNotKG regelmäßig zu Abgrenzungsschwierigkeiten hinsichtlich der

7 LG Düsseldorf, Beschl. v. 31.7.2015 – 19 T 152/14 = NJOZ 2016, 455.
8 Renner/Otto/Heinze/*Heinze*, § 54 Rn 9.

Frage, ob eine Gegenstandsgleichheit oder -verschiedenheit vorliegt. Für das richtige Verständnis ist vorab zu erläutern, wann ein notarielles Verfahren vorliegt, wann mehrere Verfahren vorliegen und welche Rechtsfolgen sich hieraus in kostenrechtlicher Hinsicht ergeben. Ausgangspunkt der Betrachtungen ist § 85 GNotKG, der das notarielle Verfahren definiert. Jede nach dem Beurkundungsgesetz errichtete Urkunde stellt grundsätzlich ein selbstständiges Verfahren im Sinne des GNotKG dar und löst jeweils eine eigenständige Gebühr, ggf. zuzüglich jeweils eigener Vollzugs- und Betreuungsgebühr aus.

16 Gegenstand der Beurkundung (= Beurkundungsgegenstand) und somit des Verfahrens ist das Rechtsverhältnis, auf das sich die Erklärungen beziehen. Die Grundnorm § 86 Abs. 2 GNotKG ordnet dabei an, dass mehrere Rechtsverhältnisse, Tatsachen oder Vorgänge in einem Verfahren verschiedene Beurkundungsgegenstände darstellen, soweit im GNotKG nicht ausdrücklich etwas anderes angeordnet ist. Grundsätzlich sind mehrere Rechtsverhältnisse in einer Urkunde auch verschiedene Beurkundungsgegenstände. § 110 und § 111 GNotKG konkretisieren in den dort genannten Fällen diesen Grundsatz. § 109 GNotKG ordnet als Ausnahmevorschrift an, dass derselbe Beurkundungsgegenstand vorliegt, selbst wenn mehrere Rechtsverhältnisse in einer Urkunde aufgenommen werden. Liegt derselbe Beurkundungsgegenstand aufgrund Anordnung in § 109 GNotKG vor, so ist in einem letzten Schritt § 94 Abs. 2 GNotKG zu beachten und eine Vergleichsberechnung vorzunehmen. § 94 Abs. 2 GNotKG ordnet grundsätzlich an, dass die Gebühr nach dem höchsten in Betracht kommenden Gebührensatz berechnet wird.

17 Im Fall des § 109 Abs. 1 GNotKG ist Geschäftswert der Wert des Hauptgeschäfts. Ist das Hauptgeschäft gleichzeitig das Geschäft mit dem höchsten Gebührensatz, ist keine Vergleichsberechnung nach § 94 Abs. 2 GNotKG erforderlich, da im Rahmen der Vergleichsberechnung für jeden (fiktiven) Beurkundungsgegenstand jeweils dessen Gebühr berechnet wird (somit insgesamt mindestens 2 Gebühren), wobei sich an der Gebühr für das Hauptgeschäft nichts ändert und in diesem Fall eine weitere zusätzliche Gebühr hinzukommen würde. Daher kann in diesem Fall eine Vergleichsberechnung niemals günstiger sein.[9]

9 Korintenberg/*Diehn*, 20. Aufl. 2017, GNotKG § 109 Rn 67–68.

18 Im Fall des § 109 Abs. 2 GNotKG bestimmt sich der Geschäftswert nach dem höchsten in Betracht kommenden Wert (der mehreren Rechtsverhältnisse, die aber einen Beurkundungsgegenstand bilden). Hier ist stets eine Vergleichsberechnung nach § 94 Abs. 2 GNotKG vorzunehmen.[10] Zunächst ist die Gebühr zu berechnen aus dem höchsten Gebührensatz aller (fiktiven) Beurkundungsgegenstände mit dem Geschäftswert, wie er sich aus § 109 Abs. 1 oder Abs. 2 GNotKG ergibt. Dieser ist zu vergleichen mit den Gebühren, die sich aus einer fiktiven Einzelberechnung jedes Beurkundungsgegenstandes mit dem jeweiligen Geschäftswert und dem jeweiligen Gebührensatz ergeben.

19 Liegen verschiedene Beurkundungsgegenstände vor – und zwar unabhängig davon, ob diese auf § 86 Abs. 2 GNotKG oder §§ 110, 111 GNotKG beruhen – so ist zunächst festzustellen, ob die Beurkundungsgegenstände denselben oder unterschiedliche Gebührensätze haben. Haben verschiedene Beurkundungsgegenstände denselben Gebührensatz, so ist unmittelbar § 35 GNotKG und somit die Addition der Geschäftswerte anzuwenden. Eine Vergleichsberechnung ist nicht erforderlich. Haben verschiedene Beurkundungsgegenstände verschiedene Gebührensätze, so ist gemäß § 94 Abs. 1 GNotKG eine Vergleichsberechnung vorzunehmen. Zunächst ist eine Einzelberechnung bezüglich jedes Beurkundungsgegenstandes mit dem jeweiligen Geschäftswert und dem jeweiligen Gebührensatz vorzunehmen. Anschließend ist die Gebühr zu berechnen aus dem höchsten Gebührensatz aller Beurkundungsgegenstände mit dem addierten Geschäftswert aller Beurkundungsgegenstände. Ist diese Gebühr niedriger, so ist diese maßgeblich.

10 Näher hierzu Korintenberg/*Diehn*, 20. Aufl. 2017, GNotKG § 109 Rn 69–117.

Hieraus lässt sich folgendes Schaubild ableiten: 20

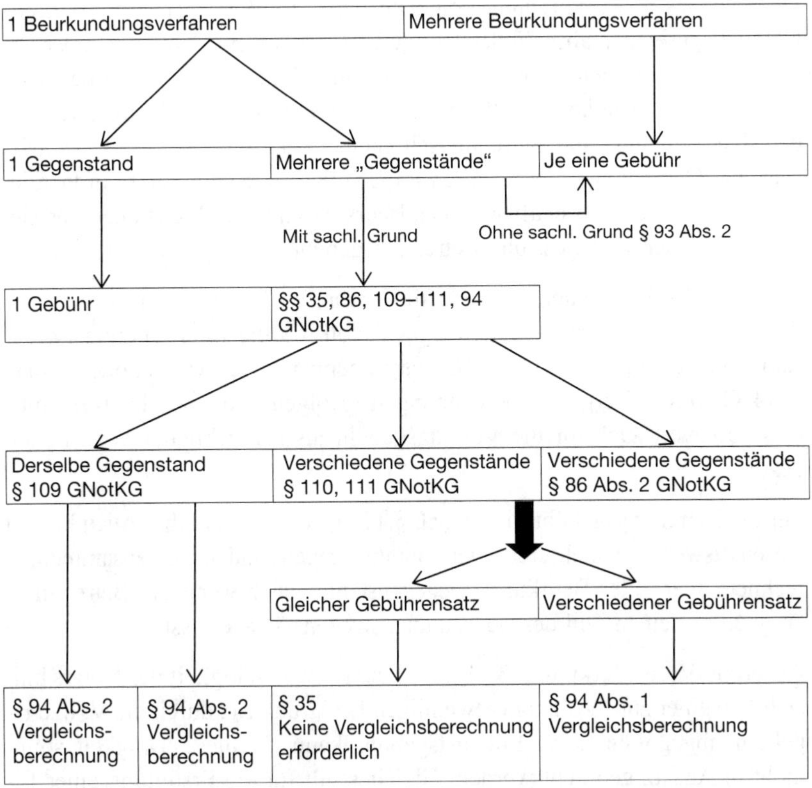

Für die Beurkundungsverfahren im Zusammenhang mit der Gründung und späteren Veränderungen bei der GmbH sind insbesondere die §§ 110 Nr. 1 und 111 Nr. 3 GNotKG besonders zu beachten. Auf diese wird nachstehend näher eingegangen. 21

V. Vollzugs- und Betreuungsgebühren

22 Die Vollzugs- bzw. Betreuungstätigkeiten sind in KV Nr. 22110 ff. bis 22201 GNotKG gesetzlich abschließend aufgeführt.[11] Kann eine Vollzugs- oder Betreuungstätigkeit nicht unter die dort genannten Tatbestände subsumiert werden, so kann hierfür keine Vollzugs- oder Betreuungsgebühr abgerechnet werden. Für Vollzugs- und Betreuungstätigkeiten sind in §§ 112, 113 GNotKG spezielle Geschäftswertvorschriften im GNotKG enthalten. Diese ordnen jeweils an, dass der Geschäftswert des Beurkundungsverfahrens auch der Geschäftswert der Vollzugs- und Betreuungsgebühr ist.

23 Wird der Vollzug einer Urkunde mit mehreren Beurkundungsgegenständen betrieben, so wird – unabhängig davon, ob die Beurkundungsgegenstände gemäß §§ 35, 86 GNotKG zusammengerechnet werden oder gemäß § 94 GNotKG Vergleichsberechnungen erfolgen – immer der (Gesamt-) Geschäftswert auch für die Vollzugsgebühr als maßgeblicher Wert herangezogen.

24 Für die Betreuungsgebühr gilt gemäß § 113 GNotKG dasselbe. Auch hier ist Geschäftswert bei mehreren Beurkundungsgegenständen der zusammengerechnete Wert aller Beurkundungsgegenstände, auch wenn die Betreuungstätigkeit nur einen Teil der Beurkundungsgegenstände erfasst.

25 Aufgrund Vorbemerkung 2.2 Abs. 2 ist die Entwurfstätigkeit des Notars hinsichtlich einer zum Vollzug notwendigen Erklärung etc. durch die Vollzugsgebühr abgegolten. Eine Entwurfsgebühr kann für diese Tätigkeit somit nicht in Ansatz gebracht werden. Gleiches gilt für die Erstellung einer Eigenurkunde gemäß KV 25104 GNotKG z.B. für Entgegennahme und Wirksamkeitsherstellung einer gerichtlichen Genehmigung. Unerheblich ist dabei, ob die entworfene Urkunde, die durch die Vollzugsgebühr abgegolten ist, vor oder nach Beurkundung des Hauptgeschäfts entworfen bzw. abgeschickt wird.

26 Für die Beurkundungen im Zusammenhang mit Gesellschaften mit beschränkter Haftung sind häufig relevant:

11 Korintenberg/*Tiedtke*, 20. Aufl. 2017, GNotKG Rn 1–4.

- Vorbemerkung KV 2.2.1.1 Abs. 1 Nr. 3 GNotKG: Fertigung/Änderung/Ergänzung Liste der Gesellschafter oder Liste der Übernehmer;
- Vorbemerkung KV 2.2.1.1 Abs. 1 Nr. 5 GNotKG: Anforderung/Prüfung einer Vollmachtsbestätigung, Genehmigungserklärung oder Zustimmungserklärung;
- KV 22114/22125 GNotKG: Erzeugung von strukturierten Daten (XML-Dateien);
- KV 22200 Nr. 6 GNotKG: Überprüfung des Vorliegens der Voraussetzungen für die Erteilung der Notarbescheinigung im Rahmen der Gesellschafterliste, wenn Tatsachen außerhalb der Urkunde zu überprüfen sind.

VI. Aktuelle Rechtsprechung

1. BGH, Beschl. v. 18.10.2016 – II ZB 18/15, OLG München, Beschl. v. 17.11.2015 – 32 Wx 313/15 und LG Bochums vom 19.10.2015 – 7 OH 6/15

Gegenstand der Entscheidungen ist die Frage der Gegenstandsgleichheit bzw. -verschiedenheit der im Rahmen der Anmeldung einer GmbH-Liquidation regelmäßig enthaltenen Anmeldevorgänge. 27

Im vorliegenden Fall des OLG München wurde die Liquidation der GmbH, die Abberufung der beiden bisherigen Geschäftsführer nebst Bestellung beider zu Liquidatoren angemeldet. Der beurkundende Notar hat gem. § 111 Nr. 3 GNotKG hierin kostenrechtlich 5 gegenstandsverschiedene Beurkundungsgegenstände in Ansatz gebracht. 28

Hierzu hat das OLG München entschieden, dass bei der Anmeldung der Auflösung einer GmbH oder haftungsbeschränkten UG einschließlich der Abberufung der Geschäftsführer und Anmeldung der bisherigen Geschäftsführer zu Liquidatoren eine Erklärungseinheit vorliegt, weil ein innerer Zusammenhang gegeben sei. Für diesen Fall sei von einer einheitlichen Registeranmeldung auszugehen. Anders würde der Fall nur dann liegen, wenn Dritte zu Liquidatoren bestellt und angemeldet werden. Für den Fall des Personenwechsels sei ein verschiedener Gegenstand anzunehmen. Da vorliegend aber die bisherigen Geschäftsführer zu Liquidatoren bestellt wurden, liege derselbe Gegenstand vor, weshalb entgegen der Kostenrechnung des Notars nur ein Geschäftswert 29 für die Registeranmeldung von 30.000 EUR zu berücksichtigen ist. Bei Anmeldung der Auflösung einer Gesellschaft unter Abmeldung der bisherigen Geschäftsführer als Liquidatoren liege eine „notwendige" Erklärungseinheit und damit eine einheitliche Anmeldung zum Handelsregister vor, da die von den Gesellschaftern beschlossene Auflösung der GmbH nicht von den bisherigen Geschäftsführern, sondern nur durch die Liquidatoren angemeldet werden könne. Mit der Auflösung der Gesellschaft verlören die Geschäftsführer ihre Vertretungsmacht; die Liquidatoren seien zugleich mit der Anmeldung der Auflösung der Gesellschaft anzumelden. Diese Anmeldung bildet deshalb eine „notwendige" Erklärungseinheit.

30 Hinzuweisen ist hierbei jedoch auch auf die Entscheidung des LG Bochums,[12] das unabhängig davon, ob geborene oder gekorene Liquidatoren angemeldet werden, entschieden hat, dass in einem solchen Fall sämtliche Anmeldungen zueinander gegenstandsverschieden sind.

31 Der BGH hat nunmehr zu dieser Frage Folgendes entschieden: Eine Zusammenrechnung der Werte für die Erstellung des Entwurfs einer Registeranmeldung der Auflösung einer GmbH, des Erlöschens der Vertretungsbefugnis der bisherigen Geschäftsführer und deren Bestellung zu Liquidatoren für die Notarkostenrechnung kommt nicht in Betracht, weil es sich insoweit um einen Beurkundungsgegenstand nach § 86 Abs. 1 GNotKG handelt.[13]

2. LG Bielefeld, Beschl. v. 22.10.2015 – 23 T 226/15

32 Gegenstand der Entscheidung ist die Frage der Gegenstandsgleichheit bzw. – Verschiedenheit der im Rahmen der Anmeldung einer Satzungsänderung bzw. – Neufassung anzumeldenden Tatbestände.

33 Nach der Entscheidung des LG Bielefeld ist hierbei zu unterscheiden zwischen Anmeldungen, die nach § 10 GmbHG gesondert anzumelden sind, zusammenfassende sonstige Änderungen der Satzung, die nicht in § 10 GmbHG aufgeführt sind und der Anmeldung der inländischen Geschäftsanschrift. Die nach § 10 GmbH gesondert anzumeldenden Änderungen der Satzung sind zueinander und zu weiteren angemeldeten Satzungsänderungen kostenrechtlich

12 LG Bochum Beschl. v. 19.10.2015 – 7 OH 6/15.

13 NJW-RR 2017,162 mit Anmerkung *Tiedtke*.

als verschiedener Beurkundungsgegenstand nach § 111 Nr. 3 GNotKG zu behandeln. Weitere Satzungsänderungen, die nicht gesondert anzumelden sind werden jedoch kostenrechtlich als eine Anmeldung behandelt § 109 Abs. 2 Nr. 4c) GNotKG. Des Weiteren wurde klargestellt, dass die Anmeldung der Sitzverlegung und einer veränderten inländischen Geschäftsanschrift zueinander verschiedene Beurkundungsgegenstände sind, da statuarischer Sitz und Verwaltungssitz (= Geschäftsadresse) auseinanderfallen können.

3. LG Düsseldorf: Beschl. v. 31.7.2015 – 19 T 152/14

Die Entscheidung befasst sich mit der Bewertungsvorschrift des § 54 GNotKG. Hierbei stellt das Gericht fest, dass bei einer überwiegend vermögensverwaltend tätigen Gesellschaft i.S.v. § 54 S. 3 GNotKG ein Geschäftsanteil nach dem Aktivvermögen der Gesellschaft zu bewerten ist, wobei Grundstücke nicht mit Bilanzwerten, sondern nach § 46 GNotKG, d.h. mit dem wahren Wert zu bewerten sind. Maßgebend für die Frage, ob es sich um eine überwiegend vermögensverwaltende Gesellschaft handelt, ist nicht der im Handelsregister abstrakt umschriebene Geschäftsgegenstand, sondern die im zeitlichen Zusammenhang mit der beurkundeten Anteilsübertragung konkret entfaltete Geschäftstätigkeit. Den Regelungen des Gesellschaftsvertrages kommt dabei ebenso wie in der Zukunft liegenden Vermarktungsabsichten lediglich indizielle Bedeutung bei. Bei einem im Wesentlichen auf den Besitz und die Vermietung von Immobilienvermögen beschränkten operativen Geschäft liegen typische vermögensverwaltende Tätigkeiten vor. **34**

4. LG Düsseldorf: Beschl. v. 29.7.2015 – 25 T 555/14

Die Entscheidung stellt klar, das bei der Erstellung einer Gesellschafterliste mit Notarbescheinigung nach § 40 Abs. 2 GmbHG, bei der keine Umstände zu prüfen sind, die außerhalb der Urkunde liegen, sowohl keine Betreuungsgebühr nach KV 22200 Nr. 6 GNotKG, als auch keine Gebühr nach KV 25104 GNotKG (Erteilung von Bescheinigungen über Tatsachen oder Verhältnisse, die urkundlich nachgewiesen oder offenkundig sind) anfällt. **35**

B. Kosten aus Anlass der Errichtung der Gesellschaft

I. Allgemeines

36 Die maßgebliche Geschäftswertvorschrift bei Beurkundung von Gesellschaftsverträgen, Satzungen sowie Plänen und Verträgen nach dem UmwG ist § 107 Abs. 1 GNotKG. Gleichermaßen findet § 107 Abs. 1 GNotKG bei Änderungen des Gesellschaftsvertrages vor Gründung Anwendung.[14] Der Geschäftswert beträgt mindestens 30.000 EUR und höchstens 10.000.000 EUR.

Der Mindestgeschäftswert gilt jedoch nicht bei der Gründung einer Unternehmergesellschaft nach § 2 Abs. 1a GmbHG mittels Musterprotokoll.

37 Zu beachten ist, dass § 107 Abs. 1 GNotKG nur den Mindest- und Höchstgeschäftswert im Rahmen der Gründung einer Gesellschaft vorgibt. Daher ist der Geschäftswert regelmäßig aufgrund § 36 Abs. 1,3 GNotKG zu bestimmen. Bei der Gründung einer Gesellschaft ergibt sich der Geschäftswert daher aus der Summe aller Einlagen ohne Abzug von Verbindlichkeiten (§ 38 GNotKG). Sacheinlagen sind in diesem Zusammenhang nach den allgemeinen Bewertungsvorschriften (§§ 45–54 GNotKG) zu bewerten. Werden weitere Leistungsverpflichtungen vereinbart (z.B. Agio, Nachschusspflichten), sind diese analog § 53 Abs. 2 GNotKG zu bewerten. Ein genehmigtes Kapital nach § 55a GmbHG ist ebenfalls hinzuzurechnen.

38 Der maßgebliche Geschäftswert für Anmeldungen zum Handelsregister ergibt sich aus § 105 GNotKG. Bei der Erstanmeldung einer Kapitalgesellschaft ergibt sich der maßgebliche Geschäftswert nach § 105 Abs. 1 Nr. 1 aus dem Stammkapital einschließlich des genehmigten Kapitals.

II. Gründung einer Einmann-GmbH ohne Musterprotokoll

39 *Beispiel:*
A möchte eine GmbH mit einem Stammkapital von 25.000 EUR (Bareinlage) gründen. Die Bestellung des A zum GF erfolgt im Rahmen des Gründungsvorgangs. A wird hierbei zum einzelvertretungsberechtigten und von § 181 BGB befreiten GF bestellt. Der beurkundende Notar entwirft zu-

14 Korintenberg/*Tiedtke*, 20. Aufl. 2017, GNotKG § 107 Rn 25–27.

gleich die Handelsregisteranmeldung. Der Notar reicht die Urkunden elektronisch zum Handelsregister ein.

Lösung:

Die Gebühr für die Beurkundung des Gesellschaftsvertrages richtet sich nach KV Nr. 21200 GNotKG und löst eine 1,0 Gebühr aus.

Der Geschäftswert ergibt sich aus §§ 97 Abs. 1, 107 Abs. 1 GNotKG und beträgt 30.000 EUR.

Die Beurkundung der Gründung und der Beschluss zur Bestellung des A als GF sind nach § 110 Nr. 1 GNotKG verschiedene Gegenstände.

Der Geschäftswert für die Gründung beträgt nach §§ 97 Abs. 1, 107 Abs. 1 GNotKG 30.000 EUR.

Dies ergibt eine Gebühr in Höhe von 125 EUR.

Der Geschäftswert für den Beschluss ergibt sich aus §§ 108 Abs. 1 S.1, 105 Abs. 4 Nr. 1 GNotKG und beträgt 1 % des Stammkapitals, mindestens 30.000 EUR.

Die Gebühr in Höhe von 2,0 (wegen § 92 Abs. 2 GNotKG) nach KV Nr. 21100 ergibt nach §§ 108 Abs. 1 S. 1, 105 Abs. 4 Nr. 1 daher einen Betrag in Höhe von 250 EUR.

Daher hat hier nach § 94 Abs. 1 GNotKG eine Vergleichsberechnung zu erfolgen.

Einmal ist die Gebühr von 2,0 aus dem zusammengerechneten Wert von 60.000 EUR (= 384 EUR) mit den getrennt berechnenden Gebühren 1,0 Gebühr nach KV 21200 GNotKG (= 125 EUR) und 2,0 Gebühr nach KV 21100 GNotKG (= 250 EUR) zu vergleichen.

Daher ist der getrennte Ansatz der Gebühren günstiger, so dass dies eine Gebühr in Höhe von 375 EUR ergibt.

Die Gebühr für die Fertigung des Entwurfs der Handelsregisteranmeldung richtet sich nach KV Nr. 24102, 21201 GNotKG und beträgt 0,3–0,5 mindestens 30 EUR.

Hier ist eine Gebühr von 0,5 gemäß § 92 Abs. 2 GNotKG anzusetzen.

Die Beglaubigung löst gemäß Vorbemerkung 2.4.1 Abs. 2 KV GNotKG keine zusätzliche Gebühr aus.

Der Geschäftswert ergibt sich aus §§ 119 Abs. 1, 105 Abs. 1 Nr. 1 GNotKG und beträgt 30.000 EUR.

Die Gebühr beträgt 62,50 EUR.

Für die Erzeugung der XML-Strukturdatei ist eine Gebühr in Höhe von 0,3 nach KV Nr. 22114 GNotKG aus dem Geschäftswert von 30.000 EUR anzusetzen, somit 37,50 EUR.
Für die Erstellung der Gesellschafterliste entsteht eine Gebühr in Höhe von 0,5 nach KV 22110, 22113 GNotKG aus dem Geschäftswert der Gründung zuzüglich des Werts der Geschäftsführerbestellung, mindestens somit 60.000 EUR.
Zuletzt ist eine Betreuungsgebühr in Höhe von 0,5 nach KV 22200 Nr. 3 GNotKG mit Geschäftswert Nennbetrag des Stammkapitals nach § 113 GNotKG anzusetzen, wenn der Notar zur Überwachung der Einzahlung des Stammkapitals im Zusammenhang mit der Einreichung der Handelsregisteranmeldung von den Beteiligten beauftragt worden ist.

III. Gründung einer Mehrpersonen-GmbH ohne Musterprotokoll

40 *Beispiel:*
A und B möchten eine GmbH mit einem Stammkapital von 25.000 EUR (Bareinlage) gründen. Die Bestellung des A zum GF erfolgt im Rahmen des Gründungsvorgangs. A wird hierbei zum einzelvertretungsberechtigten und von § 181 BGB befreiten GF bestellt. Der beurkundende Notar entwirft zugleich die Handelsregisteranmeldung. Der Notar reicht die Urkunden elektronisch zum Handelsregister ein.
Lösung:
Die Gebühr für die Beurkundung des Gesellschaftsvertrages richtet sich nach KV Nr. 21100 und löst eine 2,0 Gebühr aus.
Der Geschäftswert ergibt sich aus §§ 97 Abs. 1, 107 Abs. 1 GNotKG und beträgt 30.000 EUR.
Die Beurkundung der Gründung und der Beschluss zur Bestellung des A als GF sind nach § 110 Nr. 1 GNotKG unterschiedliche Gegenstände.
Der Geschäftswert für den Beschluss ergibt sich aus §§ 108 Abs. 1 S. 1, 105 Abs. 4 Nr. 1 GNotKG und beträgt 1 % des Stammkapitals, mindestens 30.000 EUR.
Der Geschäftswert für die Beurkundung der Gründung und der Geschäftsführerbestellung beträgt zusammen 60.000 EUR (§§ 111 Nr. 3, 110 Nr. 1,

35 Abs. 1 GNotKG), so dass eine 2,0 Gebühr nach KV Nr. 21100 in Höhe von 384 EUR anzusetzen ist.
Die Gebühr für die Fertigung des Entwurfs der Handelsregisteranmeldung richtet sich nach KV Nr. 24102, 21201 GNotKG und beträgt 0,3–0,5 mindestens 30 EUR.
Hier ist eine Gebühr von 0,5 gemäß § 92 Abs. 2 GNotKG anzusetzen.
Die Beglaubigung löst gemäß Vorbemerkung 2.4.1 Abs. 2 KV GNotKG keine zusätzliche Gebühr aus.
Der Geschäftswert ergibt sich aus §§ 119 Abs. 1, 105 Abs. 1 Nr. 1 GNotKG und beträgt 30.000 EUR. Die Gebühr beträgt 62,50 EUR.
Für die Erzeugung der XML-Strukturdatei erhält der beurkundende Notar eine Gebühr in Höhe von 0,3 nach KV Nr. 22114 aus dem Geschäftswert von 30.000 EUR, somit 37,50 EUR.
Für die Erstellung der Gesellschafterliste entsteht eine Gebühr in Höhe von 0,5 nach KV 22110, 22113 GNotKG aus dem Geschäftswert der Gründung zuzüglich des Werts der Geschäftsführerbestellung, mindestens somit 60.000 EUR.
Zuletzt ist eine Betreuungsgebühr in Höhe von 0,5 nach KV 22200 Nr. 3 GNotKG mit Geschäftswert Nennbetrag des Stammkapitals nach § 113 GNotKG anzusetzen, wenn der Notar zur Überwachung der Einzahlung des Stammkapitals im Zusammenhang mit der Einreichung der Handelsregisteranmeldung von den Beteiligten beauftragt worden ist.

IV. Gründung einer Einmann-Unternehmergesellschaft mit Musterprotokoll

Beispiel: 41
A möchte eine UG mit einem Stammkapital von 100 EUR (Bareinlage) mittels Musterprotokoll gründen. Die Bestellung des A zum GF erfolgt im Rahmen des Gründungsvorgangs. A wird hierbei zum einzelvertretungsberechtigten und von § 181 BGB befreiten GF bestellt. Der beurkundende Notar entwirft zugleich die Handelsregisteranmeldung. Der Notar reicht die Urkunden elektronisch zum Handelsregister ein.

Lösung:
Die Gebühr für die Beurkundung des Gesellschaftsvertrages richtet sich nach KV Nr. 21200 GNotKG und löst eine 1,0 Gebühr aus.
Der Geschäftswert ergibt sich aus §§ 97 Abs. 1, 107 Abs. 1 S. 2 GNotKG und beträgt 1.000 EUR. Dies ergibt eine Gebühr in Höhe von 60 EUR.
Die Gebühr für die Fertigung des Entwurfs der Handelsregisteranmeldung richtet sich nach KV Nr. 24102, 21201 GNotKG und beträgt 0,3–0,5 mindestens 30 EUR.
Hier ist eine Gebühr von 0,5 gemäß § 92 Abs. 2 GNotKG anzusetzen.
Die Beglaubigung löst gemäß Vorbemerkung 2.4.1 Abs. 2 KV GNotKG keine zusätzliche Gebühr aus.
Der Geschäftswert ergibt sich aus §§ 119 Abs. 1, 105 Abs. 6 Nr. 1 i.V.m. Abs. 1 und beträgt 1.000 EUR, somit ist eine Gebühr in Höhe von 30 EUR anzusetzen.
Für die Erzeugung der XML-Strukturdatei ist eine Gebühr in Höhe von 0,3 nach KV Nr. 22114 GNotKG aus dem Geschäftswert von 1.000 EUR anzusetzen, somit 15 EUR.
Zuletzt ist eine Betreuungsgebühr in Höhe von 0,5 nach KV 22200 Nr. 3 GNotKG mit Geschäftswert Nennbetrag des Stammkapitals nach § 113 GNotKG anzusetzen, wenn der Notar zur Überwachung der Einzahlung des Stammkapitals im Zusammenhang mit der Einreichung der Handelsregisteranmeldung von den Beteiligten beauftragt worden ist, somit 15 EUR.
Eine Vollzugsgebühr nach Vorbemerkung 2.2.1.1 Abs. 1 Nr. 3 GNotKG kommt hier nicht in Betracht, da das Musterprotokoll zugleich als Gesellschafterliste fungiert.

V. Gründung einer Mehrpersonen-Unternehmergesellschaft mit Musterprotokoll

42 *Beispiel:*
A und B möchte eine UG mit einem Stammkapital von 100 EUR (Bareinlage) mittels Musterprotokoll gründen. Die Bestellung des A zum GF erfolgt im Rahmen des Gründungsvorgangs. A wird hierbei zum einzelvertretungsberechtigten und von § 181 BGB befreiten GF bestellt. Der

beurkundende Notar entwirft zugleich die Handelsregisteranmeldung. Der Notar reicht die Urkunden elektronisch zum Handelsregister ein.

Lösung:

Die Gebühr für die Beurkundung des Gesellschaftsvertrages richtet sich nach KV Nr. 21100 GNotKG und löst eine 2,0 Gebühr aus.

Der Geschäftswert ergibt sich aus §§ 97 Abs. 1, 107 Abs. 1 S. 2 GNotKG und beträgt 1.000 EUR. Dies ergibt eine Gebühr in Höhe von 120 EUR.

Die Gebühr für die Fertigung des Entwurfs der Handelsregisteranmeldung richtet sich nach KV Nr. 24102, 21201 GNotKG und beträgt 0,3–0,5 mindestens 30 EUR.

Hier ist eine Gebühr von 0,5 gemäß § 92 Abs. 2 GNotKG anzusetzen.

Die Beglaubigung löst gemäß Vorbemerkung 2.4.1 Abs. 2 KV GNotKG keine zusätzliche Gebühr aus.

Der Geschäftswert ergibt sich aus §§ 119 Abs. 1, 105 Abs. 6 Nr. 1 i.V.m. Abs. 1 GNotKG und beträgt 1.000 EUR, somit ist eine Gebühr in Höhe von 30 EUR anzusetzen.

Für die Erzeugung der XML-Strukturdatei ist eine Gebühr in Höhe von 0,3 nach KV Nr. 22114 GNotKG aus dem Geschäftswert von 1.000 EUR anzusetzen, somit 15 EUR.

Zuletzt ist eine Betreuungsgebühr in Höhe von 0,5 nach KV 22200 Nr. 3 GNotKG mit Geschäftswert Nennbetrag des Stammkapitals nach § 113 GNotKG anzusetzen, wenn der Notar zur Überwachung der Einzahlung des Stammkapitals im Zusammenhang mit der Einreichung der Handelsregisteranmeldung von den Beteiligten beauftragt worden ist, somit 15 EUR.

Eine Vollzugsgebühr nach Vorbemerkung 2.2.1.1 Abs. 1 Nr. 3 GNotKG kommt hier nicht in Betracht, da das Musterprotokoll zugleich als Gesellschafterliste fungiert.

C. Kosten aus Anlass späterer Änderungen der Satzung

I. Allgemeines

43 Der Geschäftswert für die Beurkundung von Beschlüssen ergibt sich aus § 108 GNotKG[15] und richtet sich bei Beschlüssen ohne einen bestimmten Geldwert[16] aufgrund des Verweises in § 108 GNotKG nach § 105 Abs. 4 und 6 GNotKG, im Übrigen bei einem bestimmten Geldwert nach § 108 Abs. 1, 5 GNotKG, mindestens jedoch nach dem nach § 105 Abs. 1 GNotKG ermittelten Wert. Es hat daher in diesem Fall ein Wertvergleich zu erfolgen.

44 Bei der Beurkundung einer Änderung des Gesellschaftsvertrages bei einer im Wege des Musterprotokolls gegründeten UG ist danach zu unterscheiden, ob die Änderung über die Festsetzungen im Musterprotokoll hinausgeht oder nicht. Gehen die Änderungen nicht darüber hinaus, beträgt der Geschäftswert nach § 108 Abs. 1, 105 Abs. 4 und 6 GNotKG 1 % des Stammkapitals und der Mindestwert von 30.000 EUR gilt infolge § 107 Abs. 1 S. 2 GNotKG i.V.m. § 105 Abs. 6 Nr. 2 GNotKG in diesem Fall nicht. Zu beachten ist, dass jedoch auch in diesem Fall die Mindestgebühr nach KV Nr. 21100 GNotKG in Höhe von 120 EUR anzusetzen ist.

45 In allen anderen Fällen beträgt der Geschäftswert für die Änderung 1 % des eingetragenen Stammkapitals/Grundkapitals, mindestens 30.000 EUR bei Kapitalgesellschaften.

46 Bei Zustimmungsbeschlüssen[17] richtet sich der Geschäftswert gemäß § 108 Abs. 2 GNotKG nach dem Wert des Hauptgeschäfts, welchem zugestimmt wird. In der Praxis kommt dies häufig bei der Zustimmung zu einer Anteilsveräußerung nach § 15 Abs. 3 GmbH vor. Hier richtet sich der Geschäftswert nach § 54 GNotKG bzw. nach § 97 Abs. 3 GNotKG und somit nach dem Kaufpreis.

47 Für die Praxis relevant ist, wenn mehrere Änderungen des Gesellschaftsvertrages in einer Urkunde beurkundet werden. Die Verlegung des Sitzes und die Än-

15 Siehe hierzu mit weitergehenden Ausführungen Korintenberg/*Tiedtke*, 20. Aufl. 2017, GNotKG § 108 Rn 5a.

16 Zur Definition des Begriffs Korintenberg/*Tiedtke*, 20. Aufl. 2017, GNotKG § 108 Rn 60.

17 Zur Abgrenzung Zustimmungsbeschluss und Zustimmungserklärung Korintenberg/*Tiedtke*, 20. Aufl. 2017, GNotKG § 108 Rn 39.

derung des entsprechenden Gesellschaftsvertrages, der Kapitalerhöhungs- oder Herabsetzungsbeschluss und die Änderung des Gesellschaftsvertrages und weitere damit zusammenhängende Beschlüsse wie die Zulassung zur Übernahme, mehrere Änderungen des Gesellschaftsvertrages ohne bestimmten Geldwert sind nach § 109 Abs. 2 S. 1 Nr. 4a) bis g) GNotKG der selbe Gegenstand, so dass keine gesonderte Bewertung der einzelnen Beurkundungsgegenstände stattfindet.

Gegenstandsverschiedene Beschlüsse sind insbesondere die in einer Urkunde enthaltene Kapitalerhöhung und Sitzverlegung, Kapitalherabsetzung und (gleichzeitige) Kapitalerhöhung. 48

II. Kapitalmaßnahmen

1. Kapitalerhöhung

Beispiel: 49

Im Handelsregister ist eine GmbH mit einem Stammkapital in Höhe von 25.000 EUR eingetragen. Das Stammkapital soll im Wege der Barkapitalerhöhung um 25.000 EUR auf 50.000 EUR erhöht werden. Die Gesellschaft besteht aus den Gesellschaftern A und B. Der Erhöhungsbetrag soll nunmehr durch den neu in die Gesellschaft aufgenommenen Gesellschafter C übernommen werden. Dieser wird zur Übernahme durch Beschluss der Gesellschaftsversammlung zugelassen. Die Übernahmeerklärung wird in der Urkunde mitbeurkundet. Der Notar entwirft auch die Handelsregisteranmeldung und reicht diese nebst der beurkundeten Satzungsänderung und Bescheinigung nach § 54 GmbHG zum Handelsregister ein. Ferner entwirft er die Gesellschafterliste und die Liste der Übernehmer.

Lösung:

Die Gebühr für die Beurkundung der Satzungsänderung richtet sich nach KV Nr. 21100 GNotKG und löst eine 2,0 Gebühr aus.

Der Geschäftswert ergibt sich aus §§ 108 Abs. 1 S. 2, 105 Abs. 1, 97 Abs. 1 GNotKG und beträgt 30.000 EUR, da hier der Mindestgeschäftswert anzusetzen ist.

Der Geschäftswert für die rechtsgeschäftliche Übernahmeerklärung richtet sich nach § 97 Abs. 1 GNotKG und beträgt 25.000 EUR.

Der Kapitalerhöhungsbeschluss und die rechtsgeschäftliche Übernahmeerklärung sind nach § 110 Nr. 1 GNotKG verschiedene Gegenstände.
Der Beschluss hat einen Gebührensatz von 2,0 und die Übernahmeerklärung 1,0 nach KV Nr. 21200 GNotKG.
Daher hat ein Wertvergleich nach § 94 Abs. 1 GNotKG zu erfolgen.
In diesem Fall ist also die Gebühr aus dem Gesamtbetrag der Werte nach dem höchsten Gebührensatz, somit 2,0 Gebühr aus 55.000 EUR = 384 EUR zu der 2,0 Gebühr aus 30.000 EUR = 250 EUR und 1,0 Gebühr aus 25.000 EUR = 115 EUR (= zusammen 365 EUR) zu vergleichen.
In diesem Fall ist die getrennte Berechnung der Gebühren günstiger, so dass eine Gebühr in Höhe von 365 EUR anzusetzen ist.
Die Gebühr für die Fertigung des Entwurfs der Handelsregisteranmeldung richtet sich nach KV Nr. 24102, 21201 und beträgt 0,3–0,5 mindestens 30 EUR.
Hier ist eine Gebühr von 0,5 gemäß § 92 Abs. 2 GNotKG anzusetzen.
Die Beglaubigung löst gemäß Vorbemerkung 2.4.1 Abs. 2 KV GNotKG keine zusätzliche Gebühr aus.
Der Geschäftswert ergibt sich aus §§ 119 Abs. 1, 105 Abs. 4 Nr. 1 GNotKG und beträgt 30.000 EUR.
Die Gebühr beträgt 62,50 EUR.
Die Fertigung der Gesellschafterliste und Liste der Übernehmer stellt eine Vollzugstätigkeit nach Vorbemerkung 2.2.1.1 Abs. 1 Nr. 3 dar.
Hierfür ist eine Vollzugsgebühr nach KV Nr. 22110 GNotKG in Höhe von 0,5 anzusetzen.
Maßgeblich für die Vollzugsgebühr ist nach § 112 GNotKG der Wert des Hauptgeschäfts, somit 55.000 EUR.
Daher ergibt sich eine Gebühr in Höhe von 96 EUR.
Zu beachten ist, dass dieser Betrag unter der Höchstgebühr nach KV Nr. 2213 (2 × 250 EUR) liegt und daher maßgeblich ist.
Für die Bescheinigung nach § 54 GmbHG wird keine gesonderte Gebühr erhoben.

2. Kapitalherabsetzung

Beispiel: 50

Im Handelsregister ist eine GmbH mit einem Stammkapital in Höhe von 50.000 EUR eingetragen. Das Stammkapital soll im Wege der Kapitalherabsetzung um 25.000 EUR auf 25.000 EUR herabgesetzt werden. Die Gesellschaft besteht aus den Gesellschaftern A und B. Der Notar entwirft auch die Handelsregisteranmeldung und reicht diese nebst der beurkundeten Satzungsänderung und Bescheinigung nach § 54 GmbHG zum Handelsregister ein. Ferner entwirft er die Gesellschafterliste und die Liste der Übernehmer.

Lösung:

Die Gebühr für die Beurkundung der Kapitalherabsetzung richtet sich nach KV Nr. 21100 GNotKG und löst eine 2,0 Gebühr aus.

Der Geschäftswert ergibt sich aus §§ 108 Abs. 1 S. 2, 105 Abs. 1, 97 Abs. 1 GNotKG und beträgt 30.000 EUR, da hier der Mindestgeschäftswert anzusetzen ist.

Die Gebühr für die Fertigung des Entwurfs der Handelsregisteranmeldung richtet sich nach KV Nr. 24102, 21201 GNotKG und beträgt 0,3–0,5 mindestens 30 EUR.

Hier ist eine Gebühr von 0,5 gemäß § 92 Abs. 2 GNotKG anzusetzen.

Die Beglaubigung löst gemäß Vorbemerkung 2.4.1 Abs. 2 KV GNotKG keine zusätzliche Gebühr aus.

Der Geschäftswert ergibt sich aus §§ 119 Abs. 1, 105 Abs. 4 Nr. 1 GNotKG und beträgt 30.000 EUR.

Die Gebühr beträgt 62,50 EUR.

Die Fertigung der Gesellschafterliste und Liste der Übernehmer stellt eine Vollzugstätigkeit nach Vorbemerkung 2.2.1.1 Abs. 1 Nr. 3 GNotKG dar.

Hierfür ist eine Vollzugsgebühr nach KV Nr. 22110 in Höhe von 0,5 anzusetzen.

Maßgeblich für die Vollzugsgebühr ist nach § 112 GNotKG der Wert des Hauptgeschäfts, somit 30.000 EUR.

Daher ergibt sich eine Gebühr in Höhe von 62,50 EUR.

Zu beachten ist, dass dieser Betrag unter der Höchstgebühr nach KV Nr. 2213 GNotKG (1 × 250 EUR) liegt und daher maßgeblich ist.

Für die Bescheinigung nach § 54 GmbHG wird keine gesonderte Gebühr erhoben.

III. Satzungsänderungen

51 *Beispiel:*

Im Handelsregister ist eine GmbH mit einem Stammkapital in Höhe von 25.000 EUR eingetragen. Die Firma, der Unternehmensgegenstand und der Sitz der Gesellschaft sollen geändert werden. Der Notar beurkundet die Satzungsänderungen.

Der Notar entwirft auch die Handelsregisteranmeldung und reicht diese nebst der beurkundeten Satzungsänderung und Bescheinigung nach § 54 GmbHG zum Handelsregister ein. Ferner wird auch die neue inländische Geschäftsanschrift angemeldet.

Lösung:

Die Gebühr für die Beurkundung der Satzungsänderung richtet sich nach KV Nr. 21100 und löst eine 2,0 Gebühr aus.

Der Geschäftswert ergibt sich aus §§ 108 Abs. 1 S. 2, 105 Abs. 4 Nr. 1, 109 Abs. 2 Nr. 4c) GNotKG und beträgt 30.000 EUR, da hier der Mindestgeschäftswert anzusetzen ist.

Die mehreren Veränderungen sind zueinander derselbe Gegenstand nach § 109 Abs. 2 Nr. 4c) GNotKG.

Die Gebühr für die Fertigung des Entwurfs der Handelsregisteranmeldung richtet sich nach KV Nr. 24102, 21201 GNotKG und beträgt 0,3–0,5. mindestens 30 EUR. Hier ist eine Gebühr von 0,5 gemäß § 92 Abs. 2 GNotKG anzusetzen.

Die Beglaubigung löst gemäß Vorbemerkung 2.4.1 Abs. 2 KV keine zusätzliche Gebühr aus.

Der Geschäftswert ergibt sich aus §§ 119 Abs. 1, 105 Abs. 4 Nr. 1, § 105 Abs. 5 GNotKG und beträgt 35.000 EUR.

Die Gebühr beträgt 67,50 EUR. Für die Bescheinigung nach § 54 GmbHG wird keine gesonderte Gebühr erhoben.

52 *Praxistipp*

Wird bei einer mittels Musterprotokoll gegründeten GmbH deren Satzung geändert, ohne dass vom Musterprotokoll abgewichen wird (Änderung der Firma, des Gegenstandes, Sitz etc.), so richtet sich der Geschäftswert nach § 108 Abs. 1 S. 1, 105 Abs. 6 S. 1 Nr. 2 GNotKG und beträgt 1 % des eingetragenen

Stammkapitals, ohne dass der Mindestgeschäftswert von 30.000 EUR anzusetzen ist. Wenn vom Musterprotokoll abgewichen wird (z.B. Änderung des Musterprotokolls, dass der GF nicht von § 181 BGB befreit ist), dann ist der Mindestgeschäftswert in Höhe von 30.000 EUR nach § 108 Abs. 1 S. 1, 105 Abs. 4 Nr. 1 GNotKG anzusetzen.

D. Kosten für reine Handelsregisteranmeldungen

I. Allgemeines

53 Der maßgebliche Geschäftswert für Anmeldungen zum Handelsregister ergibt sich aus § 105 GNotKG.

1. Erstanmeldung

54 Bei der Erstanmeldung einer Kapitalgesellschaft ergibt sich der maßgebliche Geschäftswert nach § 105 Abs. 1 Nr. 1 aus dem Stammkapital einschließlich des genehmigten Kapitals.

2. Spätere Änderungen

55 Bei Änderungen des Stammkapitals ergibt sich der Geschäftswert nach § 105 Abs. 1 Nr. 3 GNotKG aus dem Erhöhungsbetrag bzw. Herabsetzungsbetrag. Der Geschäftswert beträgt in allen vorstehenden Fällen mindestens 30.000 EUR. Bei späteren Anmeldungen beträgt der Geschäftswert nach § 105 Abs. 4 GNotKG bei einer Kapitalgesellschaft 1 % des Stammkapitals, mindestens 30.000 EUR. In der Praxis häufigster Anwendungsfall ist die Anmeldung der Abberufung/Neubestellung eines GmbH-Geschäftsführers, Änderungen des Gesellschaftsvertrages außerhalb von Kapitalmaßnahmen (Sitz, Gegenstand etc.), Erteilung und Erlöschen von Prokura, Bestellung und Abberufung von Liquidatoren, Beendigung der Liquidation.

3. Reine Änderung der inländischen Geschäftsanschrift

56 Bei reinen Änderungen der Geschäftsanschrift oder ähnlichen Anmeldungen beträgt der Geschäftswert nach § 105 Abs. 5 GNotKG 5.000 EUR.

4. UG (haftungsbeschränkt)

57 § 105 Abs. 6 GNotKG ordnet wiederum, wie bereits dargestellt, an, dass der Mindestgeschäftswert nach § 105 Abs. 1 GNotKG nicht bei der Anmeldung einer mittels Musterprotokoll gegründeten UG gilt.

5. Mehrere Anmeldungen in einer Urkunde

Mehrere Anmeldungen in einer Urkunde können gegenstandsgleich oder gegenstandsverschieden sein. Grundsätzlich sind diese gegenstandsverschieden und nur ausnahmsweise gegenstandsgleich. 58

Hinweis

Gegenstandsgleich sind beispielsweise:

- die Bestellung eines GF/Vorstands und die konkrete Vertretungsmacht,
- die Erteilung einer Prokura und die Vertretungsmacht,
- die Erhöhung des Stammkapitals und die Änderung des Gesellschaftsvertrages,
- Euroumstellung und Änderung des Gesellschaftsvertrages,
- mehrere Änderungen der Satzung – auch Neufassung –, soweit keine Kapitalmaßnahme betroffen ist,
- Sitzverlegung und Änderung der inländischen Geschäftsanschrift,
- Versicherungen nach § 8 Abs. 2 S. 1 GmbHG, § 57 Abs. 2 S. 1 GmbHG etc. sind gegenstandsgleich im Verhältnis zu dem Anmeldefall auf den sie sich beziehen.

Gegenstandsverschieden sind beispielsweise:

- Anmeldung mehrere GF,
- Abberufung und Neubestellung GF,
- Erteilung mehrerer Prokura,
- Euroumstellung und eine Kapitalmaßnahme,
- Kapitalmaßnahme und weitere Änderungen des Gesellschaftsvertrages.

Zu beachten ist noch der in § 106 GNotKG angeordnete Höchstgeschäftswert für Anmeldungen zu bestimmten Registern. Dieser beträgt danach 1.000.000 EUR. Dies gilt auch bei Anmeldung mehrerer Rechtsverhältnisse in einer Urkunde.

6. Gebührensatz

Die Gebühr für die Anmeldung zum Handelsregister richtet sich nach KV Nr. 21201 Nr. 5 und beträgt 0,5, mindestens 30 EUR. 59

II. Anmeldung/Abberufung von Geschäftsführern und Prokuristen

60 *Beispiel:*
Im Handelsregister ist eine GmbH mit einem Stammkapital von 25.000 EUR eingetragen. Gesellschafter sind A und B. A ist bisher alleiniger von § 181 BGB befreiter GF. Nunmehr soll A als GF abberufen werden und B und C als neuer GF bestellt werden. Beide sollen einzelvertretungsberechtigt sein und von § 181 BGB befreit sein. Ferner wird dem D Prokura erteilt. Notar N entwirft die Handelsregisteranmeldung und reicht diese zum HR ein.
Lösung:
Die Gebühr für den Entwurf der Handelsregisteranmeldung ergibt sich aus KV Nr. 24102, 21201 Nr. 5 GNotKG und beträgt 0,5 gemäß § 92 Abs. 2 GNotKG.
Der Geschäftswert für die Abberufung des A beträgt nach § 105 Abs. 4 Nr. 1 GNotKG 30.000 EUR, für die Bestellung des B zum GF nach § 105 Abs. 4 Nr. 1 GNotKG 30.000 EUR und für C zum GF nach § 105 Abs. 4 Nr. 1 GNotKG 30.000 EUR.
Für die Anmeldung der Prokura ergibt sich der Geschäftswert aus § 105 Abs. 4 Nr. 1 GNotKG und beträgt 30.000 EUR.
Betroffen sind in diesem Fall Anmeldungen ohne einen bestimmten Geldwert, die zueinander verschiedene Gegenstände nach § 111 Nr. 3 GNotKG darstellen.
Sie haben allesamt denselben Gebührensatz. Daher erfolgt gemäß § 35 Abs. 1 GNotKG eine Addition der Werte, so dass sich ein Geschäftswert in Höhe von 120.000 EUR ergibt. Die Gebühr beträgt daher 150 EUR.

III. Änderungen der inländischen Geschäftsanschrift

61 *Beispiel:*
Im Handelsregister ist eine GmbH mit einem Stammkapital von 25.000 EUR eingetragen. Gesellschafter sind A und B. Es soll nun eine neue inländische Geschäftsanschrift angemeldet werden. Der Notar entwirft die Anmeldung und reicht diese ein.

Lösung:
Die Gebühr für den Entwurf der Handelsregisteranmeldung ergibt sich aus KV Nr. 24102, 21201 Nr. 5 GNotKG und beträgt 0,5 gemäß § 92 Abs. 2 GNotKG.
Der Geschäftswert beträgt gemäß § 105 Abs. 5 GNotKG 5.000 EUR, so dass die Gebühr 22,50 EUR beträgt.
Hier ist jedoch die Mindestgebühr in Höhe von 30 EUR zu erheben.

IV. Anmeldung der Liquidation bzw. des Erlöschens der GmbH

Beispiel: 62
Im Handelsregister ist eine GmbH mit einem Stammkapital von 25.000 EUR eingetragen. Gesellschafter sind A und B. Es wurde die Auflösung der GmbH beschlossen Der Notar entwirft die Anmeldung und reicht diese ein. Der bisherige GF A wird abberufen. Zum Liquidator wird A (einzelvertretungsberechtigt und von § 181 BGB befreit) bestellt.
Lösung:
Die Gebühr für den Entwurf der Handelsregisteranmeldung ergibt sich aus KV Nr. 24102, 21201 Nr. 5 und beträgt 0,5 gemäß § 92 Abs. 2 GNotKG.
Der Geschäftswert beträgt gemäß § 86 Abs. 2, 105 Abs. 4 Nr. 1 GNotKG 30.000 EUR.
Wird die Vollbeendigung angemeldet entsteht ebenfalls eine Gebühr nach KV Nr. 24102, 21201 Nr. 5 GNotKG in Höhe von 0,5 gemäß § 92 Abs. 2 GNotKG aus dem Geschäftswert nach § 105 Abs. 4 Nr. 1 GNotKG (1 % des Stammkapitals, mindestens 30.000 EUR; Ausnahme GmbH mittels Musterprotokoll und UG).

E. Kosten für Anteilsübertragungen

I. Allgemeines

63 Der maßgebliche Geschäftswert für die Übertragung von Gesellschaftsanteilen ergibt sich aus §§ 97 Abs. 1 und 3, 54 GNotKG. Bei einem entgeltlichen Geschäftsanteilskaufvertrag handelt es sich um einen Austauschvertrag,[18] bei welchem der höhere Wert (Kaufpreis oder Wert des Anteils) maßgeblich ist. Der Wert des Gesellschaftsanteils bestimmt sich nach dem Eigenkapital im Sinne von § 266 Abs. 3 HGB,[19] das auf den jeweiligen Anteil oder die jeweilige Beteiligung entfällt. Die zum Vermögen der Gesellschaft gehörenden Gegenstände sind wiederum nach den allgemeinen Bewertungsvorschriften des GNotKG zu bewerten.

II. Geschäftsanteilskauf- und Übertragungsvertrag

64 *Beispiel:*

Im Handelsregister ist eine GmbH mit einem Stammkapital von 25.000 EUR eingetragen. Gesellschafter sind A und B mit einem Anteil von je 12.500 EUR. A verkauft seinen Anteil zu einem Kaufpreis in Höhe von 25.000 EUR aufschiebend bedingt durch die Zahlung des Kaufpreises in voller Höhe an den C. Im Gesellschaftsvertrag ist für die Veräußerung eines Zustimmungspflicht der Gesellschafterversammlung vereinbart. Der beurkundende Notar soll die Zustimmung zur Veräußerung einholen und zugleich die neue Gesellschafterliste nach vollständiger Bezahlung des Kaufpreises zum Handelsregister einreichen. Diese hat er zu prüfen. Der Anteil hat einen Wert von 25.000 EUR.

Lösung:

Die Gebühr richtet sich nach KV Nr. 21100 GNotKG und beträgt 2,0.
Der Geschäftswert richtet sich nach §§ 97 Abs. 3, 54 S. 1 und 2, 53 Abs. 2 GNotKG. Die Gebühr beträgt aufgrund des Geschäftswerts von 25.000 EUR daher 230 EUR.

18 Korintenberg/*Tiedtke*, 20. Aufl. 2017, GNotKG § 54 Rn 11.
19 Zur Berechnung Korintenberg/*Tiedtke*, 20. Aufl. 2017, GNotKG § 54 Rn 6–7.

Für die Erteilung der Bescheinigung nach § 40 Abs. 2 GmbHG (neue Gesellschafterliste) wird eine Betreuungsgebühr nach KV Nr. 22200 Nr. 6 in Höhe von 0,5 aus dem Wert des Hauptgeschäfts nach § 113 GNotKG ausgelöst.
Diese beträgt 57,50 EUR.
Für die Einholung der Zustimmungserklärung erhält der Notar eine Vollzugsgebühr nach Vorbemerkung 2.2.1.1 Abs. 1 Nr. 5 in Höhe von 0,5 aus dem Wert in Höhe von 25.000 EUR gemäß § 112 GNotKG, somit 57,50 EUR.

Hinweis: 65
Wird ein Geschäftsanteil unentgeltlich übertragen, bestimmt sich der Geschäftswert gemäß § 54 S. 1 und 2 GNotKG nach dem Wert des Geschäftsanteils.

Stichwortverzeichnis

Fette Zahlen = §§, magere Zahlen = Randnummern.

Benutzerhinweise zur CD-ROM

Der Formularbrowser stellt Ihnen sämtliche im Buch enthaltenen Muster zur Verfügung. Sie haben die Möglichkeit, durch Blättern oder Navigieren im Inhaltsverzeichnis ein bestimmtes Muster auszuwählen und dieses dann in Ihrer Textverarbeitung weiterzubearbeiten. Im Druckwerk ist für jedes Formular eine Referenznummer vergeben, die Sie aus dem neben dem Formular angeordneten CD-ROM-Symbol entnehmen können.

Für den Start der Anwendung sind folgende **Systemvoraussetzungen** zu beachten:

- Windows Vista, 7, 8 oder 10
- Microsoft Word ab Version 2007 oder ein anderes Textverarbeitungsprogramm, das Word-Dateien öffnen kann.

Nachdem Sie die CD eingelegt haben, sollte die Anwendung automatisch starten. Sollte die Anwendung nicht automatisch starten, müssen Sie die Anwendung mit der Dateiendung „.exe“ manuell von der CD starten.

Sie können die Anwendung auch auf Ihrer Festplatte installieren. Dafür benötigen Sie neben den oben genannten Voraussetzungen etwa 50 MB freien Speicherplatz. Führen Sie das Programm „setup.exe“ von der CD-ROM aus, um die Installation zu starten. Folgen Sie danach bitte den weiteren Anweisungen am Bildschirm. Für die Installation müssen Sie über **Administrator-Rechte** verfügen.

Während der Installation wird, falls nicht bereits vorhanden, ein eigener Startmenü-Eintrag mit dem Namen des Verlags und der Buchreihe für die Anwendung eingerichtet. **Zum Öffnen der Anwendung genügt ein Klick auf das Icon unterhalb der Programmgruppe.**

Bei Nutzern von **Word** kann der Hinweis auf dem Bildschirm erscheinen, dass die Makros aktiviert werden müssen. Dies wird in den verschiedenen Wordversionen unterschiedlich gehandhabt:

Makroeinstellungen bei Office 2007

Klicken Sie zunächst auf das Startsymbol ganz links oben in Word und klicken dann links unten auf „Word Optionen“ und als Nächstes in der linken Spalte auf das „Vertrauenscenter“. Rechts unten finden Sie die Einstellungen zum Vertrauenscenter, in denen Sie die Makros aktivieren müssen. Wählen Sie die vierte Option „Alle Makros aktivieren“ aus und klicken anschließend auf OK. Nun starten Sie die Formulare neu.

Makroeinstellungen bei Office 2010

In Office 2010 klicken Sie in Word auf „Datei“ links oben und gehen anschließend zu „Optionen“, wählen das „Sicherheitscenter“ und Einstellungen für das Sicherheitscenter. Unter der Rubrik „Einstellungen für Makros“ wählen Sie die vierte Option „Alle Makros aktivieren“ aus und klicken anschließend auf OK. Word muss neu gestartet werden, damit die Änderung wirkt.

Makroeinstellungen bei Office 2013 und 2016

In Office 2013 klicken Sie in Word auf „Datei“ links oben und gehen anschließend zu „Optionen“, wählen das „Trust Center“ und Einstellungen für das Trust Center. Unter der Rubrik „Makros“ wählen Sie die vierte Option „Alle Makros aktivieren“ aus und klicken anschließend auf OK. Word muss neu gestartet werden, damit die Änderung wirkt.

Beachten Sie, dass die Einstellungen für alle Word-Dokumente gelten. Im Einzelfall kann es demnach sinnvoll sein, vor dem Öffnen eines „unsicheren“ Word-Dokumentes die Sicherheitsstufe wieder auf „Hoch“ zu setzen.

Zur **Auswahl des gewünschten Formulars** nutzen Sie entweder das Formularverzeichnis oder die Navigationsleiste links. Im Formularverzeichnis gelangen Sie mit einem Mausklick auf die entsprechende Titelzeile zum gewünschten Formular. In der Navigationsleiste klappen Sie das entsprechende Kapitel auf und klicken anschließend auf das gewünschte Formular. Des Weiteren können Sie mit dem Button „Vorheriges Formular“ und „Nächstes Formular“ oberhalb des Formulares das nächste Muster aufrufen.

Mit Klick auf „Formular als Worddokument“ wird das Formular in Word geladen. Zur Bearbeitung müssen Sie zuerst in der **Symbolleiste** auf „Dokumentschutz aufheben“ klicken.

Mit dem Button „Nächstes Feld“ gelangen Sie an die Platzhalter-Stellen des Dokuments und können Ihre Ergänzungen vornehmen. Bei Word 2007 müssen Sie dafür in der Menüleiste auf den Reiter „Add-Ins“ gehen. Anschließend können Sie das Formular auf Ihrem Filesystem speichern.

Sollten Sie den **Originalzustand eines Dokumentes wiederherstellen** wollen, benutzen Sie das Icon „Vorlage wiederherstellen“.

Bearbeiten der Formulare mit einer anderen Textverarbeitung und/oder einem anderen Betriebssystem

Wenn Sie kein Word auf Ihrem Rechner installiert haben, können Sie die Dateien trotzdem aufrufen und bearbeiten. Gehen Sie dazu auf der CD in den Ordner „content\doc“. Gehen Sie mit Rechtsklick auf die Datei und suchen im Menü Öffnen mit/Programm auswählen Ihr Textverarbeitungsprogramm aus.

Den Hilfetext können Sie auch auf der CD unter dem entsprechenden Feld aufrufen.